LA PARENTHÈSE BOOMERS

DU MÊME AUTEUR

Les Guerres d'Albert Einstein, vol. 1, Robinson, 2019 ; vol. 2, Robinson, 2020 ; récit complet, Robinson, 2021.

Ils ont écrit ton nom, liberté, Fayard, 2016 ; Le Livre de Poche, 2018.

La France à quitte ou double, Fayard, 2015 ; J'ai lu, 2016.

Maintenant ou jamais, Fayard, 2013 ; J'ai lu, 2014.

Le monde était à nous, Fayard, 2012.

L'Échéance : Français, vous n'avez encore rien vu, avec Irène Inchauspé, Fayard, 2011 ; J'ai lu, 2012.

Zéro faute. L'orthographe, une passion française, Mille et une nuits, 2009 ; J'ai lu, 2011.

Le Divorce français, Fayard, 2007 ; J'ai lu, 2008.

Plus encore !, Fayard/Plon, 2006 ; Le Livre de Poche, 2007.

Une vie en plus, avec Dominique Simonnet, Joël de Rosnay et Jean-Louis Servan-Schreiber, Seuil, 2005.

Ne dites pas à Dieu ce qu'il doit faire, Seuil, 2004 ; coll. « Points Sciences », 2006.

La Dernière Liberté, Fayard, 2001 ; Le Livre de Poche, 2003.

L'Imposture informatique, avec Bruno Lussato, Fayard, 2000 ; Le Livre de Poche, 2001.

Le Compte à rebours, Fayard, 1998 ; Le Livre de Poche, 1999.

Le Bonheur d'apprendre : et comment on l'assassine, Seuil, 1996 ; coll. « Points », 1997.

Tant et plus : comment se gaspille votre argent, Grasset/Seuil, 1992 ; Le Livre de Poche, 1993.

La Grande Manip, Seuil, 1990 ; coll. « Points actuels », 1992.

Le Pari de la responsabilité, Payot, 1989.

Tous ensemble : pour en finir avec la syndicratie, Seuil, 1985 ; coll. « Points actuels », 1987.

Suite en fin d'ouvrage

François de Closets

La parenthèse boomers

Fayard

Couverture : Nuit de Chine

ISBN : 978-2-213-72193-4
Dépôt légal : mai 2022

À ma fille Sophie

Avant-propos

Avant mon propos, il y eut un coup de sang ! D'ordinaire, je rogne, je grogne, je rumine ou fulmine, mais je n'explose pas. Pourtant, ce 26 mai 2020, je me suis laissé emporter par l'humeur de l'instant en découvrant sur une pleine page dans *Le Monde* le « Manifeste pour une révolution de la longévité ». Le texte était cosigné par un échantillon générationnel de plus de cent cinquante personnalités qui allait, par ordre alphabétique, de Laure Adler à Patrick Weil. Il visait à mobiliser la France pour « relever le défi démographique du grand âge ».

Quoi de plus beau que la générosité intergénérationnelle ? Les grands-parents qui aident leurs petits-enfants, et réciproquement. Comment ne pas souhaiter que cette solidarité passe de la cellule familiale à la société tout entière ? Sur ces bons sentiments, les promoteurs du manifeste n'avaient eu aucun mal à réunir les plus emblématiques signatures.

Vous devriez avoir honte

Autant le reconnaître tout de suite, l'unanimisme comme les bons sentiments me laissent sceptique. Je ne tiens pas pour avérées les idées consensuelles et ne me congratule pas lorsque je pense comme les autres. Je me méfie donc des opinions que le conformisme du moment transforme en vérités et m'efforce d'accueillir sans prévention celles que mes dispositions d'esprit rejetteraient.

Mon coup de sang fut provoqué par un court-circuit générationnel entre le texte et le profil des signataires. Le fameux « pas ça ou pas vous ». L'appel était en soi bienvenu : il faut développer les solidarités intergénérationnelles pour faire face au vieillissement de la population, c'est indiscutable. Quant aux pétitionnaires, ils étaient assurément de bonne qualité. C'est leur âge qui me semblait problématique. Ils n'étaient pas trentenaires ou nonagénaires, mais sexagénaires ou septuagénaires en moyenne. Ils appartenaient à la génération de l'après-guerre, cette fameuse génération des boomers, qui a fait le carnaval de Mai 68, n'a connu ni guerre, ni épidémie, ni crise, a accumulé sur le dos de ses enfants une montagne de dettes et cinq années de retraite en plus, et a entraîné dans une interminable dégringolade la France glorieuse dont elle a hérité. Et voilà que, toute honte bue, ces boomers se campaient désormais en vénérables ancêtres pour rappeler leur descendance à ses devoirs. Les gestionnaires abusifs se transformaient alors en allocataires intempestifs.

Comment pouvait-on solliciter les jeunes générations après avoir saccagé le pays qu'on devait leur transmettre ? Cela me sembla inacceptable. Dans le quart d'heure, mon irritation prit la forme d'une vive protestation, que j'écrivis pour me refroidir la bile et que j'adressai au *Monde*. À tout hasard.

À ma grande surprise, je découvris cette tribune le lendemain dans le journal, avec un titre cruel mais fidèle : « La génération prédatrice du “toujours plus” devrait avoir honte », et un sous-titre explicite : « Le journaliste et essayiste accuse les 150 signataires d’une tribune publiée dans *Le Monde* du 26 mai et appelant à une “révolution de la longévité” de “revendiquer l’argent que nos enfants n’auront pas” ». Les réactions furent vives et contrastées : les quadragénaires approuvaient, les octogénaires s’indignaient. Le sujet était sensible, cette sensibilité était fortement générationnelle.

J’avais oublié cet épisode lorsque je fus interrogé à la télévision sur la stratégie sanitaire. Jusqu’où devait-on sacrifier la France pour sauver les plus âgés ? Je répondis que, face aux choix politiques, toutes les vies ne doivent pas être équivalentes. Celle des vieux vaut moins que celle des jeunes, et une société ne saurait compromettre son avenir pour protéger le passé. Des propos que, en raison de mon âge, on ne pouvait qualifier de géronticides et qui, une fois de plus, choquèrent les médias et, sans doute aussi, une partie de l’opinion.

Une tempête démographique

Une nation n’existe que dans la durée, au fil des générations. C’est ainsi qu’elle est suivie par les démographes qui observent les flux de populations, comptent les individus, évaluent les tranches d’âge, mesurent les taux de fécondité, etc. Les chiffres qu’ils nous fournissent ont une neutralité quasi scientifique. Ils sont indiscutables et indisputables.

Notre débat, pour ne pas dire notre combat, démocratique goûte par malheur peu les enseignements de ces disciplines scientifiques, il préfère les données économiques et sociales et les choix politiques éminemment contestables, ce qui en fait le charme. Les campagnes électorales nous offrent la parade des catégories socioprofessionnelles, des patrons, des salariés, des riches, des pauvres ou des entreprises et des administrations, des partis, des syndicats, des corporations. Ajoutez la délinquance et l'islam, il y a de quoi entretenir le suspense.

La démographie en tant que telle n'a pas sa place dans ces joutes politiques qui nous tiennent en haleine. Les foules se mobilisent plus facilement pour augmenter le SMIC que pour augmenter le taux de fécondité. Mais la démographie sort de sa longue hibernation et s'impose comme un personnage majeur de la pantomime républicaine.

Nul doute, la société française a un problème avec ses générations. Elle le prouve en étant muette sur ce sujet. Ce silence gêné, c'est celui du tabou qui censure ce que, pourtant, tout le monde sait, mais qu'il convient d'ignorer.

C'est lui qui, dans le cas présent, interdit de mettre en cause aussi brutalement la génération de l'après-guerre, celle des boomers, alors même qu'éclate le scandale des Ehpad provoqué par le livre événement *Les Fossoyeurs*[1]. Ces vieillards maltraités dans certains établissements ne sont-ils pas précisément des boomers en fin de vie ? Sans doute, mais la compassion et l'indignation n'interdisent pas de réfléchir. Cette enquête exemplaire montre une société française qui refile au business un vieillissement qu'elle est incapable de maîtriser. C'est donc la même population qui a mis en place ce système et qui, l'âge venu, en devient la victime.

Or le tsunami du vieillissement va déferler dans un avenir proche, nous n'en sommes qu'au tout début. Il prendra des

1. Écrit par le journaliste Victor Castanet et paru chez Fayard en janvier 2022.

proportions telles que nous serons obligés de changer en profondeur notre système social. Nous entrons dans l'ère de l'explosion gérontologique que produit inévitablement l'accroissement de la longévité.

En règle générale, la démographie chemine à bas bruit, sans à-coups, puis, à l'image du fleuve en crue, elle déborde et renverse tout sur son passage. Nous en sommes là. La France se retrouve submergée par la vague grise, sans avoir rien prévu pour éviter la catastrophe. Depuis cinquante ans, cette incapacité à préparer l'avenir est devenue la marque de fabrique des boomers. C'est ainsi qu'ils ont laissé dériver la France et compromis l'avenir de leurs enfants. En tirant sur le fil de la longévité, nous faisons venir, du même coup, tous les autres secteurs, qui ont, eux aussi, connu l'imprévision et la procrastination.

La génération en cause

Les livres qui prétendent étudier, analyser le « mal français » dénoncent le plus souvent les partis politiques. La faute de la droite, la faute de la gauche. Ils peuvent encore incriminer les riches, le capitalisme, les syndicats, etc. Mon indignation ne s'est pas portée sur ces accusés institutionnels. J'ai choisi le plus incongru des dénominateurs communs : l'âge. C'est le phénomène générationnel qui doit être mis en cause ici. Il m'apparaît comme la variable cachée qui fausse l'équation. Tous autant que nous sommes, nous agissons et réagissons en tant que génération, sans même en être conscients.

De ce fait, mon rappel à l'âge peut paraître incongru. Ne suffit-il pas de se référer aux partis politiques ? D'affecter à chaque événement une marque droite ou gauche ? Dualité aussi discriminante que le choix entre le bien et le mal. Pour ma part, je ne suis pas à l'aise dans cet espace bilatéralisé. Non que je conteste la pertinence de ces repères, mais la réduction du débat public au combat droite contre gauche me semble couper notre classe politique de la réalité. Plutôt que jouer sur les présupposés idéologiques, ne vaudrait-il pas mieux s'en tenir aux faits, aux politiques suivies ? Que constate-t-on ? Que, en dépit des alternances électorales, la France n'a eu qu'une seule et même politique au cours des cinquante dernières années. Il existe une rupture, qui se joue entre Mai 68 et le choc pétrolier de 1973, mais, depuis lors, les différences, toujours mises en avant par les partis, ne servent qu'à masquer la nouvelle idéologie qui s'est peu à peu imposée. Elle a transformé les Français, citoyens déterminés au service d'une patrie, en clients acrimonieux d'une société d'assurance tous risques baptisée « France ».

Nous découvrirons, chemin faisant, qu'il existe bien une idéologie propre à la génération des boomers, une idéologie qui a changé le sens de la liberté, a détruit l'autorité et a mis à la charge de nos enfants les vingt ou trente années de vie supplémentaires et même le confort de notre dépendance sénile. À un détail près : nous n'avons ni l'argent ni les hommes et les femmes pour faire vivre un tel projet.

Voilà donc ce qu'il nous faut comprendre : nous avons vécu sous le fait générationnel, mais nous n'en avons pas eu conscience. Nous n'avons pas vu que notre tranche d'âge nous conditionnait autant que nos catégories socioprofessionnelles.

Car ces politiques du laisser-aller qui sacrifient l'avenir au présent ont été portées par cet « air du temps » qui fut celui d'une génération. L'âge est devenu un facteur identitaire plus significatif que les affiliations politiques. Les générations ont pris la relève des classes sociales. Elles transcendent les clivages politiques, elles font apparaître des mécanismes de domination et d'appropriation. Il nous faut comprendre comment et pourquoi.

Et c'est précisément aujourd'hui que nous pouvons le faire, alors que nous sommes en pleine sortie de la parenthèse boomers. Une parenthèse n'existe que fermée, elle est créée par sa fermeture. Depuis un demi-siècle, nous vivions sans guerre, sans catastrophe, sans épidémie, mais il ne s'agissait pas d'une parenthèse, car dans notre esprit, cela formait le nouvel ordre de l'histoire. Nous l'avons même théorisé, il s'agissait de « la fin de l'histoire » que nous avait annoncé Francis Fukuyama. Nous ne devions plus connaître les malheurs qui avaient accablé nos ancêtres. Nous nagions dans cette douce illusion, et puis, coup sur coup, la pandémie du Covid et la guerre en Ukraine nous ont ramenés aux temps anciens. Par contraste, les décennies d'accalmie que nous avons connues se singularisent. Elles ferment et, du même coup, forment une parenthèse qui s'ouvre dans les années 1970 et prend fin en 2020. Voilà donc ces années particulières pendant lesquelles une génération, celle des boomers nés après la Seconde Guerre mondiale, a pris les rênes d'un monde apaisé.

La France décline

Cette mise en cause de la génération des boomers pose deux types de questions. L'une est rétrospective et explore le passé pour comprendre le présent, l'autre est prospective et cherche dans les transformations en cours les fondements de l'avenir. Deux lectures différentes et complémentaires. La première, historique, est à dominante politique et économique, elle consiste à voir comment les boomers ont gouverné le pays ; la seconde, tout en anticipation, est à dominante démographique et consiste à voir comment la France devra s'adapter à cette nouvelle longévité. Cette seconde lecture ne repose, on l'aura compris, sur le présent que pour appréhender le futur. J'utiliserai la notion même de génération en anticipant l'importance qu'elle est appelée à prendre. Comme le montre l'étude « Générations : le grand fossé ? » de la Fondation Jean-Jaurès[1], elle est encore seconde dans les esprits. Les Français se définissent en fonction de la famille, du métier, des loisirs, des amis, mais 26 % seulement citent la génération comme un élément décisif de leur identité. Et ils ne sont que 57 % à penser qu'ils « ont beaucoup de choses en commun » avec les gens de leur âge. De telles opinions correspondent à une situation de calme démographique. Il en va des générations comme de nos organes, qui se font oublier quand ils se portent bien. Mais les tempêtes démographiques qui s'annoncent, dont le livre-enquête *Les Fossoyeurs* est un élément précurseur, feront ressentir aux Français le mal de génération, parce qu'ils auront le sentiment, les uns, de trop donner, les autres, de ne pas assez recevoir. C'est alors que l'âge de chacun ne sera plus seulement inscrit sur la carte d'identité, mais que nous l'aurons constamment présent à l'esprit.

Il en va de même pour la politique. Notre démocratie se porte de plus en plus mal et, là encore, il n'y a pas un parti

1. Enquête de l'Association des départements solidaires, préface de Michel Ménard, Fondation Jean-Jaurès éditions, janvier 2022.

pour rattraper l'autre. La démarche hyperindividualiste des boomers est un désastre pour la démocratie. Les Français, qui ont totalement intériorisé cet échec, choisissent des candidats populistes quand ils ne se réfugient pas dans l'abstention.

La gestion des boomers a fait perdre en un demi-siècle à la France la maîtrise de son destin. La classe dirigeante s'est longtemps réfugiée dans le déni de réalité, stigmatisant comme « déclinistes » ceux qui énonçaient simplement les choses. Nous n'en sommes plus là. Les deux tiers des Français reconnaissent que leur pays est en déclin. Le désastre était évident à la veille de la crise sanitaire, et celle-ci n'a fait que l'aggraver. Le bilan économique échappe à la lecture partisane : quel que soit le pouvoir en place, les résultats sont toujours mauvais. Ce ne sont pas ceux d'une majorité ou d'une autre, mais ceux d'une génération.

Une société à reconstruire

La démographie en tant que telle manque de charge émotionnelle. Entre riches et pauvres, la dispute est vive, entre jeunes et vieux, elle devient vite languissante. Mais aujourd'hui, elle entre en état de crise et trouve toute sa place dans les médias. Pas pour le meilleur. Or nous ne faisons qu'entrevoir les bouleversements démographiques qui sont en passe de submerger notre société.

Nous avons longtemps cultivé le mythe de la révolution, qui, seule, pourrait rétablir l'égalité entre les hommes. Nous savons aujourd'hui que nous ne connaîtrons ni le Grand Soir ni les lendemains qui chantent. Nous ne pourrons procéder que par retouches et corrections, bref, changer les paramètres, faute de pouvoir changer le système. Mais la démographie se révèle beaucoup plus exigeante que l'économie et va nous imposer des réformes radicales, véritablement révolutionnaires.

Est-ce surprenant ? Pas vraiment, car notre système est d'un autre temps. La France sociale remonte à l'après-guerre. À cette époque, l'espérance de vie ne dépassait guère 60 ans, mais l'indice de fécondité atteignait 3 enfants par femme. Les naissances comme les décès entretenaient une société jeune. Sur cette base démographique fut construit notre État-providence avec sa généreuse Dame Sécu. Un système de solidarité intergénérationnelle conçu pour la France de 1946 ne peut convenir à la France de 2050. Le vieillissement accéléré va remettre en cause les mécanismes et équilibres qui sous-tendent notre déséquilibre budgétaire. Si les travaux des chercheurs permettent d'entrevoir ce que serait le nouveau pacte intergénérationnel, les décisions tardent et les réactions inquiètent.

Ce nouveau tableau des générations se plaque sur une France aux multiples fractures, où toute différence devient source de victimisation, de discrimination et d'affrontements. Les économistes Jean-Hervé Lorenzi, François-Xavier Albouy et Alain Villemeur parlent d'une « Société du vieillissement » en nous prévenant qu'une telle société « n'a jamais existé »[1] jusqu'à présent et qu'elle entraînera des bouleversements profonds. « Jamais l'histoire humaine n'a été confrontée à une telle situation et tenue de bâtir une architecture sociétale dans laquelle puissent vivre ensemble quatre

1. Cf. *L'Erreur de Faust. Essai sur la Société du vieillissement*, Éditions Descartes et Cie, 2019.

générations. » Toute notre organisation sociale protégée par la pensée syndicalo-conforme est à revoir. Rassurez-vous, je certifie mon manque total de savoir-vivre social, mais aussi mon attachement indéfectible à l'État-providence. En témoigne une proposition que je développe en fin d'ouvrage : le Conseil de prévision.

En regardant bien, nous voyons déjà s'élaborer ce nouvel ordre démographique, véritablement révolutionnaire, qui devra réconcilier cinq générations (je distinguerai l'adolescence après l'enfance et avant les adultes, les seniors et les vieillards) au sein d'une France qui cessera d'être la servante des Français pour en redevenir la souveraine. Au-delà des impostures actuelles, la promesse d'un tel avenir me permet d'entrer dans mon propos.

Première partie

« GÉNÉRATION », VOUS AVEZ DIT GÉNÉRATION ?

CHAPITRE 1

La ronde des générations

La génération : le maître mot de ma démarche, un terme d'usage courant et de signification réduite. Il situe les uns et les autres dans la durée : les jeunes, les adultes, les vieux. Pendant des siècles, l'année de conscription, la « classe », jouait ce rôle. La datation se charge parfois d'une couleur particulière. On parle alors de « génération de l'après-guerre », de « génération vaincue », de « génération morale », de « génération 68 », de « génération écolo, » etc., et surtout de « génération des boomers » pour désigner les enfants du baby-boom. Une bizarrerie démographique.

Les naissances qui, en France, ne dépassaient guère 600 000 par an dans les années 1930, bondirent à plus de 840 000 en 1946 et, phénomène plus surprenant, se maintinrent au-dessus de 800 000 jusqu'en 1975. Que, au retour de la paix, les ménages fassent les enfants qui ne purent naître pendant les années de guerre n'a rien de surprenant. Ce baby-boom a été observé dans tous les pays et a donné naissance au diminutif « boomer ».

Mais la simple datation a pris une consistance historique au fil des décennies, conduisant à la réplique fameuse lancée en 2019 par la députée néo-zélandaise Chlöe Swarbrick à un opposant quinquagénaire qui l'avait interrompue : « OK boomer ! » D'un mot, la jeune militante écologiste renvoyait l'opposant à son monde, celui de la croissance triomphante, en utilisant le mode polémique du « cause toujours, vieux schnock ». L'expression a fait mouche, car elle traduit une réalité évidente : la génération de l'après-guerre, celle qui arrive aux responsabilités dans les années 1980, se reconnaît à une mentalité bien particulière. Une rupture qui a valeur de précédent. Les générations suivantes ont, à leur tour, voulu se distinguer. Et l'on s'est mis à parler de générations X, Y (les millennials) et Z pour désigner les nouvelles tranches d'âge.

Cette multiplication générationnelle traduit tout simplement la rapidité du changement, l'accélération de l'histoire. Traditionnellement, les enfants vivaient dans le monde de leurs parents avec les mêmes outils, les mêmes repères. La jeunesse avait sa propre vision, mais la réalité était sensiblement la même. Aujourd'hui, ce sont les petits-enfants qui doivent initier leurs grands-parents aux secrets des nouvelles technologies. Les uns s'approprient avec aisance le monde numérique, dans lequel les autres s'aventurent en terre étrangère. La différence d'âge situe dans des histoires différentes des individus qui peuvent avoir de grandes difficultés à cohabiter, voire à se comprendre.

Un vécu partagé

La génération, donc. Une notion ambiguë, puisqu'elle prétend faire le lien entre deux chronologies dissemblables : l'histoire et le calendrier. D'un côté, une suite d'événements qui s'enchaînent de façon continue sans nulle considération pour les dates ; de l'autre, une quantification du temps en jours, années, décennies, siècles, qui ignore la suite des événements. Faut-il retenir la tranche de deux ou trois décennies pour regrouper les gens du même âge ou, au contraire, laisser l'histoire rassembler les gens sur des périodes plus ou moins longues ?

Le passage du deuxième au troisième millénaire ne fut marqué par aucun événement notable, pas même l'énorme bug informatique annoncé. L'Histoire ne regarde pas la date pour changer de chapitre. Le XVIIe siècle se termine à la mort de Louis XIV en 1715, le XXe siècle commence en 1914 avec la Première Guerre mondiale, quant au XXIe siècle, il s'est sans doute ouvert en 1991 avec la disparition de l'URSS et la fin de la guerre froide.

Pour la France contemporaine, les ruptures interviennent en 1944-1945, bien évidemment, en 1958 avec le passage de la IVe à la Ve République, puis au tournant des années 1970 avec la transition de la république gaullienne à la république postgaulliste. Nous savons d'ores et déjà que la pandémie du Covid-19 et la guerre en Ukraine marquent une rupture dans le XXIe siècle, nous saurons dans quelques années si le changement d'époque a correspondu à un changement de génération.

L'Histoire se moque du calendrier et structure le temps à sa manière. La génération est donc prise en étau entre la précision de la chronométrie et l'imprécision de la chronologie. La notion est floue, c'est un fait, mais cela ne retire rien à sa pertinence – au contraire, car cette confusion, c'est celle du vécu. La génération à laquelle je me réfère est historique. Elle est forgée par l'expérience commune, les événements partagés et, surtout, par un même paradigme, une appréhension du monde, un système de valeurs qui impose une certaine vision. Très concrètement, cette mentalité générationnelle apparaît de façon nette si l'on fait la comparaison entre 1914 et 1939.

À la veille de la Première Guerre mondiale, les Français sont patriotes et même nationalistes, le pacifisme n'est qu'un courant marginal. Ils ont admis l'idée que la guerre avec l'Allemagne est inévitable, ne serait-ce que pour récupérer l'Alsace-Lorraine. La force de cette représentation collective est telle que nul ne se soucie de savoir si les Alsaciens sont opprimés par les Allemands ou se sont intégrés au monde germanique. La France doit récupérer les territoires perdus en 1871, c'est une évidence qui soude toute une génération. Dans les années 1930, les Français sont encore sous le choc du grand carnage dont ils sont sortis miraculeusement vainqueurs. Ils n'ont qu'une idée en tête : « Plus jamais ça ! » À tous les étages de la société, l'éventualité d'un conflit est vécue comme une catastrophe. C'est bien une génération qui acclame Édouard Daladier au retour de Munich en 1938, une génération qui n'a plus rien de commun avec celle de 1914. Je constate le fait, je laisse aux historiens le soin de démêler les mécanismes influençant les représentations particulières des événements, puis rassemblant les contemporains dans ces visions et ces émotions partagées. Je retiens simplement que la génération est bel et bien soudée par une mentalité commune et qu'elle en tire une force. Bonne ou mauvaise, peu importe.

L'idéologie qui soude la génération des boomers n'est pas née d'une révélation ou d'une conversion, elle ne se réclame ni d'Allah, ni de Jésus, pas plus de Marx ou de Mao ; elle ne brandit pas un livre sacré, ni l'Évangile, ni le Coran, ni *Le Capital* ; elle est, nous le verrons, la fille de circonstances historiques très particulières que nous avons vécues dans les années 1960. Mais elle ne va pas disparaître avec la génération qui l'a vue naître, car cette dernière va la transmettre à ses enfants. Les générations qui prennent la relève sont donc « post-boomers ». C'est dire qu'elles portent cette idéologie en héritage, mais y ajoutent les nouveaux éléments venus avec la suite de l'histoire.

Cette identité générationnelle n'est pas sociale, elle recoupe les conditions les plus diverses du haut au bas de la société. Parmi les boomers, certains sont millionnaires, d'autres survivent avec le RSA ou une pension misérable ; certains ont profité des circonstances favorables, beaucoup ont joué de malchance et seront laissés pour compte. Pourtant, il existe bien une idéologie commune qui transcende les oppositions classiques et un cœur de génération qui, à tous les niveaux, a détenu le pouvoir économique, social, culturel, politique. C'est lui qui a tenu le pays au long de ces décennies, c'est lui qui sert ici de référence. L'effet de génération est une vérité sociétale qui, en tant que telle, ne peut être démentie par des cas particuliers qui semblent le contredire.

Dans la France contemporaine, je distinguerai ainsi cinq générations. Celle née dans les années 1920-1930, la mienne, qui a connu la Seconde Guerre mondiale puis la IVe République, qui porte en elle le souvenir de la défaite de juin 1940, de l'Occupation, de la Libération, de la Reconstruction, de la guerre d'Algérie. Puis viennent les boomers, nés de la grande poussée démographique entre 1945 et 1965, devenus adultes avec 1968, qui ont dirigé le pays de 1980 à 2020 et rejoignent aujourd'hui le cinquième âge. Viennent ensuite les générations du XXIe siècle, X, Y (les millennials) et Z, la génération montante.

Il me semble exister une certaine homogénéité entre ces différents blocs structurés par une même histoire, autour des mêmes intérêts. C'est évident pour les octogénaires qui ont vécu toute l'épopée française : l'humiliation, la renaissance, l'enlisement, le redressement, puis le déclin. C'est évident pour cette intergénération qui a pleinement vécu dans la France gaullienne, sa « grandeur », sa prospérité. Ce l'est tout autant pour les générations qui suivent.

Le phénomène générationnel est observé, analysé, disséqué, mesuré par les démographes. Mais il est avant tout vécu par les contemporains. C'est dans cette expérience humaine que chacun puise son identité, son authenticité historique. Cette exigence première a été superbement illustrée par le plus inattendu des « générationnistes » : Frédéric Beigbeder.

Talentueux et fantasque, Beigbeder mêle la légèreté du mondain et la curiosité de l'écrivain. C'est ainsi que, en romançant sa propre existence, il se trouve emporté dans les flux générationnels :

> J'ai vu trois générations se succéder : les boomers (mes parents), la génération X (la mienne) et les millennials (mes enfants).
>
> Les boomers ont été libérés, la génération X a été endommagée, les millennials ont été surprotégés.
>
> Les millennials ne comprennent pas la génération X parce qu'ils n'ont pas, comme nous, pris dans la figure la libération de leurs parents.
>
> La génération X s'est beaucoup droguée pour oublier qu'elle était écrasée entre les boomers égoïstes et les millennials vertueux. [...]

> Ma génération est coincée entre les profiteurs amoraux qui l'ont précédée et les douillets moraux qui lui succèdent[1].

Chacun s'approprie sa génération en plaquant des stéréotypes sur les âges d'avant, d'aujourd'hui et d'après. Mais bien peu ont la lucidité d'un Beigbeder pour se situer dans le carnaval générationnel. Pour ma part, je vais me concentrer sur « les profiteurs amoraux », les boomers, génération favorisée devenue prédatrice.

La faillite d'une génération

Si nous plaçons côte à côte la France de 1970 et celle de 2020, si nous les comparons sur les plans économique, financier, politique, social, diplomatique, culturel, etc., si, surtout, nous mettons face à face l'avenir promis à l'une et à l'autre, alors on doit supposer que notre pays a traversé des épreuves épouvantables qui ont brisé son énergie, ruiné son potentiel, et dont il n'a jamais pu se remettre. Comment imaginer qu'il ne s'est rien produit de tel, bien au contraire ?

Pour ma part, je ne crois pas que le passage d'une France conquérante à une France démissionnaire qui intervient dans les années 1970-1980 était une fatalité. Il n'était pas non plus le fait de telle ou telle volonté partisane. Il correspond bien davantage à une absence de volonté. Face à la perte de l'autorité politique, la conjoncture a pris les commandes. Elle n'a néanmoins pas été reconnue, car elle ne s'affirmait pas à travers des événements exceptionnels, elle nous dominait par l'absence de tels événements. Le renoncement

1. Frédéric Beigbeder, *Un barrage contre l'Atlantique*, Grasset, 2022.

que distillait cette ensorcelante parenthèse a démobilisé les Français et fait passer la France de son épisode progressif à son épisode régressif.

En revenant sur ce tournant, nous verrons qu'il en va de cette régression comme de la défaite de juin 1940 : c'est toute une société, c'est-à-dire la génération aux commandes, qui a failli. Pourquoi et comment avons-nous basculé, de nous-mêmes, d'une France à une autre ?

Le mal vient de loin et n'apparaît jamais mieux que dans la confrontation entre jeunes et vieux, autant dire spoliés et spoliateurs. Dès 2006, je pouvais dénoncer « cette exclusion de la jeunesse devenue la variable d'ajustement, le sous-prolétariat de la génération en place[1] ». Pour fustiger cette « génération prédatrice », je ne m'étais pas livré à de savantes recherches, qui ne sont pas de ma compétence, j'avais simplement dit ce qu'on ne devait pas dire. Depuis lors, cette vérité a été portée sur la place publique.

Que l'histoire ait favorisé cette génération, c'est une telle évidence qu'elle en devient aveuglante, donc impossible à regarder. D'autant que ce serait remettre en cause ce droit imprescriptible d'être victime et malheureux, un droit qui vaut pour les individus, pour les catégories et, pourquoi pas ? pour les générations. Les boomers n'eurent pas à survivre dans des conditions infernales, ils eurent à vivre et rien de plus. Mais quand il n'y a plus de défi à relever, la tentation est grande de se coucher et, par exemple, de se déclarer retraité.

Le seul changement que l'on puisse évoquer, c'est bien le remplacement d'une génération par la suivante, mais il faut

1. François de Closets, *Plus encore !*, Fayard/Plon, 2006.

pour cela admettre que la génération n'est pas seulement une réalité statistique, qu'elle existe en tant que groupe humain développant sa propre idéologie et défendant ses propres intérêts. De ce point de vue, le passage de la génération de l'avant-guerre à celle de l'après-guerre représente une transition particulièrement brutale. Ceux qui eurent le pouvoir entre 1945 et 1975 portaient encore en eux le souvenir de la guerre, de l'Occupation et de la Reconstruction, tandis que ceux qui s'étaient défoulés en 1968 avant de se précipiter sur les places comme les pillards sur les palais impériaux n'avaient connu ni la guerre, ni le chômage, ni la misère. Leurs parents étaient passés de la pauvreté au confort moderne, et la grande remise en cause de Mai 68 fut celle de la consommation. Il est de plus grandes souffrances. Nous reviendrons sur ces événements, retenons simplement le fait : un basculement sans cause de la croissance au déclin.

Mai 68 : l'avènement de l'individu-roi

Le passage d'une génération à l'autre peut être marqué par un choc, une rupture. Ce fut évidemment le cas avec Mai 68. Deux idéologies se sont télescopées dans ces journées tumultueuses. D'une part, une remise en cause de la société productiviste qui identifie le progrès à la seule augmentation de la consommation. Contestation bienvenue, mais qui aura peu de conséquences dans l'immédiat. D'autre part, une explosion d'individualisme libertaire qui va porter un coup fatal au général de Gaulle : « Dix ans ça suffit ! » Le slogan prendra tout son sens avec le référendum du 27 avril 1969. Les historiens ont du mal à expliquer le rejet de ce texte qui instaurait la régionalisation et modernisait le Sénat.

Il était, certes, mal ficelé, mais les Français étaient favorables à la décentralisation et n'éprouvaient pas un attachement indéfectible pour la Chambre haute. Le chef de l'État avait cru forcer le résultat en transformant le référendum en plébiscite : « Pour ou contre de Gaulle. » Or le grand vent de la liberté soixante-huitarde avait ébranlé la statue du commandeur. Dès lors que la République avait retrouvé de solides assises, les Français n'étaient pas fâchés de rejeter la pesante discipline gaullienne. De changer d'époque. Une nouvelle génération allait exercer le pouvoir, qui reporterait sur son confort l'attention que de Gaulle portait à la France et à sa « grandeur ».

Mai 68 est bel et bien l'événement générateur, pour ne pas dire générationnel. Les boomers y ont rejoué la prise de la Bastille pour leur propre compte.

Ils vont prendre le contrôle du pays en effaçant les grandes valeurs de nation, de bien commun, de discipline collective, d'indépendance nationale. L'individu-roi remplace le Français. Sa liberté, ses droits, ses émotions, son instantanéité trouvent leur expression dans la nouvelle force du marché libéral qui submerge peu à peu la société. C'est bien une nouvelle génération qui s'impose et qui va entraîner le pays dans un irrésistible déclin. Une génération totalement libérale par sa revendication d'un individualisme sans limites, mais totalement socialiste par son exigence clientélaire d'un État omniprotecteur.

La République individualiste du XXe siècle n'a fait que croître et embellir dans la France numérique du XXIe siècle. Il me semble donc raisonnable de recomposer ainsi la population française, mais ce rassemblement en générations autorise-t-il à passer d'une structuration à une incrimination ? Les catégories ainsi découpées dans la continuité démographique sont-elles plus significatives qu'un classement par ordre alphabétique ? Peuvent-elles intervenir dans l'analyse politique aux côtés des partis, des CSP, des corporations, pour ne plus parler des classes sociales ?

L'hypocrisie du bouc émissaire

La réponse est importante, car l'opinion est toujours à la recherche de responsabilités qui lui permettent de s'exonérer de la sienne. Ce serait trop de malheur d'avoir supporté le chômage, le Covid, le confinement et le reste sans pouvoir déverser sa colère sur le moindre coupable. Les Français exigent un système explicatif qui les mette hors jeu, dans la position qu'ils préfèrent : celle de victime. La conviction est si bien ancrée qu'aucun homme politique n'oserait retourner à l'envoyeur nos cahiers de doléances en rappelant que c'est à nous seuls qu'il faut s'en prendre. Ce serait pourtant le message optimiste à faire entendre. Car, si nous sommes la cause de nos maux, alors nous pouvons aussi en devenir le remède. Mais, pour le moment, les Français préfèrent penser que les coupables de cette interminable régression du pays se trouvent en dehors de l'Hexagone.

Cette volonté de désigner un bouc émissaire est d'autant plus marquée que nous sommes sur un terrain structuré par l'idéologie. Ici, les idées sont en lutte pour le pouvoir. La lecture des faits n'est donc jamais neutre, elle doit être favorable à un camp, accablante pour le camp opposé.

Longtemps, la recherche d'un coupable idéal s'est coulée dans l'opposition droite-gauche. Il n'était besoin ni d'enquête ni de démonstration pour aboutir à la conclusion.

Les gens de droite imputaient nos malheurs aux gens de gauche et inversement. Dès lors que chacun avait son coupable, il importait peu que ce ne soit pas le même, il n'était pas besoin que ce soit le bon. La preuve était faite qu'il suffirait de changer de majorité pour remédier à nos difficultés.

Or les événements sont si proches que ces jugements déterminent encore les choix actuels. Comment évoquer la victoire de la gauche en mai 1981 sans y voir un grand mouvement libérateur ou, au contraire, un comble de démagogie ? Comment prendre acte des déficits accumulés par la France sans les saluer dans une logique hyperkeynésienne ou, *a contrario*, les dénoncer par référence à l'équilibre budgétaire ?

Si longtemps que l'on s'en tient aux analyses partisanes, que l'on tente de distribuer les bons et les mauvais points, il est impossible de remonter aux causes et, surtout, de trouver les voies de la résilience. Or, pour l'observateur politique, la tentation est grande de refaire le match. De discuter telle décision, de revenir sur tel engagement, bref d'en rester à tel ou tel épisode afin de donner le point à l'un ou l'autre camp.

C'est alors que les Français se lassent de devoir, comme à Guignol, huer le vaincu du jour qui sera le vainqueur du lendemain. Il leur faut un bouc émissaire qui puisse faire meilleur usage. Ce sera « le système », « la classe politique » ou « l'élite ». Le jeu de massacre conduit tout naturellement à l'anti-élitisme. Plus la peine de rechercher la responsabilité des uns ou des autres : « tous coupables ».

L'élite se coule fort bien dans ce rôle de bouc émissaire. Le temps d'un rassemblement ou d'une manifestation, elle fait jaillir à jets continus l'énergie protestataire. Le bonheur de pouvoir lancer des imprécations contre le responsable de nos malheurs ! L'élite a bon dos, c'est vrai, mais pas les épaules assez larges pour porter le poids de tous nos échecs.

Lui infliger cette totale culpabilité et, du même coup, s'octroyer une totale absolution revient à considérer la France comme un pays occupé dans lequel une caste dominatrice décide de tout et impose sa volonté souveraine au peuple soumis. De qui se moque-t-on[1] ? La France est une démocratie et ce sont les Français qui choisissent les gouvernants. Le suffrage universel ne permet pas de se défausser ainsi de sa responsabilité. Sur le long terme, les gouvernants sont à l'image de leurs électeurs. S'ils sont mauvais, la culpabilité est partagée. De fait, depuis un demi-siècle, les Français votent consciencieusement pour les plus démagogues.

Génération coupable

La notion qui permet de regrouper le peuple et l'élite dans la même catégorie, c'est la génération tout simplement. Les boomers se retrouvent à tous les niveaux de la société, dans toutes les positions, ils ont le même âge, mais, surtout, ils partagent la même idéologie, celle de l'égoïsme, de l'hédonisme, du présentéisme. « Moi d'abord, ici et maintenant » et « après moi, le déluge ». Nous y sommes, il commence même à pleuvoir.

Pourtant cette paranoïa française qui traque partout des responsables-coupables épargne scrupuleusement les générations. Car ce peuple, pour batailleur qu'il soit, n'en respecte pas moins certains tabous. Assez stupides d'ailleurs. Celui,

1. Chloé Morin, *On a les politiques qu'on mérite*, Fayard, 2022.

notamment, de ne jamais énoncer – je ne dis pas « dénoncer », mais simplement « énoncer » – les avantages dont jouit telle ou telle catégorie. Bref, de ne jamais connaître la situation vraie des uns et des autres, ce qui entretient un climat de récriminations permanentes. C'est ainsi, les groupes constitués et reconnus sont nos Intouchables. Ce serait leur manquer d'égards que de ne pas s'apitoyer sur leur sort et les agresser que décrire les avantages dont ils peuvent jouir.

Or la génération profite de ce même pacte de non-agression intercatégoriel. La vie des boomers, qu'on se le dise, est pénible. On ne saurait faire l'inventaire de ses revenus et propriétés et, à plus forte raison, retracer le parcours de prédation qui lui a permis de s'enrichir, sans se livrer à une agression caractérisée. La réprobation prendrait la forme d'une formule toute faite et que j'ai beaucoup entendue : « Vous allez dresser les Français les uns contre les autres. » Cette phrase, retenez-la, c'est celle du « faux cul » qui n'ose pas défendre des intérêts particuliers à visage découvert.

Il est donc très mal vu, surtout par les intéressés, de comparer la situation des différentes générations. On ne saurait chipoter sur les positions et mérites de l'une ou l'autre, puisqu'elles doivent rester indifférenciées comme les hamburgers du McDo. Au reste, riches et pauvres cohabitent dans toutes les tranches d'âge. Et comment pourrait-on se trouver responsable d'une génération que l'on n'a pas choisie ?

Cette neutralisation générationnelle n'est qu'un enfumage imposé par le conformisme dominant. En réalité, les générations constituent des communautés d'intérêts qui se reconnaissent comme telles et s'opposent les unes aux autres. Je m'en suis rendu compte au travers des réactions que suscitèrent mes prises de position. Des personnes dont je connaissais la sensibilité de gauche, qui soutenaient systématiquement la réduction des inégalités, se montrèrent très réservées, voire franchement hostiles, à toute mise à contribution de leur catégorie : celle des retraités. Mais c'étaient les plus de 60 ans qui se conduisaient ainsi, les plus jeunes entraient sans difficulté dans la discussion. Mes amis sexagénaires défendaient leur position de retraité, comme le fonctionnaire qui se crispe sur son statut, le notaire qui s'accroche à son monopole, le cheminot qui se bat pour sa retraite. À travers mes interrogations, ils découvraient leur condition de seniors, ils se découvraient membres d'une corporation et, tout naturellement, en défendaient les intérêts.

Cet « esprit de génération » se retrouve dans la défense de positions idéologiques et pas seulement de situations matérielles. Ainsi, dans l'étude de la Fondation Jean-Jaurès[1], les 18-29 ans sont 44 % à considérer qu'« on ne se sent plus chez soi comme avant », contre 64 % chez les plus de 60 ans. De moins de la moitié à quasiment deux tiers, il s'agit bien de deux mentalités différentes. On retrouve des décalages du même ordre à propos de l'immigration, de l'homosexualité, des pratiques religieuses, etc. L'avenir dira s'il s'agit d'un « effet jeunesse » appelé à se résorber dans le temps, selon le principe « les jeunes révolutionnaires font d'excellents vieux conservateurs », ou s'il s'agit bien du passage d'une mentalité à une autre.

Mon observation personnelle, qui n'a rien de scientifique, m'a convaincu que les générations sont des groupes de convictions, mais aussi d'intérêts, qui manifestent le même

1. Enquête de l'Association des départements solidaires, *op. cit.*

égoïsme que les corporations. J'entends donc les mettre en cause, tout particulièrement celle des boomers, sans me limiter à une approche démographique.

Il est vrai que la segmentation générationnelle semble une bizarrerie parmi les intervenants qui s'affrontent sur notre champ de bataille démocratique. Qu'il s'agisse de partis, de syndicats, d'entreprises, de corporations ou d'associations, il existe toujours une structure avec un minimum d'organisation capable d'exprimer une volonté, de prendre des décisions, de manifester une détermination. La représentation n'est pas toujours parfaite, mais elle suffit à légitimer l'existence et la défense d'un intérêt commun. La génération n'offre rien de tel. Elle réunit des individus sur le plus petit dénominateur possible : une date de naissance. Elle n'a aucun dispositif, pour organiser une délibération, pour exprimer une volonté, pour diriger ses membres. En vérité, elle n'a d'existence *a priori* que dans les tableaux de l'INED, l'Institut national d'études démographiques. Un bon graphique peut la rendre saisissante, mais, dans la réalité, elle reste insaisissable. Cette totale désorganisation limite l'effet de groupe. Une appartenance reconnue, affichée, incite à épouser des positions communes, mais qu'en est-il quand le groupe vit sans représentation et sans vérités proclamées ?

Il semble donc impossible de voir dans la génération un acteur de notre dramaturgie républicaine, manifestant sa volonté, menant sa politique, défendant ses intérêts. Je tiens cette vision, ou cette absence de visibilité, pour une illusion d'optique. C'est notre façon de voir, de mettre en scène la vie politique qui élimine l'âge de la distribution, qui la confine dans le décor. Cet escamotage est facile, car la force des générations n'est pas tangible. Omniprésente et invisible comme l'air, elle transforme notre société à bas bruit, mais peut comme le vent déporter l'action dans un sens ou dans un autre. Elle ne se manifeste jamais que dans ses effets. C'est en voyant tourner les girouettes ou les éoliennes, se gonfler les voiles ou s'abattre les arbres que l'on peut mettre en évidence cette force aérienne impalpable. Il en va de même pour les générations, qui ne se manifestent pas dans des déclarations, des manifestations, des violences et des décrets. Pour les connaître, il faut chercher dans le monde la trace de leurs actions. C'est alors que l'implacable sentence de Rémy de Gourmont prend tout son sens : « Ce qu'il y a de terrible quand on cherche la vérité, c'est qu'on la trouve. » Nous retrouverons donc les générations non pas à la périphérie, mais au cœur même des sociétés qu'elles ont façonnées : celle des boomers tout d'abord, celle du vieillissement ensuite, car, à force d'être occulté, le système générationnel est devenu la clé de notre avenir.

Au jeu des générations se produisent des basculements majeurs, quantitatifs, qui auront de profondes répercussions dans le fonctionnement même de notre société. Or il faut bien voir ce que nous annonce l'INED : les moins de 20 ans étaient 30 % en 1946, ils sont 25 % aujourd'hui et ne seront que 22 % en 2050. Les 60 ans et plus passeront quant à eux du quart au tiers d'ici à 2050, et les plus de 75 ans, qui n'étaient que 3,4 % au lendemain de la Seconde Guerre mondiale, sont 9 % aujourd'hui et seront 16 % en 2050. Peut-on imaginer que de tels changements démographiques n'entraîneront pas des changements sociopolitiques correspondants ?

CHAPITRE 2

Du meilleur au pire

L'attaque du Covid nous a pris au dépourvu. Une telle épidémie figurait bien au rang des menaces auxquelles nous étions exposés, mais la crainte qu'elle inspirait n'était pas à la mesure d'une véritable prévention. En revanche, les deux pièges dont nous nous retrouvons prisonniers, celui du climat et celui du vieillissement, avaient été annoncés par la science, annoncés et quasiment datés. Il eût fallu mobiliser les peuples, leur imposer des changements profonds, désagréables. C'était politiquement difficile. En France, ce fut impossible. Notre insouciance proverbiale ne connaît que le présent et ignore l'avenir.

Mais cette paresseuse procrastination n'explique en rien la rupture qui s'est produite dans notre histoire à la charnière des années 1960-1970. Pour faire face au réchauffement ou au vieillissement, il fallait se lancer dans des politiques nouvelles, audacieuses. Nous n'eûmes pas ce courage. C'est regrettable, mais compréhensible. Pour éviter les désastres économiques et sociaux, il suffisait de maintenir le cap fixé depuis une dizaine d'années. Nous n'en avons pas été capables et c'est beaucoup plus troublant. D'où vient que ce qui était possible en 1965 devienne impossible en 1985 ?

L'événement se lit au premier coup d'œil sur les tableaux statistiques. Que l'on considère la croissance, le pouvoir d'achat, le chômage, l'état des finances, le commerce extérieur, le niveau de l'éducation, le fonctionnement de nos institutions, la situation géostratégique, etc., dans tous les domaines, les indicateurs sont à la hausse dans les années 1960 et se retournent dans les années 1970, pour décliner irrésistiblement dans les décennies suivantes. Les budgets qui étaient tous excédentaires dans les années 1960 et qui ont tous été déficitaires depuis 1974 n'offrent qu'un exemple parmi tous les autres de ce basculement. Pourtant, durant les années 1960, la France a mené une guerre en Algérie, a construit sa force nucléaire, a remboursé toutes ses dettes et s'est lancée dans nombre de « grands projets » industriels. Cela n'a pas empêché une augmentation du niveau de vie sans aucun précédent historique.

Le grand décrochage

Nous n'arrivons même plus à imaginer ce qu'était la France des années 1960. Plutôt que nous complaire dans l'autosatisfaction rétrospective, mieux vaut se fier au regard de l'étranger. En 1973, le Hudson Institute du futurologue Herman Kahn consacra une étude à l'avenir de notre pays. À leur grande stupéfaction, les chercheurs new-yorkais découvrirent un dragon en Europe : « Si les performances économiques actuelles de la France se poursuivent, elle deviendra, vers la fin du siècle, l'un des très riches pays du monde et l'Allemagne passera au second plan[1] », concluent-ils. Ils ajoutent toutefois : « La question est de savoir si la France peut traverser les années 1970 et 1980 dans la paix et la justice sociales, avec de grandes réalisations matérielles et morales. C'est une question [...] à laquelle aucune étude ne peut répondre. » Effectivement, l'optimisme américain ne pouvait deviner que la France allait être rongée par le virus boomer. Nous reviendrons sur ce basculement qui porte en germe toute notre histoire contemporaine, soulignons d'abord au trait rouge ce constat : les boomers, qui en prennent progressivement le contrôle dans les années 1970, font passer en quelques années la France de l'état triomphant décrit par le Hudson Institute à cet enlisement dans le chômage et les déficits dont nous n'avons jamais pu nous dépêtrer.

Cette étude ne fait que documenter une opinion générale. Toutes les enquêtes internationales dans les années 1960-1970 conduisent à la même conclusion : « Tout homme a deux pays : le sien et la France. » Car l'opinion est partout la même : la France est le pays de cocagne. Celui où il fait bon vivre, qui est le plus doué pour la prospérité, qui possède le meilleur système politique, la meilleure assise financière. Malheureusement, lorsque l'héritage est à ce point magnifique, l'héritier se transforme facilement en rentier et même en dilapidateur.

Certes, il était naturel, et somme toute heureux, que de grands pays du tiers-monde connaissent le développement et que leur économie dépasse la nôtre, il était de même

1. Hudson Institute, *L'Envol de la France. Portrait de la France des années 80*, Hachette Littérature, 1973.

impossible de maintenir le rythme endiablé de notre croissance économique. En revanche, le champion français qui, avec les États germaniques et scandinaves, caracolait en tête des puissances européennes n'avait aucune raison de se retrouver avec les pays méditerranéens, les « pays du Club Med », comme disent avec condescendance nos partenaires germaniques, dans le peloton des éclopés.

Cet échec ne se lit pas seulement dans les statistiques, il se manifeste dans toutes les enquêtes d'opinion. Les indicateurs psychologiques unanimes révèlent que les Français perdent le moral. Ils étaient certains que leurs enfants vivraient mieux qu'eux, ils se mettent à en douter et se persuaderont bientôt du contraire. Bien que le pays se gorge d'emprunts pour leur permettre de consommer chaque année entre 50 et 100 milliards d'euros de plus qu'ils ne produisent, ils deviennent les champions mondiaux du mécontentement. Un pessimisme qui se traduit par des contre-performances. Dans les années 2010-2020, les déficits et le chômage disparaissent dans l'Europe du Nord germano-scandinave, ils diminuent spectaculairement dans l'Europe méditerranéenne, il n'est qu'un pays dans lequel l'amélioration ne se voit qu'à la loupe, c'est la France. Et lorsque, à la fin de la crise sanitaire, l'embellie économique surprend jusqu'aux experts, elle n'est obtenue qu'au prix de déficits budgétaires et commerciaux abyssaux, une prospérité fondée sur le sable du crédit.

Le champion des années 1970, celui qui dominait l'Europe par son rayonnement, en est devenu l'homme inguérissable. La génération au pouvoir entre 1980 et 2020 a réussi l'exploit de ruiner le pays, de compromettre l'avenir de ses enfants, sans même apporter sinon le bonheur, du moins le bien-être – car c'est ainsi que l'on appelle le bien-avoir – aux Français, qui ne cessent de régresser au palmarès du niveau de vie par habitant. Puiser follement dans le crédit pour vivre aussi mal, c'est une sorte de prouesse.

Faut-il admettre que la France glorieuse des années 1960 ne fut qu'une « idée » gaullienne temporairement réalisée, faut-il reconnaître, du même coup, que la France piteuse qui lui a succédé traduit la réalité de notre peuple ? Comment se fait-il qu'une génération riche d'un tel héritage ait conduit la France de la prospérité à la ruine ?

La génération rentière

Le grand décrochage se produit donc à la charnière des années 1970-1980. Comment l'expliquer ? Il ne correspond à aucune guerre, à aucune catastrophe naturelle, à aucune crise majeure, à aucune épidémie dévastatrice, rien que les chocs pétroliers, réajustements salutaires qui ont assaini les bases de la croissance mondiale. Peu de choses par rapport à la guerre d'Algérie.

Voilà le point essentiel, celui sans lequel je n'aurais jamais écrit ce livre. L'histoire comme l'on sait est tragique. Elle va de catastrophe en catastrophe et les hommes sont bien heureux quand ils peuvent connaître une ou deux décennies de répit.

Or les boomers n'ont jamais rien affronté de tel. Il y eut certes des drames dans le monde au cours des années 1960-2010, mais qui n'ont pas concerné directement la France. Nous ne fûmes exposés qu'aux aléas de la conjoncture : chocs pétroliers, mondialisation, révolution du numérique, etc., rien qui ne soit à la mesure d'un grand pays industriel ayant conservé la maîtrise de son destin. En deux mille ans, la France n'a jamais connu une si longue période d'apaisement : la parenthèse enchantée.

Nous ne parlons pas ici de ce qui s'est passé, mais de ce qui ne s'est pas passé et qui, de la sorte, ne se remarque pas. Les nations célèbrent la fin de la guerre, pas la trentième année de paix. Les hommes se plaignent des crises, des épidémies, mais ne se réjouissent pas de leur absence. Nous avons donc vécu ces années exceptionnelles dans un sentiment de totale normalité. Seule l'attaque du Covid-19 nous a rappelé que les épidémies font partie intégrante de la condition humaine. Et la guerre en Ukraine, qu'une invasion militaire pouvait se produire en Europe. Nous n'avions eu besoin d'aucun effort pour l'oublier.

Si nous plaçons côte à côte la France de 1970 et celle de 2020, si nous les comparons sur les plans économique, financier, politique, social, diplomatique, culturel, etc., si, surtout, nous mettons face à face l'avenir promis à l'une et à l'autre, alors on doit supposer que notre pays a traversé des épreuves épouvantables qui ont brisé son énergie, ruiné son potentiel et dont il n'a jamais pu se remettre. Comment imaginer qu'il ne s'est rien produit de tel, bien au contraire ?

La seule cause que l'on puisse trouver au basculement des années 1970, c'est le remplacement d'une génération par la suivante, une transition particulièrement brutale. Ceux qui eurent le pouvoir entre 1945 et 1970 portaient encore en eux le souvenir de la guerre, de l'Occupation et de la reconstruction, tandis que ceux qui s'étaient défoulés en 1968 avant de se précipiter sur les places comme les pillards sur les palais impériaux n'avaient connu ni la guerre, ni le chômage, ni la misère. Leurs parents étaient passés de la pauvreté au confort moderne et la grande remise en cause de Mai 68 fut celle de la consommation. Il est de plus grandes souffrances. Nous reviendrons sur ces événements, retenons simplement ce fait : un basculement sans cause de la prospérité au déclin correspond au remplacement d'une génération par une autre.

Le service des Français

Nous constatons les effets au niveau des chiffres, des conséquences et des résultats, mais il faut remonter au niveau des idées pour chercher les causes. Chaque génération est porteuse d'un référentiel qui structure les représentations, hiérarchise les valeurs et situe l'action dans un cadre défini. Les partis politiques ne sont que des filiales chargées d'appliquer l'idéologie que diffuse la holding générationnelle. Mais cette politisation du fait générationnel n'est toujours pas admise.

S'agissant de la fracture économique des années 1970, on veut toujours croire qu'elle fut provoquée par les chocs pétroliers. Comprenez que les Français seraient restés les mêmes, mais que les circonstances auraient changé. Nous découvrirons en refaisant l'histoire que rien n'est plus faux. Le changement est intervenu dans les têtes avant d'être acté dans les faits. La pensée de la génération montante s'oppose à celle de la génération partante et leur opposition peut se résumer en une formule très simple. De Gaulle avait mis les Français au service de la France, ses successeurs ont mis la France au service des Français. Sous les formes les plus diverses, la politique suivie dans les années 1960 découlait du premier principe, celle des décennies suivantes découlera du deuxième.

Face à ce type d'affirmation, les spécialistes ne manquent jamais de laisser tomber un dédaigneux : « C'est plus compliqué que ça. » De fait, il n'est d'idée-force qui ne simplifie la réalité. Mais il n'est de réalité qui se comprenne sans un principe premier appelé à se complexifier au stade de l'application. La politique du général Gaulle ne s'explique qu'en fonction de cette priorité donnée à la France sur les Français, celle de ses successeurs qu'en fonction de la priorité inverse.

Le changement s'est manifesté dans le tsunami individualiste qui a déferlé après Mai 68 et auquel aucun homme politique ne pouvait plus s'opposer. Les Français se sont convertis au « moi d'abord » que proclame l'individu-roi. Ils ne voient depuis lors la politique qu'à travers leurs intérêts et mettent la liberté individuelle au-dessus de tous les droits de l'homme. Les institutions, les valeurs… tout est second par rapport à cette suprématie de l'individu. Les étudiants en avaient tiré des slogans drolatiques qu'ils écrivaient sur les murs, les Français en ont retenu que leur intérêt individuel doit toujours prévaloir sur l'intérêt collectif. Il faudra revenir sur les circonstances riches d'enseignement qui ont accompagné cette mutation des mentalités. Mais le fait est certain : la génération de l'avant-guerre, qui avait vu la France à terre, était consciente que le bien commun devait l'emporter sur l'intérêt individuel. La génération des boomers, qui n'avait vécu aucun de ces désastres, n'entendait pas se mettre au service de la collectivité, qu'elle prenne la forme de la patrie, du pays, de l'État ou de la société. En arrivant – comme il était normal – au pouvoir, elle fut davantage prédatrice que protectrice.

Ainsi une génération a-t-elle vécu les années les plus heureuses, en tout cas les plus favorables, de notre histoire en prenant les commandes non pour servir la France, mais pour la mettre à son service. Cette génération, qui bascule aujourd'hui dans le grand âge, a hypothéqué l'avenir.

Deuxième partie

LE RÈGNE DES BOOMERS

CHAPITRE 3

On a changé de république

Comment les boomers ont-ils pris en main la France ? S'agissant d'une génération, la question n'a pas de sens si l'on s'en tient au pouvoir. Tout naturellement, celui-ci est dévolu des aînés aux cadets. Mais cette relève institutionnelle, à elle seule, ne change que les équipes gouvernantes, pas la politique suivie. Or, si l'on compare la France des années 1960 à celle des années 1980, la différence ne se trouve pas dans les institutions, mais dans la politique et, pour tout dire, l'art de gouverner. Les ambitions gaulliennes qui soudaient le pays ne sont plus qu'un simulacre, le tournant est pris de la détermination à la résignation, de l'ambition à la soumission.

La rupture est totale, mais comment l'appréhender ? On peut trouver les marques de ce changement à propos du fonctionnement des institutions, de la gestion des finances, des réactions de l'opinion, mais ce ne sont jamais que les effets de cette cause première : le changement de paradigme du service de la France au service des Français. Cette rupture, dont les effets se révèlent si importants sur un demi-siècle, s'est incarnée dans deux événements. La crise de Mai 68 avec l'explosion de l'individualisme, le départ du général de Gaulle en 1969 avec la fin de l'autorité. La France était prête pour prendre la pente du déclin.

Il faut revenir sur la démarche historique qui nous a fait passer d'une république de plein exercice à une république de faux-semblants, pour en découvrir le caractère générationnel et non pas partisan. Fait curieux, la France qui se paye une révolution à chaque chapitre de son histoire, qui a collectionné en deux siècles tous les régimes possibles et s'est offert cinq républiques en attendant la sixième dont rêvent messieurs Mélenchon, Montebourg et quelques Gilets jaunes, cette France n'a pas éprouvé le besoin d'arborer une nouvelle charte constitutionnelle pour passer de la république gaullienne à son contraire, la république des boomers. Ceux-là mêmes qui, tels François Mitterrand, n'avaient cessé de vitupérer contre les institutions de la Ve République les ont trouvées fort confortables lorsqu'ils sont parvenus au pouvoir. Nous voilà donc dans une situation très curieuse : un changement de République sans changement de constitution. Pour comprendre, il ne faut pas disséquer les textes, mais interroger les faits, ceux qui sont à l'origine de ce changement et qui vont de 1940 à 1980 en passant par 1945, 1958 et 1968.

On connaît la formule : « La carte n'est pas le territoire. » Elle se projette dans l'espace politique par : « La Constitution n'est pas la nation. » L'une peut évoluer, alors que l'autre reste stable et inversement. Mais un décalage qui se creuse peut conduire à l'explosion de Mai 68. C'est elle qui, avec l'arrivée de la génération boomer, va marquer le changement de génération politique. Qu'une révolte étudiante sans cause, sans parti et sans doctrine laisse une telle trace dans notre société semble pour le moins surprenant.

Les slogans lancés dans nos facs représentent peu de choses pour la population française. Mais ne suffit-il pas d'une étincelle pour embraser la pinède quand le mistral souffle sur une végétation desséchée ? Telle était précisément l'état de l'opinion, mais nul n'en avait conscience, de sorte que l'on chercha dans la colère estudiantine une cause, alors qu'elle ne fut qu'un révélateur, un détonateur. Car l'exceptionnelle bonne santé de l'économie française et la stabilité du système politique avaient curieusement fait naître plus de frustration que de satisfaction. De haut en bas dans la société, chacun rongeait son frein, qui pour son pouvoir d'achat, qui pour son bien-être.

La révolte des boomers

Le modèle gaullien des Français au service de la France arrivait à bout de souffle. Une perte de légitimité perceptible dans le monde intellectuel, refoulée dans le reste de la population. Comme le constate Michèle Delaunay : « C'est la partie diplômée détentrice du sens des mots qui va façonner la mémoire dominante, laquelle fait que tous les baby-boomers apparaîtront comme d'anciens soixante-huitards[1]. »

La révolte de Mai 68, qui fait entrer les boomers dans l'histoire, fut une surprise totale : rien n'annonçait l'acte générateur, on dirait presque générationnel, de cette nouvelle république. Après le départ du général de Gaulle, Georges Pompidou prend d'une main ferme les commandes de la Ve République. L'économie encaisse la grande grève, le choc

1. Michèle Delaunay, *Le Fabuleux Destin des baby-boomers*, Plon, 2019.

salarial, et repart de plus belle. Rien n'a changé, pourtant, rien n'est plus pareil.

La Constitution de 1958 avait créé un pouvoir politique très fort, le général de Gaulle lui avait conféré une autorité sans égale. Entre ces deux notions, la différence est essentielle. Le pouvoir vient d'en haut, il est attribué par les institutions. L'autorité, au contraire, vient du bas, elle naît de la confiance que le peuple accorde à ses dirigeants. C'est elle qui permet de gouverner, c'est elle que la classe politique va perdre dans les années 1980-2020. Nos gouvernants, surarmés par la Constitution, se retrouvent avec des sabres de bois.

Sous les formes les plus diverses, Mai 68 est d'abord une explosion d'égotisme. Une jeunesse qui se cherche, tant dans ses attachements que dans ses rejets, finit par se trouver dans l'affirmation individuelle contre l'ordre social. À l'époque, le verbe « contester » devient intransitif. Il n'a plus à se fixer sur un objet particulier. La contestation devient un état en soi, une identité. Elle affirme la suprématie de l'individu, de ses envies, ses jugements, ses pulsions, ses revendications et ses excommunications, sur la collectivité, laquelle se voit opposer le fameux : « Il est interdit d'interdire ». Une affirmation qui s'opposait au « Tous ensemble » de la république gaullienne, avec la discipline civique qui met des obligations, des règles, des normes, des contraintes, des devoirs en contrepartie de la solidarité sociale. L'état contestataire supplée le vide des engagements.

Cohn-Bendit et ses clones se portent à l'avant-garde d'une génération qui, dans les années suivantes, transformera les rapports entre le peuple et ses dirigeants. Ce changement pourra s'opérer sans la moindre réforme constitutionnelle, car il ne porte pas sur les organismes et les procédures, mais sur l'esprit des institutions et leur mode de fonctionnement. De Giscard à Macron, ceux qui vont gouverner le pays dans le demi-siècle suivant n'auront jamais plus l'autorité de leur pouvoir. Ils flotteront dans cet uniforme constitutionnel taillé à la mesure du Commandeur et, faute de pouvoir entraîner le peuple qu'ils sont censés commander, ils se contenteront de le suivre. Deux mécanismes essentiels du contrôle social, la réalité et la prévisibilité, se trouvent remis en cause. Pour le meilleur ou pour le pire.

La réalité est une fiction

Dans les relations sociales, la réalité est la garante du statu quo. « Je voudrais bien vous accorder ce que vous demandez, mais il faut être réaliste. C'est totalement impossible. » Toute saga revendicative tourne autour de ce refrain, devenu une rengaine. Incapable de prendre sur lui le refus qu'il oppose à ses interlocuteurs, le décideur, ministre ou patron, peu importe, fait appel à une légitimité supérieure : celle de la réalité. Une limite infranchissable. Si l'on allait au-delà ce serait l'écrasement contre la muraille, le saut dans le vide depuis la falaise. Le pays sombrerait dans une crise financière dont il ne se relèverait pas, l'entreprise devrait déposer son bilan et licencier son personnel. La sanction de l'irréalisme est impitoyable.

La réalité est ainsi devenue l'omniprésente déesse de tous les rapports sociaux. Elle dit en permanence jusqu'où l'on peut aller trop loin. En pratique, elle se fait l'alliée du pouvoir, auquel elle donne une infranchissable ligne de refus et de refuge ; toute notre vie sociale se trouve par elle enserrée dans une épure aux contours bien délimités. Le pouvoir comme les syndicats ont totalement intériorisé cette délimitation de l'espace revendicatif qui interdit toutes formes de changements radicaux. Le réformisme se reconnaît au réalisme aussi sûrement que la révolution à sa transgression. Une augmentation des salaires ne saurait dépasser 5 %, une augmentation du SMIC 10 %. Inutile de demander 20 %, ce n'est pas possible. Tout le monde sait cela. Or, dans le climat de folie qui s'est instauré, les syndicats ont suivi le slogan inscrit sur les murs : « Soyez réalistes, demandez l'impossible. » Ils n'ont pas été raisonnables, n'ont tenu aucun compte des démonstrations patronales et des limites prétendument imposées par le réel ; ils ont demandé trois fois plus qu'à l'ordinaire. Ils l'ont obtenu et l'économie française n'en est pas morte. Bien au contraire.

Toute la population a assisté à cette transgression qui s'est faite à grand spectacle lors des accords de Grenelle et a porté sur l'indicateur universel : le SMIC. Les Français ont donc découvert que cette insupportable « réalité », toujours opposée à leurs demandes, n'était pas une infranchissable muraille, mais une frontière arbitraire, une simple barrière qui se déplace à volonté. Entre le possible et l'impossible, c'est le rapport de force qui trace la frontière. Il suffit de pousser pour la faire reculer. Tel sera l'enseignement du conflit social de Mai 68.

Les accords de Grenelle accouchent de cette génération « Toujours plus ! » qui ne s'en laisse plus compter. Elle sait que la comptabilité est manipulée au service des dominants, que ses verdicts sont biaisés et servent à justifier le statu quo. Pour le Français post-68, le rappel à la réalité n'est plus un impératif catégorique et ne confère aucune autorité supérieure. Première victime de ce scepticisme : la sacralisation de l'équilibre budgétaire. Dans la conception gaullienne, il s'apparentait à la réalité même : un budget doit être en équilibre pour tenir les finances, tout comme un bâtiment doit être d'équerre pour ne pas tomber. Le refus du déficit ne survivra que quelque temps, puis deviendra inaudible. Les Français ont besoin que l'on rajoute chaque année de 50 à 100 milliards aux ressources de l'État et qu'on ne vienne pas leur raconter que c'est impossible. De même est-il inutile d'invoquer la comptabilité démographique pour démontrer que la retraite pour tous à 60 ans est impayable. Les Français n'en croient pas un mot. Ils ne regardent la comptabilité que dans les petites entreprises, lorsque les salariés craignent le dépôt de bilan, pas dans les grandes structures, où c'est la « force de la mobilisation » qui est censée fixer les limites, non les bilans comptables.

Les Gilets jaunes ont entretenu leur dynamique dans ce refus des additions. Ils empilaient les revendications, des uns, des autres, sans se soucier de faire le total. Ils réclamaient des dizaines de milliards et l'irréalisme des sommes en jeu ne constituait pas un problème à leurs yeux. Mais le plus bel exemple de cette censure du réel a assurément été donné par la campagne présidentielle de 2022. La situation financière du pays, après deux années de « quoi qu'il en coûte », était effroyable. Seule notre proximité avec la puissance financière allemande et l'importance de l'épargne privée nous évitaient une mise en cessation de paiement qui pouvait intervenir à tout moment si la situation continuait à se dégrader. Or un Persan suivant nos débats électoraux n'aurait rien appris sur la gravité de notre situation financière. Les candidats faisaient assaut de générosité pour offrir à leurs électeurs des cadeaux financés en monnaie de singe. Pas un n'avait mis la situation financière au cœur de son programme et la dette s'est faite discrète comme l'Arlésienne au cours des joutes électorales. À 115 % du PIB, la réalité ne pesait pas assez lourd pour s'imposer au centre du débat. Les Français se sont octroyés comme un droit acquis la possibilité de censurer dans le réel ce qui leur semble par trop désagréable. La France est riche, elle peut payer. Parlons d'autre chose.

Pour le meilleur ou pour le pire, les Français ne sont plus « raisonnables ». Ils résonnent au son du tambour, ils ne raisonnent pas à quelques milliards d'euros près. Mais notre système économique est désormais bien pris en main par la mondialisation libre-échangiste. C'est elle qui se charge de fixer les limites à ne pas dépasser. Des limites beaucoup trop défavorables au travail et trop favorables au capital, des limites qui vont faire croître les inégalités, au-delà du raisonnable.

Un peuple dangereux

« Gouverner, c'est prévoir. » La formule d'Adolphe Thiers explique que le pouvoir ait perdu le contrôle des événements en mai 1968. Ayant été pris au dépourvu, il n'était plus capable de gouverner. Mais comment expliquer une telle surprise face à un mouvement qui faillit mettre à bas le tout-puissant régime gaulliste ? Cette imprévisibilité fut lourde de conséquences. La classe politique découvrit que la société française n'est pas seulement colérique – cela, on le sait depuis toujours –, mais qu'elle est explosive. Pour manifester son mécontentement, elle n'emprunta plus les canaux habituels, elle laissa la colère déborder de façon totalement inattendue. Face à cet individualisme triomphant, le pouvoir perdit sa superbe. Inutile de se mettre « à l'écoute du peuple », n'importe quel prétexte peut mettre le feu aux poudres. Qui aurait pu imaginer que la France gaulliste se trouverait remise en cause par l'interdiction faite aux garçons d'accéder aux chambres des filles dans les cités universitaires ?

Toute notre organisation sociale est conçue pour canaliser le mécontentement, lui faire prendre les voies syndicales ou partisanes, emprunter des modes d'expression prédéterminés : pétitions, réclamations, tribunes, assemblées, manifestations, etc. C'est ainsi que la société traite le mécontentement pour en faire des revendications qui sont prises en compte sur le plus politique ou social. Cette incubation du malaise donne au pouvoir le temps de « voir venir », de se « mettre à l'écoute ». Il prévoit ce qui va arriver, il peut gouverner. Rien de tout cela ne fut possible en 1968. Les autorités furent prises au dépourvu, sans alerte préalable, et le mécontentement prit tout de suite des formes inédites. C'est dans un second temps seulement qu'il entra dans les mécanismes de la négociation sociale.

De ce fait, les rapports entre le peuple et la classe dirigeante en ont été profondément changés. Désormais, celle-ci considère avec crainte et méfiance la population qu'elle est censée gouverner. Elle sait que, à tout moment, à propos de n'importe quoi, peut se produire l'étincelle et, éventuellement, l'explosion. Elle s'entoure de toutes sortes de pseudo-spécialistes qui sont censés suivre pour elle l'état de l'opinion et dont la fiabilité n'est guère supérieure à celle des augures de l'Antiquité. Concrètement, c'est la politique menée qui se trouve totalement transformée. Elle est tout entière conditionnée par la peur de la colère populaire. Son action est singulièrement limitée par l'obligation de s'en tenir aux mesures acceptables, sinon populaires. Les gouvernements ne sont plus en état de gouverner, ils se contentent, comme des administrateurs judiciaires, d'expédier les affaires courantes.

La Ve République s'était construite sur le primat de la France, elle va continuer, avec les mêmes institutions, sur le principe inverse, le primat des Français, un primat poussé jusqu'à l'autodestruction.

Le Général avait fait de la France sa souveraine, ses successeurs vont enfiler son uniforme pour en faire leur servante. Il ne nourrissait aucune illusion sur les Français. Dans ses Mémoires, il impute les malheurs du pays « aux fautes des Français, non au génie de la patrie ». Il sait qu'on ne gouverne qu'en imposant au peuple l'intérêt supérieur de la nation. Combien de Français l'auraient suivi le 18 juin 1940 ? Et, lorsqu'il se fait élire président de la République en 1958, la politique qu'il a en tête – mener un programme d'austérité drastique, donner l'indépendance à l'Algérie, construire une force nucléaire – n'a certainement pas l'assentiment des Français. Sitôt élu, il met en place, pour éviter la faillite du pays, le plan Rueff, dont la moindre mesure aurait fait tomber un gouvernement sous la IVe République. Comme tous les ministres, son directeur de cabinet est épouvanté par la brutalité de ce plan. Le Général le rabroue : « Eh bien ! les Français crieront… et après ? » Tout est dit. Le pouvoir n'est pas donné pour faire plaisir aux Français, mais pour servir la France. Sur ce principe, il impose une austérité dont les économistes avaient annoncé qu'elle étoufferait l'économie et qui va assurer, pendant une décennie, la croissance la plus forte que la France ait jamais connue.

Voilà ce que la république des boomers ne pourra jamais faire. Car elle n'a pas seulement perdu la popularité, elle a aussi perdu le droit à l'impopularité. C'est un changement plus important que bien des réformes constitutionnelles, mais qui n'apparaît nulle part dans les institutions. L'acceptabilité devient le premier, parfois le seul critère pour toute décision. Le ministre ne se prononce qu'après avoir consulté des sondeurs et des conseillers en communication guère plus infaillibles que les aruspices de l'Antiquité. Il doit surveiller les Français comme le lait sur le feu, avec deux ordinateurs pour suivre sur les réseaux sociaux le moindre accès de mauvaise humeur et garder toujours un œil sur le balcon d'où l'on peut découvrir les manifestants au coin de la rue.

Comment est-on passé si vite d'une politique qui entraîne le peuple à une politique qui le suit ? En apparence, la révolte anarchique s'est terminée par une victoire des forces conservatrices. Ce sont elles qui, dès l'année suivante, élimineront le général de Gaulle, jugé trop aventuriste avec sa réforme du Sénat et des régions, avec surtout la participation qu'il entend mener à bien contre la volonté du patronat.

Des événements de Mai 68, on peut tirer deux enseignements contraires : soit une demande populaire de changement, soit un refus de tout changement. Georges Pompidou, fortement marqué par ces journées terribles, a une obsession : « Il ne faut pas emmerder les Français », ce qui exige de ne rien changer. Son Premier ministre, Jacques Chaban-Delmas, pense tout au contraire qu'il faut moderniser le pays. Mais tous les deux s'accordent sur la nécessité d'une très forte croissance économique, une croissance « à la japonaise », comme on disait alors, pour sortir la France des turbulences post-68. L'économie française répond parfaitement et file à + 5 % par an. Un dynamisme qui entraîne toute la population. Quand l'équipage et les passagers sont dans le vent, c'est que la route est bonne.

La France suivra

L'heure de vérité arrive en 1974 avec le premier choc pétrolier. Fin 1973, le cartel des pays producteurs, l'OPEP, quadruple le prix du pétrole que le cartel des grandes compagnies maintenait à un prix scandaleusement bas. Concrètement, la France doit verser aux pays pétroliers 35 milliards de francs de plus, soit 3,5 % du PIB. Et tout de suite se pose la question : qui va payer ?

Dans la logique gaullienne, la réponse va de soi : il appartient aux Français d'assumer *hic et nunc* leurs dépenses. Mais la nouvelle mentalité née de 1968 est désormais incrustée dans les esprits. Les Français, qui voient leur pouvoir d'achat s'élever d'une année sur l'autre, ont fait de cette augmentation un « droit acquis ». Qui donc osera leur présenter la facture ? Le Premier ministre de l'époque, Pierre Messmer, s'en est expliqué très franchement : « Georges Pompidou, qui avait négocié lui-même les accords de Grenelle, pense que les salariés n'accepteront pas sans réagir une amputation de leur pouvoir d'achat. Il garde dans l'esprit le souvenir de l'agitation de 1968... Dans ces conditions, ce sont les entreprises qui vont payer. »

Des entreprises qui ne pourront plus se refaire grâce à une croissance supersonique. Le rythme de l'expansion est brisé, tant à l'échelle mondiale qu'à l'échelle nationale, on ne peut plus miser que sur du 3 % dans le meilleur des cas. Il faudra répartir le fardeau qui ne s'allégera pas dans le grand vent de la croissance. Sitôt le constat fait, tombe le verdict pompidolien qui devient la nouvelle doxa de la Ve République : c'est la France qui doit payer, pas les Français.

Voici la première manifestation de cet « effet Mai 68 » qui désormais commande les choix politiques et soumet le pouvoir à l'humeur des Français. Les gouvernants n'ont plus l'autorité nécessaire pour aller dans le sens de l'intérêt général, ils doivent repousser les factures sans les payer, et éviter toute mesure susceptible de froisser l'opinion.

Deux ans plus tard, Giscard et Chirac, craignant de provoquer un « troisième tour social » s'ils imposent aux Français les contraintes d'une économie languissante, renoncent au dogme gaulliste de l'équilibre budgétaire. Ils installent la France des boomers dans le déficit. Pour cinquante ans, mais cela, ils ne le savent pas encore.

Le véritable changement institutionnel, toujours sans réforme de la Constitution, interviendra bien plus tard, en 1986, avec la cohabitation. La légitimité des partis l'emporte sur la légitimité présidentielle en réduisant encore l'autorité du chef de l'État avec ce pouvoir bicéphalisé. Il n'est évidemment rien de plus contraire à la vision gaullienne. Pour le Général, un chef de l'État désavoué par un vote populaire ne saurait rester en place. À cette seule condition, il peut avoir la pleine capacité de commander. De Gaulle s'appliquera la règle à lui-même lors du référendum perdu de 1969. Cette France de cohabitation est typique des boomers. Ils se sont fait un pays à leur image, qui suit l'humeur du moment, et certainement pas « une idée de la France » par trop contraignante. Chaque parti adapte ses présupposés idéologiques à cette exigence, mais aucun n'ose braver cet air du temps qui devient la nouvelle règle constitutionnelle de la génération boomer. Les Français l'ont emporté sur la France. C'est l'intérêt individuel qui prévaut sur le bien commun, l'instant sur la durée, la génération en place sur les générations à venir. Les boomers ont troqué l'autorité contre le pouvoir, abandonnant les moyens de gouverner pour ne préserver que les privilèges.

CHAPITRE 4

La génération « Toujours plus ! »

En inscrivant *Toujours plus !* sur la couverture d'un essai[1] consacré aux nouvelles formes d'inégalités dans la société française, j'ignorais le destin qui attendait le livre et l'expression. En cette année 1982, encore marquée par le triomphe de la gauche, l'ouvrage connut un succès phénoménal, mais, surtout, le titre passa dans le langage commun. Toujours plus par-ci, toujours plus par-là. Les Français s'étaient reconnus dans l'expression et l'avaient adoptée. La génération au pouvoir était soudée par cette soif promotionnelle et en était, plus que moi, consciente. Les boomers formaient une génération « Toujours plus ! ».

L'expression, devenue un slogan, signifie beaucoup plus que la simple envie de l'enrichissement, qui, en soi, est un sentiment assez naturel. Elle implique une vision matérialiste du progrès. À l'opposé du toujours mieux, le toujours plus impose le quantitatif contre le qualitatif. Plus d'argent, mais aussi plus de vitesse, plus de temps libre, plus de droits, plus de privilèges. Une envie qui va de soi dans le monde des pauvres ou des entrepreneurs, mais qui peut être délétère

1. Grasset, 1982.

quand elle devient la seule obsession d'une génération ayant mis la société au service de son propre « Toujours plus ! ». Car maintenant que les boomers se sont fait une France à leur convenance, ils vont la diriger à leur profit.

Le « Toujours plus ! » est d'abord égoïste. Il est au service du « moi d'abord », éventuellement « des miens », certainement pas du bien commun. En outre, il impose une dynamique, une politique. Plus on gagne et plus on veut gagner. C'est ce qu'exprimait le syndicaliste américain Samuel Gompers dans sa réplique fameuse au grand patron Henry Ford. Après avoir signé un accord très profitable aux salariés, celui-ci lui avait lancé : « Alors, monsieur Gompers, vous devez être satisfaits. – Satisfaits ? Certainement pas. – Mais alors que voulez-vous ? – *We want more and more* », répondit le leader syndical.

Les boomers reconnaissaient dans cette course à la richesse, aux avantages, aux privilèges, un ressort fondamental de la société française au début des années 1980, alors même que la nouvelle majorité tenait un illusoire langage de solidarité et d'égalité. La génération « Toujours plus ! » couvait sous l'apparence d'une génération « Tous ensemble ». Elle trouva dans les années suivantes la possibilité de s'épanouir. La sanctification de la concurrence qui guettait au coin de l'Europe fera la part belle aux gens les mieux placés. La génération « Toujours plus ! » ne pouvait qu'être une génération prédatrice.

Quand tout est trop facile

Repartons du début de l'histoire, disons dans les années 1960. Les baby-boomers sont nombreux, mais encore dans l'enfance. La génération issue de la Résistance est au pouvoir et la France, après s'être reconstruite dans les années 1950, découvre la société de consommation. Suivons l'itinéraire typique d'un boomer qui, à lui seul, pourrait incarner toute sa génération. Il est passé par la fac, a joué les émeutiers quelques nuits au Quartier latin, a terminé ses études et, au sortir de son école ou de l'université, a reçu des lettres de grandes entreprises lui proposant un emploi. Notre personnage emblématique a pris le temps de choisir un solide CDI et, tout en travaillant, s'est engagé dans la vie politico-culturelle. Côté Giscard ou côté Mitterrand, c'est selon. Notons qu'il a dû subvenir, pour l'essentiel, aux besoins de sa mère, qui, s'étant consacrée à l'éducation de ses enfants, se trouve quasiment sans retraite et sans ressources.

À l'approche de la quarantaine, notre boomer fait deux choix, l'un de carrière, l'autre de logement. D'une part, il s'engage en politique, devenant assistant parlementaire, puis conseiller municipal. Le monde politique est en plein renouvellement. Une génération passe la main à une autre, il y a des places à prendre. Notre boomer obtient une investiture pour les législatives de 1981 et fait son entrée au Parlement. Parmi les députés, les quadragénaires sont nombreux en ce début des années 1980, ils sont même aussi nombreux que les sexagénaires. Il va désormais partir en chasse d'autres mandats pour augmenter ses revenus et se prémunir contre d'éventuels échecs électoraux. En suivant le *cursus honorum* politicien, il doit conserver ses mandats, ceux-là ou d'autres, peu importe, jusqu'à 80 ans. Une carrière qui eût été tout aussi facile, brillante et réussie dans le secteur privé ou dans la fonction publique que dans la politique.

Outre ce parcours professionnel, notre homme, à moins que ce ne soit une femme, s'est engagé dans l'immobilier, comme toute sa génération. Il achète un appartement à Paris. Les prix sont encore raisonnables, il prend un gros crédit. Les traites de remboursement sont un peu lourdes, mais elles s'allègent comme par miracle, un miracle qui s'appelle l'inflation, laquelle augmente la valeur du bien et diminue les charges d'intérêt. Dans les années 2020, nous avons découvert avec effarement le taux zéro, voire les taux négatifs. Comment imaginer que l'argent coûte au créancier et rapporte au débiteur ? Nous avons pourtant déjà vécu cela, sous une forme moins visible. Dans les années 1980 nous avions des taux d'inflation à 12 % et des taux d'intérêt autour de 13 %, soit un loyer de l'argent de 1 %. À plusieurs reprises, notamment entre 1973 et 1975, le loyer de l'argent fut même franchement négatif, mais nous n'y avons guère prêté attention, car l'inflation frôlait les 10 %. Retenons donc la chance des boomers, qui remboursèrent leurs dettes en monnaie de singe.

Et, comme un miracle ne vient jamais seul, voilà que le prix de l'immobilier se met à flamber et double la valeur de l'appartement, voire de la résidence secondaire. Autant de gagné pour notre boomer, qui avait pris soin de se voter la retraite à 60 ans, de veiller à l'augmentation des pensions et des assurances maladie. En théorie, il paye ces largesses, mais, en raison d'une démographie favorable, les cotisations ne sont pas trop lourdes. Il n'a plus qu'à se laisser vivre jusqu'au rivage bienheureux de la retraite.

Le détournement du social

Il semble très déroutant qu'une classe d'âge puisse mener une politique à son profit. En effet, une génération ne possède pas d'organisation propre comme un parti, un réseau, un syndicat ou une corporation. Elle ne se structure pas autour d'une institution, ne peut, en tant que telle, ni se fixer des objectifs ni délibérer une stratégie. Elle ne le peut pas et c'est fort heureux, cela permet d'écarter toute interprétation de type complotiste. Il n'y a jamais eu un groupe d'individus qui a décidé de prendre le contrôle du pays pour le mettre au service des boomers. Les choses se sont faites de façon naturelle. Comme le remarque Hakim El Karoui : « Les générations existent et elles ont des intérêts différents et, maintenant, franchement divergents[1]. » Les déséquilibres qui peuvent ainsi se créer, constate-t-il, sont devenus « injustes, inefficaces et dangereux ».

N'oublions pas que, au départ, c'est-à-dire dans les années 1950-1970, les vieux étaient laissés à l'abandon, alors que leur nombre était encore réduit. Vieillesse et pauvreté furent associées dans les faits et tout naturellement dans le langage. On avait instauré dans les années 1950 une « semaine bleue » avec une quête pour les personnes âgées et les retraités. Il fallait compenser « l'abominable retraite misère de nos aînés ». Le mot « vieillard » était naturellement associé à « indigent » et le terme « nécessiteux » à la sénilité. Mais le politiquement correct avait corrigé cela en adoptant la formule « économiquement faible ».

1. Hakim El Karoui, *La Lutte des âges. Comment les retraités ont pris le pouvoir*, Flammarion, 2013.

Cette situation avait été dénoncée par Simone de Beauvoir dans son ouvrage *La Vieillesse*, paru en 1970, qui avait eu un grand retentissement et imposé l'image, exacte à l'époque, de la vieillesse associée à la pauvreté. La revalorisation qui s'imposait s'est engagée sous le septennat de Giscard et s'est poursuivie dans les décennies suivantes. Dans un système de retraites par répartition et non par capitalisation, il était tout naturel d'augmenter les cotisations, qui pèsent sur les salaires et peu sur le patrimoine, pour financer ce progrès social. Une augmentation qui ne sera pas trop pénible à supporter, car les vieux qu'il faut faire vivre appartiennent à des générations peu nombreuses, contrairement aux actifs qui vont payer, les boomers. Quelles furent les conséquences ? « Le choix d'augmenter le coût du travail par la hausse des cotisations, constate François Lenglet, [...] a accru les inégalités entre générations parce qu'il a amputé les revenus nets de cotisations des actifs et raréfié l'emploi, tandis qu'il améliorait la redistribution destinée aux seniors, en particulier la santé et la retraite[1]. » Le fait qu'une partie de ces cotisations soit « patronale » a donné le sentiment qu'on se trouvait dans le schéma social classique, les « patrons », autant dire « les riches », sont mis à contribution pour aider les moins favorisés. Ce serait être réactionnaire que de ne pas soutenir une telle redistribution.

En réalité, le mécanisme des retraites ne fonctionne pas à la verticale, depuis les plus riches vers les plus pauvres, mais à l'horizontale. Il s'agit d'un transfert d'une génération vers l'autre, or rien ne dit que l'une soit « au-dessus » de l'autre. Ce fut vrai lorsque les vieux étaient les « économi-

1. François Lenglet, *Tant pis ! Nos enfants payeront*, Pluriel, 2017.

quement faibles », ce devint faux dès lors qu'ils sortirent de la pauvreté. On se trouva alors en présence de groupes sociaux qui n'étaient plus automatiquement dans ce rapport hiérarchique. L'a priori riches-pauvres a donc cessé d'être pertinent pour évaluer les transferts intergénérationnels, c'est l'ensemble du système économique et social qu'il faut prendre en considération pour savoir où sont les gagnants, où sont les perdants. La question des retraites n'a jamais été présentée sous cette forme, les syndicats, en particulier, sont restés obstinément attachés à leur schéma vertical du progrès social. Or les personnes âgées pèsent électoralement de plus en plus lourd et prennent conscience du poids qu'elles représentent. Elles firent donc pression pour l'amélioration de leur condition et obtinrent satisfaction, car le rapport démographique était encore favorable. Les actifs, qui sont aussi les cotisants, ne se sentent pas écrasés par le poids des retraités et les syndicats n'ont toujours pas intégré le fait que les charges patronales pèsent sur les salaires et pas seulement sur les dividendes.

Pour Bernard Spitz, « la génération née au début du siècle précédent s'est constituée en un lobby efficace pour revaloriser ses droits à retraite[1] ». De ce fait, le revenu des retraités augmente deux fois plus vite entre 1970 et 1990 que celui des actifs. En 2000, le revenu annuel d'un actif était encore de 2 000 euros supérieur à celui d'un retraité. Aujourd'hui, c'est l'inverse. Pour financer cette redistribution, la part patronale des allocations vieillesse est passée de 3 % en 1950 à près de 17 %, a calculé Louis Chauvel[2].

1. Bernard Spitz, *On achève bien les jeunes*, Grasset, 2015.
2. Cf. *La Spirale du déclassement. Essai sur la société des illusions*, Seuil, 2016.

De la même façon, la retraite à 60 ans, formidable cadeau que s'offre la génération des boomers pour ses vieux jours, n'est jamais présentée comme la prise en charge de seniors en pleine santé pendant cinq années supplémentaires par leurs enfants. Autant cette mesure eût été bienvenue et finançable pour les seuls métiers pénibles, autant elle déséquilibrait à terme l'ensemble du système lorsqu'elle était étendue à tous. Mais la génération boomers a géré dans l'instant, au mieux de ses intérêts, sans jamais intégrer le long terme dans ses calculs. Elle s'est, en outre, fabriqué un superbe alibi moral, en donnant à croire qu'un départ en retraite précoce mettait un jeune au travail. Faire le bonheur des chômeurs en se reposant, il fallait l'inventer ! La France en est venue à consacrer 14 % du PIB au financement des retraites, soit 4 % de plus que la moyenne européenne, sans l'avoir vraiment délibéré. La revalorisation des retraites et, plus généralement, les transferts des plus jeunes vers les plus âgés furent donc très populaires.

La France est ainsi devenue le seul pays dans lequel, au cours des dernières décennies, le niveau de vie des retraités a progressé plus vite que celui des actifs. Cette simple constatation semble très choquante, car lors du débat des retraites, il ne fut question que des personnes âgées qui survivent avec des pensions de misère inférieures à 1 000 euros par mois. Cette misère n'a pas disparu et sa persistance est inadmissible ; mais, bien que les confédérations syndicales la mettent toujours en avant, elle est loin de refléter la condition des retraités. Tout au contraire. Lorsque Simone de Beauvoir décrivait la situation des vieux, leur niveau de vie moyen était inférieur de 30 % à celui de la population et le « minimum vieillesse » concernait 45 % des plus de 65 ans. Le pourcentage a été divisé par dix et ne touche plus aujourd'hui que 4,5 % de cette classe d'âge. Est-ce à dire que l'on a abaissé ce seuil pour réduire le nombre des personnes concernées ? Tout au contraire, comme le note Hervé Le Bras : « Non seulement, le seuil a progressé plus vite que l'inflation, mais même plus vite que le salaire moyen[1]. » Bref, les retraités pauvres existent toujours, mais n'en faisons pas l'arbre qui cache la forêt : en réalité, ils sont aujourd'hui moins pauvres et moins nombreux. Sans diminuer en rien le scandale de ces pensions qui ne permettent pas de vivre, cela ne justifie pas qu'elles servent à masquer la situation réelle des retraités en France.

Tant mieux pour les vieux, tant pis pour les jeunes

Jean Fourastié a qualifié de Trente Glorieuses les années 1946-1975, pendant lesquelles l'économie française a connu une incroyable expansion. Tout au long de cette période, l'économie fut pilotée vers l'avant avec une inflation toujours présente, toujours menaçante, qui conduisait à des dévaluations périodiques de la monnaie. Une telle économie favorise les entrepreneurs, les consommateurs et, plus généralement, les jeunes, ceux qui n'hésitent pas à s'endetter, sachant que la dévalorisation de la monnaie facilitera le remboursement. En revanche, les

1. Hervé Le Bras, *Se sentir mal dans une France qui va bien*, Éditions de l'Aube, 2019.

possédants, qui sont en général plus vieux, sont désavantagés. Retenons simplement que des taux d'inflation et d'intérêt élevés, couplés avec une monnaie fragile, sinon faible, favorisent les jeunes générations entreprenantes et défavorisent les possédants, généralement âgés, qui voient leur capital perdre de sa valeur. Jusqu'aux années 1980, ce type d'économie prévaut en France et dans le monde, c'est celui que connaîtra la génération des boomers pendant la première moitié de sa vie.

Mais le grand basculement libéral Thatcher-Reagan va étendre son emprise sur le monde dans la décennie 1980 et au-delà. Priorité est donnée à la lutte contre l'inflation, à la préservation du capital, à la solidité de la monnaie. L'euro sera fait dans cet esprit. François Lenglet n'hésite pas à le qualifier de « monnaie des vieux, faite par les vieux, pour les vieux[1] ». Fini la fuite en avant, la comptabilité reprend ses droits. Or la génération des boomers qui franchit le cap de la quarantaine bascule dans le camp des « matures », sinon des « vieux », ceux qui n'ont pas seulement leur avenir devant eux, mais aussi un patrimoine derrière eux et une situation bien assise. Désormais, la politique économique vise d'abord à préserver les rentes et les situations acquises, elle se fait au service des plus âgés, tandis que les plus jeunes ne peuvent financer leurs projets.

La génération des boomers a tout intérêt à ce que l'inflation, dont elle a bien profité, s'arrête. Elle a aussi intérêt à ce que les services sociaux s'accroissent, notamment dans le domaine de la santé et de la retraite, car elle arrive à l'âge

1. François Lenglet, *Tant pis ! Nos enfants payeront*, *op. cit.*

où l'on en profite le plus. L'augmentation des cotisations reste supportable, puisque la génération qui paye, la sienne, est nombreuse et la génération qui reçoit, la précédente, clairsemée. Cette inflation sociale augmente le coût du travail et réduit les emplois au détriment de qui ? Des jeunes évidemment.

Toutefois, cette hausse des cotisations pour équilibrer les prestations sociales trouve vite ses limites économiques… à moins de les financer par le déficit. Voilà précisément ce qu'interdit le traité de Maastricht. Mais la génération « Toujours plus ! » découvre vite un mode d'emploi de l'euro qui favorise la vie à crédit. Avant Maastricht, les marchés financiers sanctionnaient impitoyablement les dérives budgétaires. La monnaie était attaquée, il fallait dévaluer, imposer un plan d'austérité, etc. Désormais, le gouvernement laxiste a devant lui des fonctionnaires européens qui font la grosse voix, guère plus. Ainsi, cette redistribution sociale qui bénéficie essentiellement aux plus âgés sera financée par des dettes qui seront à la charge des plus jeunes. Par la suite, les actifs post-boomers devront en supporter le coût, tout en sachant que, lorsque leur tour sera venu de recevoir, la Sécurité sociale devra être beaucoup moins généreuse. Ils auront cotisé au plus haut pour toucher au plus bas.

Qui plus est, à partir des années 1990, il devient indispensable de réformer un système des retraites qui excède les limites de nos financements – une réforme qui ne doit pas toucher aux droits acquis des boomers. Les retraités voient leurs droits maintenus et ce sont les prochaines générations qui seront mises au pain sec.

Les décideurs font systématiquement la politique qui les favorise, celle aussi qui fait le moins de remous sur le plan social. « Le “modèle social” français a réussi le tour de force de concentrer tous les coûts sur une génération, et tous les bénéfices sur une autre[1] ! » conclut François Lenglet.

Vive la bulle immobilière

La situation matérielle des boomers a tout naturellement surfé sur la nouvelle vague néolibérale qui se lève à la fin du XXe siècle. En l'occurrence, leur planche de glisse fut le logement. Car les prix de la pierre s'envolent dans une bulle stratosphérique. Si l'on prend le prix du mètre carré à Paris, il est multiplié par cinq entre 1995 et 2020, dans le même temps l'inflation n'a été que de 45 %. Pour la génération « Toujours plus ! » qui finit de payer son logement, c'est le jackpot. Louis Chauvel a étudié à la loupe cet enrichissement immobilier, qui est passé relativement inaperçu. « Cela signifie pour les ménages structurellement propriétaires en 2000 (qui sont en moyenne en l'an 2000 les personnes aisées de plus de 50 ans) des opportunités de plus-value longue du patrimoine d'une intensité historiquement inédite depuis le XIXe siècle[2]. »

Sans doute s'agit-il d'un enrichissement virtuel. Celui qui vend sa résidence principale pour en acheter une autre n'en bénéficie pas. Et si d'aventure il est imposable à l'ISF, alors cette valorisation pèse plus qu'elle ne rapporte. Mais l'inflation immobilière emporte également les loyers. Au

1. *Ibid.*
2. Louis Chauvel, *La Spirale du déclassement*, *op. cit.*

détriment de la nouvelle génération, bien sûr. Aujourd'hui, les jeunes dépensent le tiers de leurs revenus pour se loger à Paris, leurs parents n'y consacraient que 5 %. Le propriétaire qui, comme disent les économistes, dispose d'un « loyer implicite » voit donc son avantage croître par rapport au locataire. Le logement devient un capital qui lui assure un revenu non imposable.

Les jeunes affrontent une réalité insupportable : « Il conviendra de travailler deux fois plus longtemps pour acheter le même bien. » Une règle générale que concrétise Louis Chauvel sur l'exemple de professeurs du secondaire, dont une année de salaire permettait d'acheter à Paris 9 mètres carrés au début des années 1980, alors qu'elle ne correspond plus qu'à 3 mètres carrés aujourd'hui. Le marché de l'immobilier dans les grandes villes est devenu inaccessible pour les moins de 30 ans. Seuls 13 % d'entre eux ont pu s'y risquer. L'inflation immobilière a enrichi une génération et exclu la suivante.

L'aisance en cheveux gris

La bonne fortune des baby-boomers se trouve évidemment dans la répartition de la richesse. Pour le revenu, les retraités, les 60-69 ans, arrivent en tête, avec 2 276 euros mensuels, ce qui leur donne un avantage de 34 % sur leurs cadets de 20-29 ans. Si l'on rajoute les loyers implicites dont ils sont les premiers à bénéficier, alors les revenus des retraités sont supérieurs à ceux des actifs d'un quart à un tiers. Un écart qui prend toute sa dimension lorsqu'on considère le niveau de vie, car les charges des actifs sont supérieures à celles des retraités : coûts familiaux, frais professionnels, remboursements des crédits, etc. Le salaire est plus vite mangé que la pension. C'en est au point que le flux intergénérationnel s'est inversé. Dans les années 1950-1980, les enfants aidaient leurs parents, c'est désormais l'inverse. Les jeunes ne peuvent plus survivre sans l'aide familiale. De semblables situations se sont créées dans la plupart des sociétés développées.

N'allons pas croire que ces transferts compensent les injustices institutionnelles. « Les transferts descendants (des vieux vers les jeunes au sein de leur famille) ne représentent qu'environ 6,5 % du PIB en France contre 20 % du PIB pour les transferts des actifs vers les plus de 60 ans », note Hakim El Karoui[1]. Le compte n'y est pas sur le simple plan financier, il y est encore moins sur le plan social, car ce mode de financement laisse à l'abandon les jeunes des familles pauvres.

Mais c'est au niveau du patrimoine, immobilier ou financier, que l'effet de génération est le plus marqué. Les moins de 30 ans ne possèdent à peu près rien, 7 200 euros, et les 30-39 ans guère plus, avec 47 000 euros. Les 40-49 ans ne sont encore qu'à 132 000. La rupture intervient après la cinquantaine : 203 000 euros entre 50 et 59 ans, 211 000 de 60 à 69 ans et l'on redescend à 148 000 pour les plus âgés.

Le grand spécialiste des relations intergénérationnelles André Masson nous prévient : « On constate une concentration accrue du patrimoine aux mains des seniors mais sous une forme peu risquée », ce qui témoigne d'une « crispation patrimoniale. Le poids de l'héritage va encore augmenter

1. Cf. *La Lutte des âges, op. cit.*

avec l'arrivée au grand âge des premiers baby-boomers [...]. La France devient de plus en plus une société rentière et héritière »[1].

Les baby-boomers ont profité d'un nombre étonnant d'avantages que l'on ne peut attribuer à la seule chance. C'est bel et bien leur politique qui les a favorisés au détriment des plus jeunes. Bernard Spitz laisse tomber le verdict : « L'État, plutôt que d'assurer l'équité intergénérationnelle, a été le complice d'un transfert organisé de la richesse vers les plus âgés[2]. » Si encore il n'y avait que la récurrence des déficits laissés à la charge des futures générations, mais non, c'est toute la politique qui a joué en leur faveur.

Ainsi, en un demi-siècle, la génération des baby-boomers s'est constitué sur le plan matériel une situation sans équivalent dans le monde. Les comparaisons internationales ne laissent aucun doute : c'est assurément en France qu'il faut faire des cheveux gris. Lorenzi, Pelletan et Villemeur parlent de « l'anomalie française dans les transferts intergénérationnels », avec « des actifs parmi les plus sollicités, des retraités parmi les plus bénéficiaires et des jeunes parmi les moins favorisés »[3]. Il suffit de regarder de part et d'autre du Rhin pour que la différence éclate. En Allemagne, les revenus des actifs ont progressé trois fois plus vite que ceux des retraités. Le salaire moyen est de 16 % supérieur à la pension moyenne. Ce choix a été fait dans un pays souffrant d'un grave déséquilibre démographique et malgré « le poids

---

1. André Masson, « Le patrimoine entre les générations : enjeux actuels et propositions de réformes », extraits du colloque du COR, « Les rapports entre générations », 2018.
2. Bernard Spitz, *On achève bien les jeunes*, *op. cit.*
3. Cf. *L'Erreur de Faust*, *op. cit.*

électoral des retraités[1] ». C'est ainsi que l'on peut rester une puissance industrielle, c'est ainsi qu'avec le choix inverse les boomers ont prospéré et la France s'est désindustrialisée.

À cela du moins, le Covid-19 aura été opportun : il a pour un temps interrompu le calamiteux débat sur les retraites, enfer démocratique pavé comme il se doit des meilleures intentions. S'il avait été mené à mauvaise fin, car on n'en voyait plus de bonne, le gouvernement aurait dû lâcher quelques dizaines de milliards d'euros supplémentaires pour les plus âgés. Or la France consacre donc déjà 14 % de son PIB au paiement des retraites, loin devant l'Allemagne, 10,1 %, le Danemark, 8,1 %, ou la Suède, 7,2 %. Ces augmentations auraient encore accentué ce décalage, mais n'auraient pas manqué d'être saluées comme un grand progrès social. Et seuls des esprits malveillants auraient fait remarquer que, en la circonstance, ce terme serait peu approprié, car en France, les retraités qui touchent les pensions sont mieux traités que les actifs qui les paient. Juste une indication en passant : en Grande-Bretagne, le niveau de vie des retraités est de 20 % inférieur à celui des actifs. Il est naturel et devrait être normal que ceux qui travaillent gagnent plus que ceux qui ne travaillent plus. Quant à la richesse, le compte est bientôt fait. Les plus de 50 ans représentent 37 % de la population et possèdent 68 % du patrimoine. Bref, ce sont les vieux qui ont l'argent et leur position patrimoniale n'a cessé de s'améliorer au cours des dernières années.

Ajoutons la sécurité du revenu qu'apporte la pension par rapport au salaire et le fait que, à cet âge, les enfants

1. Hakim El Karoui, *La Lutte des âges*, *op. cit.*

ne sont généralement plus à charge, bien qu'il faille souvent les aider. Sur ce tableau d'ensemble, qui cache des conditions très différentes de l'un à l'autre, on conviendra que cette catégorie est nettement avantagée par rapport à l'ensemble de la population. Une conclusion qui ne remet pas en cause l'existence des personnes âgées vivant dans la grande pauvreté et dont la présence fait, au contraire, baisser la moyenne générale.

Le prix de l'âge

En soi, le sort favorable fait aux anciens est une marque de bonne santé pour une société. Cela prouve que la population sait rendre hommage à ceux qui ont construit ou dirigé le pays. Les enfants doivent l'assistance et le respect à leurs parents, tout le monde sait cela, tous les peuples font cela. J'avoue pourtant éprouver une réelle gêne dans ce cas particulier. La génération des baby-boomers n'a vraiment pas le profil pour jouer l'ancêtre vénérable.

Aurait-elle abusé d'une situation favorable ? Notre savoir-vivre social vient opportunément interdire ce genre d'interrogation. Mais peut-on s'indigner du scandale dénoncé dans *Les Fossoyeurs* par Victor Castanet sans mettre en cause les boomers devenus octo, voire nonagénaires, victimes du système qu'ils ont eux-mêmes mis en place ? De tels drames étaient inévitables dès lors que l'on n'instaurait pas de nouvelles solidarités et de nouvelles obligations pour faire face au vieillissement. Au lieu de quoi, nous avons mis les vingt ou trente années de vie supplémentaires que nous avons gagnées à la charge de nos enfants, en postulant qu'ils assureront en outre le confort de notre dépendance sénile. Ce n'est pas possible aujourd'hui et le sera encore bien moins demain si la médecine nous donne, comme elle le promet, dix années de plus. Nous n'avons ni l'argent ni les soignants pour faire vivre un tel projet.

Prenons un seul exemple : le taux de pauvreté n'est que de 7 % au-delà de la soixantaine, alors qu'il atteint 21 % pour les moins de 30 ans. Il n'est guère surprenant que 83 % des retraités se disent satisfaits de la vie qu'ils mènent[1]. Voilà ce que donne une analyse économique du problème générationnel. Sans doute faudrait-il cesser d'être obnubilé par les écarts de niveau entre salariés sans jamais s'interroger sur les écarts entre actifs et retraités. Mais, comme l'on sait, on ne doit pas toucher aux générations.

1. Jérôme Guedj, Luc Broussy, Anna Kuhn-Lafont, « Les personnes âgées en 2030 », *Les Études de Matières grises*, n° 1, septembre 2018.

CHAPITRE 5

La jeunesse corvéable

La place occupée par la génération des boomers ne prend tout son sens qu'en la comparant à celle de la génération qui suit. La France des années 1970-2020 se serait-elle désintéressée de sa jeunesse ? Interdit de le penser. Chaque ministre du Travail, une trentaine en quarante ans, a lancé son plan pour lutter contre le chômage des jeunes. Du Pacte pour l'emploi de Raymond Barre en 1977 aux « emplois d'avenir » de François Hollande, la liste est interminable de ces dispositifs aussi éphémères qu'inefficaces. Ces faux emplois dans le secteur public et parapublic débouchent le plus souvent sur de vrais culs-de-sac.

Un prix Nobel venu d'ailleurs

L'appropriation de la France par les boomers a créé une société de rentiers et d'héritiers plus soucieuse de reproduire le statu quo que de donner leurs chances aux jeunes. On trouve une marque de cette emprise bureaucratico-syndicale au service des gens en place dans la fuite des cerveaux. D'où vient que, pour les plus brillants, la France ait cessé d'être centripète pour devenir centrifuge ? Cela tient au fait que la modernité se joue à l'échelle mondiale. Nous ne couvons plus les jeunes à l'abri de frontières fermées. Ils vont à l'étranger, pour voyager, mais aussi pour compléter leur formation. C'est dire que les plus brillants pensent leur avenir ici ou ailleurs, qu'ils mettent leur pays en concurrence pour construire leur avenir. Les Français ont découvert cette mondialisation des talents dans le football, ils sont moins conscients que le phénomène est général. Les pays, et pas seulement les grands clubs de foot, se disputent les meilleurs. À ce jeu, la France avec son image légendaire devrait être bien placée, or elle n'attire guère les étrangers et laisse partir ses jeunes pousses. Cela est vrai dans de nombreux secteurs, notamment économiques. Pour tenter sa chance, mieux vaut partir.

Le secteur public perd ainsi chaque année les étudiants les plus créatifs, qui ne sont guère tentés de revenir en France suivre dans les laboratoires le train-train de l'avancement à l'ancienneté. Le fait était connu, mais difficilement quantifiable ou même prouvable, lorsque, en 2020, le prix Nobel de chimie fut attribué à Emmanuelle Charpentier. Une consécration qui en disait plus, à elle seule, qu'une pile de rapports. La lauréate a mis au point avec la chercheuse américaine Jennifer Doudna, une technique baptisée CRISPR-Cas9, qui permet de supprimer ou d'insérer des gènes sur les chromosomes. L'outil de l'ingénierie génétique que tous les laboratoires attendaient. Lorsque la découverte fut annoncée en 2012 dans la prestigieuse revue *Science*, elle fut saluée par de nombreux prix scientifiques, jusqu'au plus prestigieux de tous.

Voilà assurément un superbe succès pour la science française. Vraiment ? Emmanuelle Charpentier n'est-elle pas de nationalité française, n'a-t-elle pas fait ses études en France, y compris à l'Institut Pasteur, où elle a obtenu son doctorat ? N'est-elle pas dans le droit-fil de celle qui l'a précédée à Stockholm, la Française Marie Curie, prix Nobel de chimie en 1911 ? Sans doute. À cette réserve près qu'Emmanuelle Charpentier a quitté le pays à 27 ans et fait toute sa carrière à l'étranger, des États-Unis à la Suède, de l'Autriche à l'Allemagne. Un choix, elle ne s'en cache pas, qui est celui de la liberté, de l'initiative, de la compétition ; un choix qui est aussi un rejet de la recherche à la française dans un cadre réglementé, syndicalisé, bureaucratisé. Ce système lui offrait un parcours balisé : un long, très long catéchuménat sous-payé, en restant dans l'ombre de supérieurs hiérarchiques, mais qui assure, la cinquantaine venue, l'obtention d'un titre et d'un poste pour couronner une carrière.

Emmanuelle Charpentier a refusé cette croisière universitaire et s'est lancée à l'aventure pour poursuivre ses propres recherches. Elle s'est battue, a trouvé des institutions qui lui ont fait confiance, a pu suivre sa voie avec le succès que l'on sait. Malheureusement, c'est à l'étranger, pas dans la France des boomers, que l'on donne leurs chances aux jeunes générations. Chez nous, la valeur attend le nombre des années et le *cursus honorum* ne se mesure pas aux succès, mais aux parrainages. Les jeunes sont là pour valoriser leurs patrons, pas pour prendre leur place.

Notons que la presse a fait des gorges chaudes de ce prix Nobel français venu d'ailleurs, notons aussi que cela n'a provoqué aucune interrogation sur l'organisation de la recherche en France. Il demeure entendu que nous avons avec le CNRS le meilleur système du monde et que l'insuffisance des budgets explique à elle seule que la maison de Pasteur ait été incapable de trouver un vaccin contre le Covid-19.

La société des héritiers

Que le secteur public soit prisonnier de structures réglementaires concernant l'ancienneté, qu'il ait le plus grand mal à reconnaître les jeunes talents, à leur donner leur chance, force est de le reconnaître. Les jeunes gens pressés ne sont pas à leur place dans l'administration. Cela importerait peu, si le secteur privé offrait aux nouveaux venus sur le marché du travail des débouchés conformes à leurs ambitions. Des efforts réels ont été faits au cours des dernières années pour les inciter à fonder leur propre entreprise. Les résultats sont spectaculaires au niveau des statistiques. « La France, pays des start-up », le slogan est flatteur. En vérité, il serait plus juste de dire que ces jeunes « se mettent à leur compte », car, dans la plupart des cas, la micro-entreprise reste unipersonnelle. Le jeune « créateur » ne veut surtout pas devenir un employeur. Mais le développement de cette activité peut aussi correspondre à une « ubérisation » de la société, dans laquelle le chef d'entreprise choisit de faire travailler des indépendants plutôt que des salariés.

Le micro-entrepreneuriat est, en soi, une fort bonne chose ; il peut, dans certaines activités, devenir un accélérateur de carrière. Il n'en reste pas moins que la masse des emplois est salariée. Or, dans le privé aussi, l'esprit boomer joue en faveur des gens en place. Les entreprises n'embauchent qu'en tout dernier recours et dans une précarité totale. Alors qu'elles seules peuvent sortir les jeunes du chômage, elles donnent la préférence aux candidats présentant des années d'expérience. Dans les grandes entreprises, les syndicats se crispent sur la génération en place et n'accueillent les jeunes qu'à la condition de ne rien changer au système.

Pourtant, l'entreprise privée, directement soumise au jugement de la concurrence, devrait être plus encline à dénicher et valoriser les jeunes talents. C'est vrai, pour autant que l'école ait authentifié et labellisé ce mérite juvénile. Mais le poids des gens en place est devenu déterminant dans de nombreux secteurs. Lorsqu'il faut traverser une conjoncture défavorable, le management ne peut jouer sur les rémunérations, qui se déterminent, pour une part, à l'ancienneté. Il s'efforce donc de réduire les salaires des plus jeunes en profitant de la concurrence féroce que se livrent les candidats à l'embauche. Ainsi les écarts salariaux entre les plus jeunes et les plus vieux n'ont-ils cessé de se creuser. Entre les 30 et 50 ans, ils n'étaient que de 15 % dans les années 1990, ils atteignent maintenant 40 %.

La France s'est tout de même incrustée dans le chômage de masse, alors que des pays comparables en sortaient. Comme par hasard, ce chômage frappe en toute priorité les jeunes. Le taux atteignait 20 % chez eux lorsqu'il était à 8 % pour l'ensemble de la population. Il en va de même dans de nombreux pays et nous pouvons nous consoler si nous faisons la comparaison avec la Grèce, 39 %, l'Italie, 31%, ou l'Espagne, 33 %, mais comment ne pas se désoler en observant que l'Allemagne est à 7 %, les Pays-Bas à 6 %, la Tchéquie à 5 % ?

Le taux de chômage ne dit pas tout, il faut aussi considérer la précarité. Elle touche 14 % des travailleurs, mais atteint 38 % chez les 15-29 ans. Elle frappe donc en priorité les moins âgés. Et encore, quand on va plus avant dans la statistique, on trouve des taux de 40 % pour les ouvriers et les employés, contre 7 % seulement pour les cadres supérieurs. On voit donc se combiner deux facteurs : l'âge et la qualification. Le jeune non qualifié a devant lui des années de galère, enchaînant CDD, stages et contrats aidés avec des passages répétés au chômage, lorsqu'il se présente sur le marché du travail. Qui plus est, Louis Chauvel a pu montrer que, « en France, plus que dans les pays nordiques ou anglo-saxons, les statuts sociaux tôt acquis ou, à l'inverse, les échecs précoces tendent à se cristalliser et à prendre un tour définitif, car il n'existe guère de seconde chance ». Chacun porte son diplôme, ou son absence de diplôme, comme un code-barres qui le suit tout au long de son existence. Dans aucun autre pays les références scolaires et universitaires n'ont pris une telle importance. Selon que vous réussissez vos études ou que vous les ratez, vous pourrez espérer avoir un emploi stable ou bien vous irez de petit boulot en petit boulot.

Si encore l'école, fidèle à sa vocation première, donnait les mêmes chances de réussite à tous les enfants, on pourrait se réfugier derrière l'alibi de la méritocratie républicaine. Mais nous savons qu'il n'en est rien. Les comparaisons internationales PISA sont formelles. C'est en France que le milieu familial pèse le plus lourd dans les résultats scolaires. Tout ne se joue pas à l'école, mais à la naissance. Selon que vos parents sont cadres supérieurs ou ouvriers, vous terminerez votre scolarité avec un bon diplôme ou sans rien. Une situation qui, au lieu de s'améliorer, ne fait que s'aggraver.

Dans les années 1950-1960, l'école donnait une chance aux enfants des milieux populaires. Mais cet ascenseur social est tombé en panne… à l'époque des boomers précisément. Le plus triste est que cette rupture, qui a fait baisser dans les grandes écoles le pourcentage d'élèves venant des classes populaires, s'est faite dans le sillage de la réforme de 1975 instaurant le collège unique, réforme unanimement demandée par les défenseurs de l'égalité scolaire. Avec les deux écoles, la communale et le collège, le pourcentage des élèves issus des milieux modestes atteignant le plus haut niveau de la réussite scolaire augmentait lentement mais régulièrement. Après l'adoption du collège unique pour tous, il s'est mis à diminuer.

L'ordre social qui s'est instauré à l'époque des boomers repose donc sur l'hérédité. La jeunesse, et en priorité la jeunesse populaire, devient ensuite la variable d'ajustement de l'économie, c'est elle qui se retrouve la première au chômage lorsque la conjoncture impose des décisions. Car la gestion de nos entreprises se concentre sur les salariés confirmés, en CDI, et privilégie la réduction du personnel sur la réduction du temps de travail et des salaires.

Le pénitencier de la jeunesse

On ne saurait reprocher à une génération d'avoir connu des conditions favorables. Ce n'est pas un tort d'avoir échappé à la guerre et à la peste. En revanche, toute génération est responsable de la suivante, surtout lorsqu'elle détient le pouvoir et, pour l'essentiel, détermine la condition de celle qui précède comme de celles qui suivent. Or les boomers ont bien prospéré au détriment de leur descendance.

Bernard Spitz s'est livré à un exercice assassin en illustrant l'évolution de la situation entre jeunes et vieux avec quelques chiffres parfaitement explicites, qu'avec son autorisation je reproduis tel quel. Il faut avoir ce tableau en tête avant de pénétrer plus avant dans l'itinéraire de la génération bénie.

1. Un Français sur trois aura plus de 60 ans en 2030. En 1980, ils étaient moins de 20 %.

2. Chaque enfant français portait 30 000 euros de dette publique à la naissance en 2018. Combien en 2025 ? Deux fois plus ? Nous en prenons le chemin.

3. Le patrimoine net médian des moins de 30 ans est de 7 200 euros, contre 211 000 euros pour les sexagénaires.

4. Plus d'un million des 18-29 ans vit sous le seuil de pauvreté, soit 13 % d'entre eux. Un taux trois fois supérieur à celui des plus de 60 ans.

5. L'indice des prix des logements à la vente a augmenté de 70 % depuis 2000. 58 % des Français sont propriétaires de leur logement, mais 75 % des plus de 65 ans.

6. Les moins de 25 ans consacrent un tiers de leur revenu à se loger contre 5 % pour les plus de 60 ans.

7. Le taux de chômage des moins de 25 ans est de 24 %, trois fois plus élevé qu'en Allemagne.

8. 50 % des salariés de moins de 25 ans sont en contrat de travail précaire, contre 10 % des 25 à 49 ans et 5 % des plus de 50 ans.

9. 70 % des 18-34 ans se sont abstenus aux élections législatives de 2017, contre 39 % des plus de 70 ans[1].

1. Bernard Spitz, *On achève bien les jeunes*, *op. cit.*

Comment une génération a-t-elle pu confisquer la France à son profit ? Sans le moindre affrontement entre jeunes et vieux – la représentation de l'ordre social que chacun porte en soi étouffe ce genre d'antagonisme. C'est précisément là le problème. Dans toute société, les plus de 40 ans occupent les places, possèdent la richesse, tandis que les moins âgés sont entretenus dans une position inférieure. Les parents possèdent et dirigent, c'est ainsi. Mais cette supériorité n'a rien d'une domination, car elle n'est jamais qu'un état transitoire entre la faiblesse de la jeunesse et l'affaiblissement de la vieillesse. En dépit des inévitables frictions, il n'est pas besoin de déclencher une épreuve de force pour qu'une génération cède la place à la suivante. Les aînés aident les cadets à prendre un jour le relais afin que la société se perpétue. C'est le « métabolisme générationnel » disséqué par Louis Chauvel, un processus qui s'est déréglé dans la seconde moitié du XXe siècle.

La préférence pour le chômage jeune

En 1994, Denis Olivennes provoqua un choc en stigmatisant « La préférence française pour le chômage[1] », une analyse qui a conservé toute sa pertinence. Il démontrait l'existence en France d'une politique qui fait du chômage non pas un problème, mais une solution. Faute d'un véritable dialogue social entre syndicats et direction, les entreprises n'ont pas la souplesse pour adapter le temps de travail et les rémunérations à l'état du marché et aux gains de productivité. En outre, la participation au capital n'est pas

1. Titre de son article paru dans *Le Débat*, n° 82, 1994.

suffisante pour permettre au personnel de bénéficier des profits lorsque la conjoncture est bonne. Les employeurs compensent cette rigidité sociale en jouant sur la main-d'œuvre précaire : personnel en CDD, intérimaires, etc. Ils sont incités à réduire la main-d'œuvre non qualifiée en raison de charges sociales très élevées et des rigidités sur le marché du travail. Nous avons mis sur pied un système dual avec un personnel qualifié, en CDI, très bien protégé, et un personnel non qualifié en situation précaire.

Les salariés qui constituent le cœur de l'entreprise sont mieux protégés que dans la plupart des pays, une garantie compensée par l'extrême malléabilité dans laquelle se trouve le personnel précaire. Ce système est encore accru par la pratique de l'externalisation, qui reporte sur des PME ou des entreprises étrangères toutes les fonctions banales en ne conservant en interne que le plus haut niveau technique, la plus haute valeur ajoutée. Les boomers se trouvent le plus souvent dans le donjon central et les nouveaux venus occupent les bastilles périphériques les plus exposées.

Le système est complété et pérennisé sur le plan social par une redistribution généreuse, censée venir en aide au personnel licencié. Tout est en place pour que les réductions d'effectifs soient la variable d'ajustement donnant aux entreprises la souplesse dont elles ne peuvent se passer. Preuve que ce système est consubstantiel à cette génération, qu'il est admis par tous les partis et tous les syndicats, on le retrouve, poussé à la caricature, dans le secteur public. Les agents statutaires bénéficient d'une sécurité sans égale, la garantie non seulement de l'emploi, du salaire, de la carrière, d'une forte protection syndicale, etc., mais de son poste. Les changements d'affectation sont soumis à des règles très précises qui assurent une protection très forte à chaque agent. Ces règles doivent garantir l'indépendance des fonctionnaires, ce qui est essentiel dans les secteurs régaliens : justice, police, armée, etc. Mais ces dispositions ont été étendues à tout le secteur public.

Avec un personnel ainsi figé dans son statut, et son poste, l'administration ne possède plus la moindre capacité d'adaptation. Certes, elle ne se trouve pas comme les PME soumises aux aléas du marché, mais la société elle-même ne cesse d'évoluer et les services publics doivent la suivre dans ses transformations. Comment faire ?

La solution trouvée est la même que dans les entreprises privées : il faut disposer d'un volant de main-d'œuvre précaire mobilisable à tout moment. Dans les différentes fonctions publiques, près de 20 % des effectifs ne jouissent pas du bienheureux statut : ils ne sont liés que par des contrats de travail ordinaires, le plus souvent de courte durée et renouvelables. La précarité imposée à ce personnel est souvent pire que celle qui prévaut dans le privé. Dans les hôpitaux, l'Éducation nationale, les collectivités locales, la fonction publique se crée ainsi une réserve de main-d'œuvre corvéable, pour ne pas dire servile, dans laquelle elle puise à volonté pour compenser la rigidité, excessive et nullement indispensable, qui régit son personnel statutaire et, plus généralement, ses règles de fonctionnement. On retrouve, là encore, parmi les fonctionnaires statutaires, des boomers diplômés, plus âgés, et parmi les supplétifs, les plus jeunes, ayant moins bien réussi leurs études et provenant de milieux sociaux défavorisés.

Que ce soit dans le secteur public ou dans le secteur privé, le consensus générationnel a construit ou maintenu un archipel de places fortes où les Français nés entre 1940 et 1960, disposant d'emplois protégés, les « insiders », comme disent les Américains, sont protégés contre les aléas de la conjoncture. L'inévitable complément de cette surprotection étant l'existence de terrains vagues entre ces bastions, dans lesquels une population plus jeune, moins qualifiée, venant de milieux populaires, doit supporter le chômage et la précarité pour conférer au système l'indispensable adaptabilité aux aléas des changements de la société et de la conjoncture économique.

C'est toute l'insertion dans la vie économique qui est incroyablement difficile et s'étend sur des années. Malheur à ceux qui n'ont pas une famille pour les accompagner jusqu'aux rives plus paisibles de la trentaine. Parmi les 18-29 ans qui ne vivent pas chez leurs parents, 22 % sont sous le seuil de pauvreté et n'ont pas le droit au RSA avant 25 ans. Leur situation s'est brutalement aggravée avec la crise sanitaire, qui a fait disparaître quantité de petits boulots qui assuraient leur survie. S'ajoutent à cette piteuse situation les failles de la formation professionnelle, qui laisse tant de jeunes sans le moindre diplôme et sans aucun savoir-faire professionnel sur le marché du travail.

La république des gens en place

La génération des boomers a tout naturellement accaparé le monde politique comme la société civile. La carrière politique n'offrant jamais que des mandats de cinq ou six ans, les parlementaires s'efforcent de conjurer cette précarité en écartant les plus jeunes pour transformer ces CDD en CDI. Les boomers ont parfaitement réussi. Louis Chauvel a minutieusement reconstitué cette stratégie appliquée depuis 1946[1]. Que constate-t-il ? Tout d'abord, un extraordinaire renouvellement du personnel politique au lendemain de la Libération. Dans les premières assemblées issues de la Résistance, les moins de 40 ans représentent 35 % des effectifs. Le vieillissement s'opère sous la IVe, puis sous la Ve République. En 1978, les élus de plus de 60 ans sont trois fois plus nombreux que les quadragénaires.

Mais la nouvelle génération arrive. C'est évidemment « celle des baby-boomers nés à partir de 1945, qui poussent à l'écart celle de la Résistance, née autour de 1915 ». Elle s'impose en 1981 avec un quadragénaire pour un sexagénaire parmi les élus et va si bien renforcer sa position que, observe Louis Chauvel, les générations suivantes « semblent incapables de se faire une place dans un jeu trop verrouillé ».

Les boomers ont donc accaparé la vie politique. Louis Chauvel, après avoir reconstitué le jeu parlementaire des générations, conclut : « L'ensemble du film fait apparaître une vague montante de jeunes députés trentenaires en 1981, dont la crête se déplace régulièrement de cinq ans en cinq ans sans déformation majeure[2]. »

Ne parlons pas des sénateurs, qui s'installent dans le mandat à vie ; les députés, quant à eux, utilisent les partis pour bloquer les candidats plus jeunes et bétonnent leur situation nationale en cumulant le mandat national avec plusieurs mandats locaux qui donnent une assise électorale indéboulonnable. Les parlementaires de la génération boomer opposent ainsi un infranchissable barrage à la

1. Louis Chauvel, « L'âge de l'Assemblée 1947-2007 », *La Vie des idées*, 22 octobre 2007.
2. *Ibid.*

génération suivante. En 2015, le député type a 65 ans. Les trentenaires ne sont plus qu'une vingtaine dans l'Assemblée de 2012. Les boomers ont donc joué à saute-mouton sur l'élection et fait de l'engagement politique une carrière à vie. Ils étaient entrés comme trentenaires, ils y sont toujours comme septuagénaires. On comptait un senior pour un cadet en 1981, on en compte neuf trente ans plus tard. Simple comparaison : dans les autres démocraties, le rapport ne dépasse pas trois et se situe le plus souvent à moins de un. Louis Chauvel y voit « une dynamique générationnelle indubitable. Les gagnants de ce mouvement sont les jeunes sexagénaires, de 60 à 64 ans [...]. Le constat s'impose : les générations arrivées tôt en politique repartent tard, et celles qui attendent trop patiemment le renouvellement ne seront guère récompensées ».

La génération boomer a réussi à scléroser complètement le système politique jusqu'à provoquer une première réaction en devant limiter le nombre des mandats avant d'en arriver au grand chambardement de 2017. Dans la foulée de la victoire d'Emmanuel Macron, les élections législatives renouvellent et rajeunissent le Parlement. Dans la nouvelle Assemblée, plus de la moitié a moins de 50 ans, 28 moins de 30 ans et les femmes sortent de la marginalité en représentant 40 % de l'effectif. Les boomers vont quitter la scène... mais en faisant éclater le système si bien verrouillé de l'alternance qui assurait le maintien des mêmes tantôt dans la majorité, tantôt dans l'opposition. Notre classe politique se trouve déstructurée avec des partis en capilotade et des mouvements en devenir et appelés à le rester. La république de l'après-boomers reste à inventer.

L'irrésistible montée du taux d'abstention prouve que les jeunes ne se reconnaissent plus dans la république, confisquée par une classe d'âge. Lors des régionales de 2021, les 18-24 ans ont été 84 % à ne pas aller voter, contre 53 % seulement pour les plus de 65 ans. Et, comme la précarité et la jeunesse vont de pair, on note une abstention à 78 % dans les catégories les plus précaires. Une démocratie trop bien accaparée par les adultes et les vieux perd toute assise dans la jeunesse. Voilà très précisément ce qui arrive à notre Ve République, trop bien prise en main par la génération des boomers.

Un virus géronticide

La crise sanitaire a rendu plus évidente que jamais cette maltraitance de notre jeunesse. Elle nous a confrontés à un coronavirus géronticide qui tuait les plus de 80 ans et n'infligeait qu'une petite grippe, voire rien du tout, aux moins de 30 ans. En l'absence d'armes pharmaceutiques pour le combattre, l'État a mobilisé l'ensemble de la société, jeunes comme vieux, afin de protéger les plus menacés. Tout naturellement les médias ont répercuté en priorité l'image des anciens intubés dans les services de réanimation ou l'absence d'images pour ceux qui mouraient en secret dans les Ehpad. Le sort des jeunes générations recrutées dans cette campagne antivirale qui, pourtant, ne les concernait guère n'était qu'un arrière-plan. Les jeunes ont beaucoup souffert, non pas du virus, mais de la lutte contre le virus, non pas pour se défendre, mais pour protéger les autres.

Les enfants, si sensibles à la communication sensorielle et même tactile, ont été perturbés par les « gestes barrières », le confinement, le masque, la classe à distance, l'impossibilité de jouer, etc., tout ce qui est contraire au comportement de leur âge. Les adolescents ont eu des ersatz de cours qui les handicaperont dans la suite de leurs études. À l'âge des premières rencontres amoureuses, ils se sont retrouvés affublés de masques, contraints de se tenir à distance. La perspective de ces jeunesses saccagées fut oubliée dans la tourmente du combat sanitaire.

Le comble fut atteint à la fin 2021 avec la déferlante du variant Omicron. Il apparut rapidement que le virus avait perdu en dangerosité ce qu'il avait gagné en contagiosité. Il se répandait avec une rapidité foudroyante, mais contrairement à ce qu'on avait pu craindre, les hôpitaux n'étaient pas submergés par les malades. Car le vaccin dressait un barrage efficace contre les complications et réduisait la maladie à une mauvaise grippe. La plupart des contaminés n'allaient même pas à l'hôpital. Quant aux enfants, ils étaient le plus souvent asymptomatiques. Le virus ne menaçait vraiment que les patients âgés, présentant une comorbidité, une menace qui pouvait devenir mortelle pour les non-vaccinés. Seuls les réfractaires au vaccin étaient en danger face à l'Omicron.

On infligeait donc aux écoliers une maltraitance sanitaire qui risque de compromettre leur développement, alors qu'ils n'étaient en rien menacés par cette épidémie. Si on les avait laissés étudier et jouer à visage découvert, ils n'auraient pas manqué de se repasser le virus de l'un à l'autre. Mais, sauf dans un nombre infinitésimal de cas, cela n'aurait eu aucune conséquence dommageable pour eux. En revanche, ils n'auraient pas manqué de transmettre la maladie à leurs parents et grands-parents. Un risque modéré pour ceux qui s'abritaient derrière le bouclier du vaccin, un risque mortel pour ceux qui avaient refusé cette protection.

Pour rendre à nos enfants la liberté, au risque de voir le virus circuler dans les salles de classe et les cours de récréation, il fallait d'abord imposer la vaccination à tout le monde ou, à tout le moins, aux populations à risques. Mais le pouvoir n'avait plus l'autorité pour prendre cette mesure et s'est réfugié dans le pass sanitaire ou vaccinal.

L'imposition à nos enfants d'un protocole malfaisant est donc directement liée au refus par certains de se faire vacciner. Sans même en avoir vraiment délibéré, nous avons mis nos enfants au service des vieux irresponsables. L'idée d'infliger un tel traitement aux plus jeunes pour compenser le comportement infantile des plus âgés n'a choqué personne. Dans la France des boomers, les enfants et l'avenir peuvent toujours servir comme variable d'ajustement.

Les choses n'ont toutefois jamais été présentées ainsi. Lorsqu'il affirmait sa volonté d'emmerder les opposants au vaccin, le chef de l'État semblait ignorer qu'il « emmerdait » les écoliers et que c'est infiniment plus grave. L'épidémie a donc soumis à rude épreuve les relations intergénérationnelles. Jusqu'à provoquer, disons, un « conflit de générations » ? La question fut posée dans une enquête de l'institut Odoxa au début 2021. Elle révéla que 56 % des Français éprouvaient une telle crainte. Chiffre qui monte à 60 % chez les moins de 34 ans. Les écarts sont encore plus marqués lorsque les questions se font plus précises. Les jeunes sont 66 % à constater une détérioration de leurs relations sociales, les vieux, 48 % ; la baisse du pouvoir d'achat est ressentie par la moitié des jeunes, contre le tiers des aînés ; ils sont de même 56 % à se plaindre de problèmes psychologiques, contre 34 % pour les plus âgés. Faut-il s'étonner que 56 % des moins de 30 ans soient favorables à un confinement limité aux personnes âgées, vulnérables, pourcentage qui tombe au quart pour les boomers ? Faut-il être surpris que, à la fin du premier confinement, les seniors se soient révoltés lorsque le président de la République a souhaité qu'ils restent assignés à résidence et que la sortie soit limitée à ceux qui étudient ou travaillent ?

Pour supporter le poids des crises sanitaires comme des crises économiques, la mentalité des boomers conduit toujours à faire passer les seniors avant les juniors, à protéger le passé, quitte à offenser l'avenir.

CHAPITRE 6

La vie à crédit

Que les boomers aient géré la France à leur profit ne serait que demi-mal s'ils l'avaient bien gérée. Hélas, l'économie flambant neuve qu'ils ont prise en main dans les années 1970 fut à ce point malmenée qu'elle a battu des records en matière de déficit, de chômage, de prélèvements, d'endettement, etc. Héritière des boomers, la France de Macron s'est à son tour laissé prendre au piège de l'argent facile dans une économie bizarre dont nul ne possède le mode d'emploi. C'est de cette *terra incognita* qu'il nous faut partir pour refaire la route qui nous y a conduits et, peut-être, trouver le chemin qui nous permettrait d'en sortir.

Après la crise financière en 2008-2009, les politologues nous avaient prévenus : les États ont grillé toutes leurs cartouches, ils n'ont plus d'argent pour faire face à une nouvelle crise. Dix ans plus tard, le coronavirus frappe de plein de fouet. En l'espace de deux semaines, les entreprises se sont retrouvées sans travail, sans trésorerie, plongées dans le coma. Les économistes distingués, les maîtres de la finance, les technocrates, les milliardaires et les banquiers ont aussitôt tourné casaque. Depuis des décennies, ils demandaient aux États de revenir à l'orthodoxie et de laisser faire le marché, de limiter les interventions des pouvoirs politiques et le recours à l'argent public, mais soudain, face à l'épidémie, ils sommaient ces mêmes gouvernements de déverser les milliards qu'ils n'avaient pas pour compenser les richesses qui n'étaient plus produites. L'argent public a pris le relais de l'argent privé pour faire la paye et la trésorerie. Nous avions changé de paradigme.

Deux ans plus tard, nous nous retrouvons avec un système financier en apesanteur dont nul ne sait s'il est satellisé ou s'il va se crasher à l'atterrissage. C'est l'apothéose des boomers qui, après avoir été rétifs à toute discipline financière, après avoir grillé tous les feux rouges et dépassé toutes les limitations de vitesse, terminent leur parcours avec une comptabilité désarmée, sans direction et sans limites. Encore dans le désordre sublime du « quoi qu'il en coûte » et des taux d'intérêt négatifs, nous entrons dans des zones de haute turbulence avec la guerre ukrainienne et le retour de l'inflation. Nul ne connaît l'ampleur des conséquences à venir pour la France. Mais, du côté des certitudes, le mauvais état de notre économie et de nos finances nous rend plus vulnérables, et la joyeuse parade des promesses et des cadeaux électoraux nous prépare de très durs réveils à l'heure des comptes.

Un trou noir économique

En 2021, les dettes mondiales, privées ou publiques, ont augmenté de 28 000 milliards de dollars. L'endettement planétaire atteint ainsi 281 000 milliards de dollars (233 330 milliards d'euros), ce qui représente, selon la façon de calculer, entre 250 % ou 350 % du PIB mondial. La seule dette des États va dépasser les 92 000 milliards de dollars, elle arrive au niveau du PIB mondial.

L'endettement flambe dans tous les pays. Partout, la dépense est immédiate, les comptes remis à plus tard. Cet argent déversé à tout-va n'est ni gagné, ni gagé, rien que fabriqué. Autant dire que c'est de la fausse monnaie. Nul ne sait plus ce que représentent les milliers de milliards mis en circulation. Faudra-t-il payer les dettes que l'on accumule : quand ? comment ? à qui ? Seront-elles purement et simplement effacées : quand ? comment ? avec quelles conséquences ? La monnaie est-elle encore cette créance universelle ? Est-elle la contrepartie d'une richesse ou d'un capital productif ? Est-elle un simple acte de souveraineté ? À l'heure des crypto-monnaies, il ne reste que la confiance. Pour combien de temps ?

Il n'existe dans toute la science économique aucune théorie qui donne le mode d'emploi pour des systèmes qui baignent dans un flot d'argent public jailli de nulle part, qui fonctionnent avec des taux d'intérêt et des niveaux d'inflation proches de zéro (du moins, jusqu'à très récemment), qui font monter leurs dettes à des niveaux stratosphériques et dont l'appareil de production subit d'imprévisibles à-coups. Les économistes parlent entre eux de « trous noirs », c'est-à-dire de situations dans lesquelles les paramètres atteignent des valeurs telles que les lois ordinaires ne s'appliquent plus. Ce que les physiciens désignent aussi sous le nom de « singularité ». Les gouvernements se trouvent donc face à ces événements « singuliers », des événements qui n'ont jamais été étudiés ni même envisagés. La fuite en avant actuelle n'est pas soutenable, mais on ne dispose d'aucun scénario de sortie tant soit peu crédible. Nul ne sait aujourd'hui si la reprise de l'inflation sera transitoire ou débouchera sur l'hyperinflation.

Il faut bien poser cette ignorance absolue qui fait planer la menace d'une crise terrifiante. Ne nous laissons pas impressionner par l'autorité et les références des experts attitrés. Ils n'avaient pas prévu la crise sanitaire, ce qu'on peut aisément leur pardonner, mais, plus surprenant, ils furent pris à contre-pied par la forte reprise de 2021, par la baisse du chômage, par les pénuries de toutes sortes et, enfin, par le retour de l'inflation. Au total, nos instituts, nos centres de recherche, et tous nos économistes distingués, voire nobélisés, n'ont aucune visibilité à une année d'échéance. Lorsque nous serons sortis de cette crise, ils constateront et commenteront. C'est tout.

Le « quoi qu'il en coûte », réponse française à la crise sanitaire, n'est pas tombé de nulle part. Il vient en conclusion d'une dérive budgétaire qui nous a lourdement handicapés, bien avant que le coronavirus passe à l'offensive. C'est l'héritage financier des boomers, héritage accepté sans bénéfice d'inventaire et sans garantie pour l'avenir.

La gloire du déficit

« Sire, faites-moi de bonnes politiques et je vous ferai de bonnes finances. » Le mot du baron Louis, ministre des Finances de Louis XVIII, est plus vrai que jamais. L'économie est fille de la politique. Lorsque la mère perd la tête, la fille part à vau-l'eau. La vigueur de l'économie gaulliste n'était que la projection d'une rigueur politique sans pareille. La France avait progressivement repris en main sa souveraineté et les finances étaient à l'équilibre. Cette discipline est rompue dans les années 1970. Sur le plan politique d'abord, sur le plan économique ensuite. Giscard et Chirac sont rongés de vergogne lorsqu'ils présentent le premier budget en déficit. Ils veulent penser qu'il s'agit d'une commodité pour traverser une mauvaise passe. Mais, quand Giscard s'en va en 1981, il laisse des finances toujours boiteuses.

La droite avait eu le déficit honteux, la gauche aura le déficit glorieux, non pas caché mais proclamé. Les boomers qui ont pris le sillage de Mitterrand pour parvenir au pouvoir ressortent les théories keynésiennes pour dépenser à tout-va. Les observateurs un brin sérieux savent que cette politique aberrante est vouée à l'échec. Mais la comptabilité est mise au placard, car le succès électoral est à ce prix. Commentant le budget de 1982, Michel Rocard pourra dire que ce fut « une honte historique ».

En dépit de ce discours triomphaliste, Laurent Fabius, le jeune ministre délégué au Budget, éprouve une certaine gêne pour assumer un déficit de 100 milliards de francs. Il souhaiterait une présentation moins traumatisante. Qu'à cela ne tienne ! Ses technocrates l'inventent dans le week-end. Tout d'abord, il ne faut plus annoncer une somme, mais un pourcentage. Plus abstrait, donc moins choquant. Encore faut-il qu'il ne soit pas trop élevé. À 10 ou 20 %, les Français s'inquiéteraient. Qu'à cela ne tienne (*bis*) ! Il suffit de changer le calcul. En comptabilité, le pourcentage du déficit se calcule d'après le montant des recettes. Sur le même compte, cela va de soi. Si, en revanche, on rapportait le déficit d'un client au chiffre d'affaires de la banque, le pourcentage deviendrait infinitésimal. Voilà précisément ce que proposent les conseillers de Fabius. Le déficit ne sera pas référé aux recettes de l'État, il le sera au PIB de la France. Il paraîtra donc beaucoup moins élevé.

L'expert-comptable qui se livrerait à une telle manipulation serait à tout coup radié de l'ordre. Mais les politiques ne sont pas si regardants et, loin de s'en scandaliser, s'en sont félicités. Cette glorieuse invention française connaîtra la célébrité internationale, avec les 3 % du PIB reconnus sur le plan européen comme la limite autorisée du déficit budgétaire. Le public ignore que ces 3 % peuvent cacher un 20 % en comptabilité ordinaire. Les boomers vont donc entretenir les Français dans l'illusion que nos déficits sont marginaux et que seuls les comptables vétilleux de Bruxelles peuvent s'en inquiéter.

L'idéologie du déficit

La France part dans « la facilité de la dette publique[1] », dont elle ne sortira plus jamais. Effectivement, rien n'est si facile que de faire des dettes, surtout lorsqu'on a hérité des finances en or massif laissées par de Gaulle et que les banques du monde se précipitent pour vous faire crédit. Cet endettement est-il une décision politique, celle d'un parti, ou la décision d'une génération, celle des boomers ? Peu importe. Cela se fait avec l'assentiment des Français, un assentiment qu'ils manifestent dans le choix de leurs

1. En 2005, le rapport de Michel Pebereau pour le ministère de l'Économie, des Finances et de l'Industrie, « Rompre avec la facilité de la dette publique – Pour des finances publiques au service de notre croissance économique et de notre cohésion sociale », fait le point sur le déficit. Il constate qu'il est devenu « une ressource budgétaire normale ». Ses conclusions alarmistes ne seront suivies d'aucun effet.

représentants et que répercutent les médias. Dans les pays du Nord, le Parlement surveille la dépense de très près, il n'hésite pas à couper dans les crédits. En France, les budgets ne sont jamais amputés et ce sont les députés qu'il faut refréner pour qu'ils n'ajoutent pas des dépenses supplémentaires. Quant aux gouvernements, ils sont harcelés sur leur manque d'audace budgétaire et se voient complimenter lorsque, à l'occasion d'un « Grenelle », d'un « Beauvau », d'un « Ségur » ou d'un « Je-ne-sais-quoi », ils signent des chèques sans provision.

Les médias connaissent la règle du jeu et réduisent l'évaluation des politiques à « Combien ? ». Peu importe la pertinence des mesures annoncées, leur valeur tient aux sommes allouées. Le crédit n'accompagne pas la politique, il la remplace. Tout problème trouve sa solution dans une facture. C'est l'outil de la procrastination. Il suffit de mettre de l'argent, ce qui est toujours agréable, pour différer la solution, qui est toujours désagréable. Notre endettement n'a servi qu'à financer le statu quo, à payer l'absence de réformes.

Pour une génération qui marie égoïsme et hédonisme, la vie à crédit devient une véritable addiction dont il est très difficile de se libérer. Encore faut-il la rendre présentable. On peut compter sur les boomers, qui vont transformer le négatif en positif. C'est un tour de passe-passe que permet l'idéologie. Pour ce faire, il suffit d'un nom, Keynes, et d'un mot, « relance ».

Le grand économiste britannique John Maynard Keynes a expliqué que l'État ne doit pas hésiter à emprunter massivement pour investir lorsque la récession menace. Il provoque ainsi un surcroît d'activité et la croissance fournit l'argent nécessaire pour rembourser les dettes. Ce pilotage contracyclique de l'économie est aujourd'hui partout enseigné et pratiqué. Une idée à ce point séduisante ne pouvait que devenir une idéologie. De fait, les lointains disciples de Keynes font de la relance, identifiée au déficit budgétaire, la panacée. Plus l'État dépense et plus il s'enrichit. C'est aussi simple que ça. Pour faire sérieux, il faut distinguer la « bonne » dette, celle qui correspond à un investissement et crée de la richesse, de la « mauvaise » dette, qui correspond à des dépenses courantes ne laissant aucun actif. Étant entendu que l'on peut toujours qualifier une dépense d'« investissement ».

Rétablissons les faits. Pour les cinquante années passées, la part de l'investissement dans les dépenses publiques a plutôt diminué. Autant dire que ces 2 000 puis 3 000 milliards d'endettement ne sont que de la « mauvaise dette », correspondant à du fonctionnement, qu'il n'en restera rien pour nos successeurs, sinon le remboursement. Second point, les déficiteurs font passer l'orthodoxie budgétaire pour un choix politique, un choix réactionnaire fondé sur l'immobilisme comptable. En réalité, la rigueur se juge sur la durée et n'interdit ni les coups de frein ou d'accélérateur dans le pilotage de l'économie ni, à plus forte raison, les investissements.

Que l'on opte pour la voie libérale ou la voie socialiste, pour le protectionnisme ou pour la mondialisation, peu importe, on ne construit rien que sur une base financière stable. Preuve en est que des pays très socialisés tout comme des pays très libéraux peuvent se retrouver avec des finances déséquilibrées. Et inversement. N'importe quel imbécile peut gérer en accumulant les déficits, seul un homme d'État fait marcher d'un même pas la finance et la politique. Comme le disait Pierre Mendès France : « Un pays qui n'est pas capable d'équilibrer ses finances publiques est un pays qui s'abandonne » et, j'ajouterai, quelle que soit sa ligne politique.

Déficit de gauche, déficit de droite

S'il est un pays qui devrait résister au mirage keynésien, c'est bien la France. Depuis plus de quarante ans, elle est la championne d'Europe de la relance avec son déficit permanent. Elle devrait donc entretenir une forte croissance, avoir triomphé du chômage. On sait ce qu'il en est : économie languissante, chômage de masse, dettes astronomiques. La France des boomers apporte la preuve que le pseudo-keynésianisme est un remède de charlatan. Pourtant, en dépit de cela, les Français boomers n'ont cessé de demander à leur gouvernement d'arrêter l'austérité pour faire la relance. Ils veulent donc qu'on mette fin à ce qu'on n'a jamais commencé, l'austérité, et que l'on commence ce qu'on ne cesse de faire, la relance. Il n'est décidément pas possible de résister à cette alchimie qui transforme les dettes en richesses.

Réaction typique d'une génération qui ne connaît que le présent et ignore la durée, qui ignore, surtout, la raison même de l'économie. Sa fonction primordiale, toujours oubliée, est de gérer la pénurie. Car la pénurie fait partie de la condition humaine. En tout temps et en tous lieux, la somme des besoins, des désirs et des revendications dépasse la quantité de richesses à distribuer. Il appartient au pouvoir politique de l'accroître et de faire accepter le partage. Pour assurer cette gestion de la pénurie, l'autorité est indispensable. Lorsqu'elle fait défaut, il ne reste que d'emprunter pour accroître artificiellement les parts du gâteau. Voilà pourquoi nos budgets furent équilibrés du temps du général de Gaulle et cessèrent de l'être avec ses successeurs. Comme nous l'avons vu, c'est la perte d'autorité qui fit abandonner le dogme de l'équilibre. Notre déficit budgétaire ne fut jamais qu'un déficit politique.

Cette impuissance à tenir nos finances est-elle le fait de la gauche ou de la droite ? Si l'on s'en tient aux déclarations, l'hyperkeynésianisme est davantage un discours de gauche, mais, si l'on regarde les faits, la différence s'estompe : au cours des cinquante dernières années, le déficit a ignoré les alternances.

Car la politique des boomers, quel que soit le parti, vit la tête dans le crédit. Reprenons l'histoire au début des années 1980. L'illusion de la relance socialiste ne dura même pas un an. Dès 1982, les clignotants virèrent au rouge. À partir de 1983, Pierre Mauroy, Jacques Delors et Laurent Fabius durent mener une courageuse et salutaire politique de rigueur pour réparer les dégâts du printemps socialiste en reprenant tout l'argent indûment distribué.

Ce fut la meilleure politique budgétaire de ces cinquante dernières années. La gauche pourrait s'en féliciter. Pensez-vous ? Le secrétaire général du Parti socialiste, Lionel Jospin, ne voulut y voir qu'une « parenthèse » qui devrait très vite céder la place à « une politique budgétaire dynamique », entendez « au déficit », devenu la marque de la gauche. Au reste, Martine Aubry, qui n'adore rien tant que célébrer les grandes réalisations socialistes, met toujours en avant les stupidités comme la retraite à 60 ans ou les 35 heures et jamais le redressement réussi par son père. Quant à la droite, refusant le rôle de la méchante mère la Rigueur, elle réduira l'orthodoxie budgétaire à un effet d'annonce, une promesse de campagne à ne jamais tenir.

La cagnotte

À la fin du siècle, l'euphorie de la bulle Internet fit disparaître les déficits dans la plupart des pays. Notre croissance atteignit 3,4 % en 1999 et frôla les 4 % en 2000. Le ministère des Finances encaissa d'énormes excédents fiscaux. À sa tête, Dominique Strauss-Kahn entendait les consacrer, pour l'essentiel, au remboursement de la dette. Une rigueur comptable qui n'était pas du goût des militants. Strauss-Kahn dissimula donc hors budget l'excédent destiné au désendettement. Le président de cohabitation, Jacques Chirac, vit la manœuvre et prépara son coup de Jarnac. Lors de l'entretien traditionnel qui suit la revue du 14 juillet 1999, il fit savoir aux téléspectateurs que le ministère des Finances cachait une énorme « cagnotte », ce fut son expression, et qu'il convenait de rendre cet argent aux Français. Lionel Jospin aurait pu s'indigner, dénoncer la démagogie présidentielle. Il n'en fit rien. Avec ses amis socialistes, il s'empressa de tout dépenser, notamment en baisses d'impôts. Épisode ô combien significatif. Entre droite et gauche, la connivence pour le déficit se révèle totale. C'est bien un esprit de génération qui trouve son expression financière dans l'endettement.

Il en alla de même sous le mandat de Nicolas Sarkozy. La crise financière de 2008 avait imposé des dépenses supplémentaires considérables. Mais, lorsque la Cour des comptes fit le bilan du quinquennat, elle constata schématiquement que la dette avait augmenté de 600 milliards, que la part des dépenses imputables à la crise était de 300 milliards, mais que les 300 autres milliards correspondaient à une augmentation des frais de fonctionnement « *as usual* ». La sociabilité française se vit désormais avec un déficit de 50 à 100 milliards d'euros. En temps normal, car en temps de crise, c'est « quoi qu'il en coûte ».

Depuis un demi-siècle, le pouvoir n'est plus en état de tenir le présent pour assurer l'avenir. Cet « après moi le déluge » se retrouve à droite comme à gauche. Il s'agit bien d'un phénomène de génération et pas de parti. Le crédit correspond parfaitement à l'hédonisme des boomers, à la perte d'autorité de l'État, au remplacement du citoyen par le client. Or cet « effet de génération » ne va pas seulement jouer pour l'argent public, il se manifeste tout autant pour l'argent privé, mais en sens contraire. La génération boomer fait son unité pour gaspiller l'argent public tout en faisant prospérer l'argent privé à travers l'Europe, le libéralisme et la mondialisation.

La France du fric

La France des années 1945-1975 s'affirmait capitaliste et libérale. C'était assurément vrai sur le plan politique, beaucoup moins sur le plan économique. Certes, nous étions dans le camp des puissances occidentales qui pratiquaient l'économie de marché, mais, chez nous, celle-ci se réduisait à peu de choses. La banque, l'assurance, les prix, les salaires, les changes, tout était contrôlé par l'État. Au reste, le capitalisme français était celui des rentiers plus que des industriels, ses structures étaient plus patrimoniales qu'entrepreneuriales, plus familiales qu'optimales. On retrouvait l'étatisme bureaucratique derrière tous les grands projets de l'époque, le règlement public derrière tout l'agencement de notre vie sociale. Cette socialisation à la française qui mariait le maintien du statu quo avec la dynamique de la croissance rassurait. Pour inégalitaire qu'elle soit, cette société possédait une unité fondée sur le statut et la reconnaissance de chaque groupe, de chaque individu. L'argent n'était pas la jauge universelle. La place comptait plus que la fortune.

La construction européenne, qui se poursuivit de 1950 à 1980, fut largement consensuelle. Ou, pour le dire autrement, les affaires européennes étaient considérées par les médias comme fort ennuyeuses. Même les chamailleries comme le « *I want my money back* » de Margaret Thatcher ou la politique de la chaise vide du général de Gaulle n'intéressaient qu'une toute petite élite d'europhiles. La nation tenait une place éminente dans cette construction qui se faisait à son image. Loin d'y perdre son identité, la France y gagnait une dimension supplémentaire. En toute inconscience, les boomers, sous couvert de rêve européen, vont mettre en place le règne du fric, ou, plus exactement, fabriquer une chimère sociologique qui additionne l'agitation américaine à l'immobilisme français. C'est la CGT à l'heure des traders.

Dans le récit imaginaire de la gauche, le grand tournant de l'ultralibéralisme fut pris en 1983. C'est alors que les socialistes, trahissant l'idéal de la gauche, auraient aligné la France sur le libéralisme de Ronald Reagan et Margaret Thatcher. Rien n'est plus faux. Les âpres discussions qui ont précédé le retournement économique de 1983 portaient sur la politique budgétaire. Fallait-il poursuivre la fuite en avant dans la dépense, fallait-il revenir à la raison économique ? Telle était la question.

L'Europe que nous connaissons fut construite dans les années suivantes. Tout se joua autour de trois hommes : Jacques Delors, Michel Rocard et Pascal Lamy, trois hommes de gauche, socialistes, réalistes et modérés qui incarnaient pour l'opinion cette socialisation à la française qui tient le milieu entre la social-démocratie scandinave et la démocratie chrétienne. Avec de tels parrains, la nouvelle Europe ne pouvait être qu'à l'image du rêve français, quelque part entre Giscard, Chirac et Mitterrand. Rassurante dans tous les cas. En effet, comme le constate Jacques Julliard, les Français ont bien une « idée de la France », mais fort éloignée de « la princesse des contes ou la madone aux fresques des murs » qu'évoque le général de Gaulle dans ses Mémoires. « Grâce notamment aux syndicats et aux grands mouvements sociaux [...] régnait en France une sorte de consensus implicite pour une social-démocratie basique qui s'est imposée à toutes les couches sociales du pays[1]. » Pour les Français des années 1970-1980, il ne faisait aucun doute que l'Europe en construction était porteuse du même projet, c'est pour cela d'ailleurs qu'elle n'intéressait personne. Nul n'imaginait qu'elle allait au contraire s'attaquer à cette armature sociale du pays.

Tout part de l'Acte unique qui introduisit la totale liberté de circulation pour les hommes, les capitaux, les marchandises et les entreprises sous le règne de la concurrence libre et

1. Jacques Julliard, « Droite politique et gauche culturelle », *Le Figaro*, 4 octobre 2021.

non faussée. Ce fut une inflexion fondamentale par rapport à l'Europe des patries chère au général de Gaulle. On passa d'un simple marché commun à une véritable organisation politique. Sur cette base va se créer Maastricht, l'Union européenne, l'euro, Schengen, bref, l'Europe d'aujourd'hui. Telle que beaucoup la contestent. Or, précisément, cette construction s'est faite sans aucune contestation.

Sous la surveillance de l'Europe

L'opération fut lancée en 1985, alors que les socialistes étaient au pouvoir. L'accord entra en vigueur en juillet 1987, mais son application fut poursuivie par le gouvernement Chirac, puis par le gouvernement Rocard. Lors du vote décisif en 1987, seuls les communistes et quelques gaullistes purs et durs s'opposèrent au projet. À l'époque, les sondages donnaient à l'Europe une cote de confiance de 75 % ! La construction européenne n'est donc imputable ni à la gauche ni à la droite. C'est, par excellence, une construction de la génération boomer. Une prothèse pour corriger sa débilité politique.

Faute d'une autorité politique suffisante, la France se bureaucratisa et laissa ses finances partir à vau-l'eau. Aucun mouvement, aucun parti ne fut à même de corriger ces dérives. Ce fut alors que la pensée technocratique imagina d'utiliser le cadre européen pour imposer à la France ce qu'elle doit faire et dont elle est incapable. L'extension de la concurrence obligera l'État à se moderniser, la discipline monétaire mettra fin au laxisme budgétaire. Les Français n'y virent que du feu. Ils crurent qu'ils se préparaient une France peinarde dans une Europe peinarde.

Quarante ans plus tard, qu'est devenue cette Europe francisée, protégée et protectrice, dans laquelle nous avons cru entrer ? Nul n'oserait plus demander aux Français ce qu'ils en pensent. Après la baffe gigantesque reçue par les élites lors du référendum de 2005, il est entendu que ce peuple ne comprend rien à l'économie. Heureusement qu'il y a l'euro. Les Français tiennent à leur argent et, puisqu'il est en euros, ils tiennent à l'euro. Pour le reste, c'est chaque jour qu'ils envoient l'Europe à tous les diables. Au demeurant, nos hommes politiques, à l'exception notable d'Emmanuel Macron, ont fait de Bruxelles le bouc émissaire commode de toutes leurs insuffisances. Les Français ne demandent qu'à les suivre et ne doutent pas que la bureaucratie européenne nous empoisonne la vie. Et, le pire, c'est qu'ils ont raison.

Ainsi les boomers qui croyaient s'être fait une Europe à leur mesure, qui les débarrasserait de notre administration tatillonne, ont fait entrer le cheval de Troie sur le Vieux Continent. Dans cette nouvelle version, l'animal qui pénètre dans la Cité est bien rassurant, mais il cache dans ses entrailles technocrates et financiers qui vont tout chambouler. La surprise vient du libre-échangisme globalisé, dont l'Europe est l'impitoyable agent de transmission. Les Français, qui se croyaient bien protégés dans leur forteresse européenne, se retrouvent exposés à tous les courants, à tous les coups de vent, à tous les cyclones de la mondialisation. La société française en est totalement tourneboulée.

Chacun est désormais jugé et jaugé à son prix sur le marché mondial. Des corporations notables, enseignants, médecins, artisans, ont le sentiment de perdre la considération dont elles jouissaient. Tout le monde au XXIe siècle se découvre « non reconnu » et le gouvernement doit inventer, à l'heure de l'argent-roi, l'universelle considération qui apaisera l'universelle frustration. Quant à nos multinationales, elles naviguent avec grand succès, mais sous pavillon français de complaisance, car elles sont bien souvent la propriété d'investisseurs étrangers. Le tissu industriel, le vrai, ne tient pas le choc, se délocalise et s'effondre. L'enrichissement des milliardaires devient incontrôlable, insupportable pour l'opinion. L'État-providence doit s'endetter toujours davantage pour soulager ces frustrations en distribuant l'argent qu'il n'a pas. Notre administration fait payer au plus cher son absence de réformes. Faut-il s'étonner que les deux tiers des Français aient une mauvaise opinion de la mondialisation ? Que, face à la crise sanitaire, seuls 20 % des Français estiment que l'Union européenne a été à la hauteur de l'événement ?

Cette relance de l'aventure européenne devait donner à la France un coup de jeune en remettant un peu de concurrence dans des structures momifiées par l'immobilisme corporatiste, et le protectionnisme commercial. Mais les boomers étaient demandeurs de protection plus que de stimulation et l'intégration européenne s'est révélée un remède de cheval qui, au lieu de combiner la solidarité sociale-démocrate au dynamisme libéral, a additionné la brutalité de la mondialisation à l'assistanat du socialisme. Notre tissu industriel n'a pas résisté à la concurrence faussée de la mondialisation et les emplois sont partis en Chine, notre comptabilité publique n'a pas supporté les cadeaux en tous genres et les déficits se sont envolés. Les Français ont vu s'effacer les repères nationaux tandis que la réussite financière prenait le dessus, les gouvernements n'ont pu mobiliser une population victimisée pour relever le défi de la concurrence. La France a entamé son irrésistible régression.

Dira-t-on que nous avons été victimes d'événements extérieurs : l'Europe, la mondialisation, etc. ? Ces facteurs ont joué, c'est évident. Dans l'art de vivre, nous avons suivi le même courant que nos voisins. L'évolution des législations sur la sexualité, sur l'égalité hommes-femmes, sur les droits des chômeurs, etc., le prouve. Un peu partout, l'individu est de mieux en mieux protégé. Mais, sitôt que l'on entre dans le quantitatif, que l'on peut effectuer des mesures, des comparaisons, des classements, alors nous régressons, et pas seulement vis-à-vis de grandes puissances en développement. Nous ne cessons de reculer par rapport aux pays de l'Union européenne. Pour le niveau de vie, nous sommes passés de la cinquième à la onzième place en l'espace de trente ans. Nous perdons des parts de marché dans nos échanges européens. Nous nous classons parmi les plus mauvais pour le chômage, la compétitivité, les finances, etc. L'exemple des pays scandinaves ou germaniques, avec lesquels nous rivalisions et qui nous ont laissés sur place, prouve que la mondialisation n'a rien d'irrémédiable. Elle propose, mais n'impose rien, pour autant que l'on soit capable de relever le défi.

Les technocrates qui nourrissaient cet espoir d'une Europe intégrée, fédérale, étaient en fait opposés au laisser-aller des boomers. Ils attendaient de ce cadre plus strict une discipline qui obligerait la France à tenir sa place. C'est ainsi que, dans les bonnes familles, on mettait les cancres dans des internats où ils seraient bien obligés de travailler. Un pari risqué. Le véritable paresseux peut toujours trouver le moyen de se la couler douce à l'ombre des surveillants.

Ainsi de la France, qui s'est affranchie des disciplines budgétaires dès lors qu'elle disposait de l'euro, qui a laissé sa compétitivité se dissoudre dans le marigot européen. Avoir détourné les institutions européennes pour les mettre au service de son indolence, c'est le véritable exploit accompli par la république des boomers.

Dépenser d'abord, économiser plus tard

Ainsi nous sommes-nous retrouvés en fâcheuse position lorsque le coronavirus a lancé son attaque. Oublions le seul aspect financier – la dette qui voguait vers les 100 % du PIB – et regardons cet indice beaucoup plus significatif, donc ignoré par les médias : notre balance commerciale. Le juge de paix de l'économie. Elle était excédentaire au XXe siècle. Situation normale pour un grand pays industriel. Elle plonge à partir de 2000 et s'enfonce dans les abysses à plus de 50 % du PIB avec le choc financier de 2008. À la veille de la crise, notre déficit atteint les deux tiers de notre PIB. C'est la traduction comptable de ce manque de compétitivité qui provoque un rythme accéléré de délocalisations. La France perd toutes ses usines et se désindustrialise comme aucun autre pays européen. Soit dit en langage clair : la France des boomers ne sait plus produire, car elle ne sait plus travailler. Longtemps, l'éventuel déficit commercial a été compensé par l'excédent de la balance des services. Ne disait-on pas que l'économie française devait basculer du pôle industriel vers le pôle des services ? Pure illusion. Nos services sont à la peine et ne peuvent contrebalancer les pertes de l'industrie. Au total, la position nette de la France fait apparaître un déficit de 700 milliards en 2019.

Rappelons que, dans les années 2010-2020, les pays germano-scandinaves ont fait reculer le chômage et sont même revenus au plein-emploi. La France seule n'améliore ni sa situation financière, ni sa situation commerciale, ni sa situation sociale. Elle bat les records du monde pour le niveau des prélèvements obligatoires, des dépenses publiques, du mécontentement et de la méfiance. C'est dans cette situation catastrophique qu'elle aborde la pandémie du Covid-19 en mars 2020.

En arrivant à l'Élysée, Emmanuel Macron, né en 1977, met fin au règne des boomers. Mais la France dont il hérite est bien celle de la précédente génération. Elle l'est dans les livres de comptes et plus encore dans les têtes. Les Français ont définitivement adopté l'économie sans peine, celle qui entraîne les plus dynamiques, protège les mieux organisés et reporte les contraintes sur les plus faibles et les générations futures. La France n'est plus qu'une nation de seconde catégorie, un pays de seconde zone, à qui la faute ? À la majorité actuelle, aux majorités précédentes, ou bien aux générations ?

La réponse ne se fait guère attendre. Le nouveau président dirige les finances publiques en utilisant les mêmes recettes que ses prédécesseurs. Le principe est fort simple. On dépense tout de suite pour s'enrichir plus tard ; entre les deux, on emprunte. Toute augmentation est censée être financée par des économies. Dans les tableaux de la comptabilité, les chiffres s'équilibrent entre la colonne des plus et celle des moins. Cela rassure l'opinion. Mais la réalité n'est pas la même de part et d'autre. Les dépenses sont certaines et interviennent tout de suite. Ce sont des cadeaux, ça ne peut pas attendre. Les économies ou les recettes supplémentaires sont incertaines et à long terme. Ici, on diminue un impôt, on donne une allocation. Une signature et c'est fait. Là, on procède à des réformes, on traque les fraudes, etc. C'est très difficile et les résultats éventuels n'apparaissent qu'à très long terme. « Lorsque nous serons tous morts », selon l'expression de John Maynard Keynes.

À miser sur des dépenses immédiates pour obtenir des économies aléatoires, nos gouvernements sont assurés d'entretenir le déficit et d'accroître la dette. Le coût de la paix sociale devient de plus en plus élevé. C'est ainsi que nous avons atteint le plus haut niveau de dépense publique au monde avec 56,5 % du PIB à la veille de la crise. Soit cinq points de plus que la moyenne des pays de l'OCDE. Emmanuel Macron a continué la politique de ses prédécesseurs et l'on sait déjà que ses successeurs feront de même. Mais la situation s'est brutalement aggravée avec la crise sanitaire.

À guichets ouverts

Le déficit est devenu l'universelle bouée de sauvetage. Il peut prendre des dimensions mégatonniques, qu'importe ! on ne compte plus. C'est ce qu'annonce le président de la République dans son discours « de guerre », le 12 mars 2020. « Tout sera mis en œuvre pour protéger nos salariés et pour protéger nos entreprises quoi qu'il en coûte [...]. Je veux que nous puissions préserver les emplois et les compétences, c'est-à-dire faire en sorte que les salariés puissent rester dans l'entreprise, même s'ils sont obligés de rester à la maison, et que nous les payions. Je veux que nous puissions protéger aussi nos indépendants. »

La stratégie du chômage technique sur fonds publics rompt heureusement avec le « laisser-faire » de 2008, qui avait fait exploser le chômage. Mais les Français retiennent surtout le « quoi qu'il en coûte ». Ils comprennent que l'État prendra à sa charge les conséquences de la crise sanitaire. C'est l'open bar qui régalera tout le monde sans aucune limite. Dans le temps même où la France s'appauvrit, les Français ont le sentiment qu'elle peut payer et que c'est le moment ou jamais de se précipiter au guichet des réclamations. Les 10 % de production en moins sont pour le pays ; ses habitants, eux, sont assurés de voir leur niveau de vie maintenu et même amélioré. La classe politique unanime approuve cette fuite en avant dans l'endettement et, sans doute, n'y avait-il rien d'autre à faire. On atteint alors des sommes et des sommets qui nous projettent dans l'inconnu.

Près de 500 milliards d'euros d'argent public seront ainsi injectés dans l'économie. Les Français auront droit à une indemnisation à 100 % jusqu'au SMIC et 85 % au-delà. Une assistance sans égale. Les salariés allemands ne récupéreront que 60 % de leur salaire. Aucun pays européen ne fut aussi généreux. Le gouvernement a donc choisi de privilégier les travailleurs ici et maintenant, plutôt que l'appareil productif sur le long terme. Les Français plutôt que la France. À ce prix, la paix sociale est maintenue.

L'explosion de la dépense publique corrige notre « panne de production » de 2020 et remet notre économie à l'équilibre, selon le schéma keynésien. Encore faudrait-il que le déficit extraordinaire corresponde bien aux dépenses exceptionnelles de la crise et que l'argent injecté dans l'économie aille à l'investissement et la consommation pour doper la production. Ces dépenses, dans une logique keynésienne, doivent irriguer l'économie pour la dynamiser, elles doivent, en outre, être purement ponctuelles et améliorer notre compétitivité. Elles sont faites en une fois à un moment et disparaissent ensuite. C'est du « one shot », comme disent les Américains et, par conséquent, les Français.

Il apparut vite que nous suivions la logique dépensière française qui n'a de keynésienne que le nom. La politique du 12 mars 2020 conduit l'État à injecter des milliards pour soutenir des secteurs industriels sinistrés dans les transports, le tourisme ou la restauration, pour payer les salaires d'entreprises à l'arrêt dans l'événementiel, le commerce ou le spectacle. Mais le « quoi qu'il en coûte » va bien au-delà. L'augmentation sera de moitié supérieure à la baisse de la production. Le guichet du toujours plus distribue à tout-va, ici des augmentations de salaire et là des augmentations de budget. On passe allègrement de l'investissement au fonctionnement, des dépenses ponctuelles aux augmentations pérennes. Le déficit structurel ne cesse de s'aggraver. Qu'à cela ne tienne : les sommes en jeu sont telles qu'elles permettent d'arroser un peu tout le monde.

Rapport après rapport, la Cour des comptes dénonce cette confusion entre des dépenses inévitables liées à la crise et qui sont appelées à disparaître au retour de la croissance et des dépenses liées à l'augmentation des salaires ou des frais de fonctionnement qui obèrent l'avenir. Les crédits hors Covid qui chargent les lois de finances rectificatives ne cessent d'augmenter. Qui plus est, les Français transforment ces gains en épargne de précaution stérile pour l'économie. L'argent se retrouve dans les bas de laine et pas dans les entreprises.

Là encore, la majorité macronienne ne fait que reproduire le laxisme budgétaire de toutes celles qui l'ont précédée. Tout gouvernement français aurait agi de même. La crise sanitaire n'a pas seulement bloqué l'économie, elle a aussi influencé les visions et les comportements, provoquant au total une formidable relance de la dépense publique.

La grande misère du service public

Les boomers ont la dépense facile, la dépense publique s'entend. Ils sont persuadés qu'ils ont plus à y gagner qu'à perdre et que la France peut toujours payer. Cette humeur dépensière ne pouvait que se satisfaire du « quoi qu'il en coûte ». Générosité sans pareille, l'État engageait des centaines de milliards d'euros pour qu'ils soient protégés de la crise et que leur pouvoir d'achat soit maintenu, alors même que leurs employeurs n'avaient plus de quoi les payer. Cette générosité de l'État-providence a augmenté le déficit et la dette dans des proportions inconnues jusqu'à présent. L'État, c'est clair, ne pouvait aller plus loin, cette générosité sans précédent avait de quoi calmer les humeurs revendicatives. On aurait pu le penser, mais la réaction a été juste inverse. À voir le gouvernement distribuer ainsi l'argent, les Français se sont dit que c'était le moment ou jamais d'obtenir des augmentations. L'État a été sommé de recapitaliser les services publics.

Les Français s'étaient entretenus dans la conviction que leurs services publics étaient les meilleurs du monde. Les plus coûteux aussi, mais qu'importe le prix s'il paye la qualité. Ils étaient fiers et satisfaits de leur administration et de leurs fonctionnaires. Une satisfaction qui était battue en brèche depuis quelques années et que la crise sanitaire fit voler en éclats. Pour l'hôpital d'abord, pour les autres services dans la foulée. Ici comme ailleurs, rien ne va plus. Les agents se révoltent, bientôt rejoints par les usagers. De l'armée à l'école, de l'hôpital à la justice, de la police à la recherche, les crédits sont jugés insuffisants et les effectifs trop peu nombreux. Il faut partout remettre de l'argent et engager du personnel supplémentaire. Le constat est unanime et le remède évident dans ce délire de l'argent magique. Ceux-là mêmes qui prétendent couper dans la dépense publique veulent aussi augmenter le nombre et les rémunérations des soignants, des enseignants, des policiers, des juges, etc. Le financement n'est plus un problème. Toute difficulté prend une forme monétaire et toute facture devient légitime et doit être payée. L'euphorie financière interdit tout recours à une quelconque limite budgétaire. Quant à lier l'accroissement des budgets à des réformes radicales, on n'y pense même pas.

Ce consensus revendicatif serait compréhensible dans une société libérale qui met son secteur public au pain sec, mais, dans tous les domaines sauf peut-être la justice, nos budgets sont égaux ou supérieurs à ceux des pays européens les mieux dotés. Certes, les comparaisons internationales sont sujettes à caution, mais, lorsqu'elles vont toujours dans le même sens, il faut en tirer les enseignements : le secteur public coûte en France plus cher que dans les pays voisins, les agents sont plus nombreux, les budgets plus élevés et les services rendus médiocres. Et pourtant les rémunérations n'ont rien d'abusif. Les fonctionnaires se plaignent d'être mal payés et, de fait, ils le sont.

Les salaires des infirmières sont de 6 % inférieurs à la moyenne européenne et de 18 % à ceux des infirmières allemandes. À diplômes équivalents, les enseignants travaillant dans le cycle élémentaire gagnent 20 % de moins que les cadres du privé. Les comparaisons internationales sont accablantes. Le prof français débute à 27 709 euros par an, une misère à côté des confrères allemands, qui peuvent gagner jusqu'à 58 542 euros dès l'entame de leur carrière, ou danois, à 50 345 euros, voire irlandais, à 36 318 euros, ou même espagnols, à 33 392 euros. De faibles rémunérations pour un résultat médiocre puisque la France ne cesse de régresser dans les classements PISA. De semblables constatations peuvent être faites dans la plupart des secteurs, elles portent la marque de la bureaucratisation. Quand une administration se met à son propre service, elle coûte de plus en plus cher et satisfait de moins en moins ses administrés.

La France des boomers réussit donc ce miracle d'imposer des prélèvements trop lourds aux contribuables, de verser des traitements insuffisants à ses agents et de n'offrir aux usagers que des services publics défaillants. La situation n'est pas nouvelle, mais elle est désormais sur la place publique. Tel est le bilan de l'ordre syndicalo-bureaucratique qui résiste depuis cinquante ans à toutes les tentatives de modernisation. Les gouvernements impuissants ne peuvent qu'augmenter les salaires et les effectifs. Mais ces rallonges budgétaires ne sont que des analgésiques qui ne s'attaquent jamais à la cause du dysfonctionnement. Leur seul effet est de prouver que la combativité paye et que l'État le peut aussi. Donc de relancer les revendications dans la logique du toujours plus. À ce jeu, c'est bientôt toute la France, celle du secteur public, mais aussi celle de tous les intérêts particuliers, qui se presse au bureau des réclamations.

L'ivresse monétaire

Une opinion traumatisée par la crise sanitaire, qui a vu l'argent public couler à flots, somme le gouvernement de répondre aux revendications qui l'assaillent de toutes parts. Les ministres soumis à cette pression ont demandé une rallonge de 22 milliards et en obtiennent une moitié à laquelle va bientôt s'ajouter la sarabande des cadeaux présidentiels. Jouer les pères Noël en fin de mandature pour se faire réélire n'a rien d'exceptionnel, c'est même une tradition républicaine. Emmanuel Macron a tout de même surpris son monde en entamant sa tournée neuf mois avant l'échéance et en chargeant sa hotte au « quoi qu'il en coûte ». Chaque jour, il a annoncé une nouvelle mesure catégorielle ; une mesure, c'est-à-dire une facture. Très lourde pour Marseille, 1,5 milliard, ou pour l'essence des automobilistes, 2 milliards, moins considérable pour accorder « reconnaissance et réparation » aux harkis survivants ou pour donner une prime aux sages-femmes, mais il faut aussi garantir les agriculteurs contre les catastrophes climatiques, les pêcheurs contre les conséquences du Brexit, sans oublier les fonctionnaires de catégorie C, les travailleurs indépendants, les retraités pauvres et tous les groupes revendicatifs, jusqu'aux amis des bêtes, qui veulent des refuges supplémentaires pour les chiens et les chats qu'ils recueillent.

En temps normal, l'addition donnerait le vertige. Même les boomers les plus dépensiers se précipiteraient à l'Élysée en criant : « Halte au feu ! » Mais, dans cette époque de folie financière, l'opposition se contente de brocarder cette politique du chéquier. « Il a cramé la caisse », lance Valérie Pécresse. Sans doute, mais chacun se dit que c'est de bonne guerre et que, à sa place, il en ferait autant. Tous les candidats ont adopté le principe de « dépenser maintenant pour économiser plus tard », qui permet de fabriquer à crédit les plus beaux catalogues baptisés « programmes ».

Cette connivence dépensière qui soude toujours la classe politique se trouve renforcée en 2021 par l'embellie économique, embellie relative, mais on a les miracles qu'on peut. Car les bons résultats sont d'autant plus euphorisants qu'ils contrastent avec de sombres prévisions. En 2020, les experts avaient annoncé la Bérézina pour 2021 : faible croissance, poussée du chômage, explosion des faillites, etc. Or l'économie française révèle des capacités de résilience insoupçonnées. En 2021, le PIB aura augmenté de 6,8 %, le double de la croissance allemande. Certes, l'enrichissement n'est qu'apparent, puisque la France s'est massivement appauvrie en 2020. La croissance d'aujourd'hui est loin de compenser la décroissance d'hier – sur l'ensemble, le pays a perdu. Mais la croissance est là, il ne faut pas bouder son plaisir.

Sur le front de l'emploi, on attendait 800 000 chômeurs supplémentaires, voilà que l'on crée 150 000 emplois de plus, ce qui ramène le chômage à 7,4 %. Le taux le plus bas depuis une décennie. Une divine surprise qui confirme les bienfaits de la dépense à tout-va, car on assiste bien au triomphe de la relance keynésienne, qui sort les grands moyens avec un déficit budgétaire de 9,4 %. Notre dépense publique dépasse 62 % du PIB, record du monde battu, et notre dette atteint 115 % du PIB. Qui s'en soucie ? Les résultats sont flatteurs, c'est l'essentiel. Mais une économie se juge sur la durée, pas sur l'instant, et l'image dynamique est bien moins favorable que l'image arrêtée.

Un premier signal devrait donner l'alerte : le déficit de notre balance commerciale atteint le total monstrueux de 100 milliards d'euros. Du jamais-vu ! La France est toujours aussi incapable de produire, et l'argent public ne fait qu'alimenter les industries étrangères, car, dopant la demande, il augmente les importations, pas la production, et l'augmentation de la croissance se traduit par une détérioration de nos échanges extérieurs.

Sur le marché de l'emploi, le premier problème n'est plus le chômage, mais le manque de main-d'œuvre. Partout les entreprises sont freinées par l'impossibilité de recruter. Les patrons cherchent et ne trouvent personne. Un million d'emplois ne sont pas pourvus. Le manque de personnel disponible est devenu le premier obstacle à la croissance.

La situation est exceptionnelle, mais elle n'est pas nouvelle. Depuis un demi-siècle, la France des boomers réussit à combiner une pénurie de main-d'œuvre avec un chômage de masse. Plutôt que mettre fin à cette anomalie, elle a choisi de l'ignorer. Délibérément. Les offres d'emploi non satisfaites sont considérées comme un « fantasme patronal » dont il ne faut pas parler. En reconnaître la réalité donnerait à croire que les chômeurs sont des fainéants qui refusent de travailler.

Le tabou a bien fonctionné, aucune étude sérieuse n'a permis de connaître le nombre des emplois non pourvus. C'était à choisir entre 100 000 et 1 000 000. On ne s'interrogea pas davantage sur les raisons de ces refus. Manque de compétence, faibles rémunérations, pénibilité, etc. La bien-pensance syndicalo-politique a donc imperturbablement formé des travailleurs qui ne correspondaient pas aux besoins de l'économie, tandis que les entreprises se satisfaisaient d'emplois pénibles, déconsidérés et sous-payés. Avec la fin du confinement, l'incompatibilité entre les Français et le travail a éclaté. Ennemis de toute contrainte, les boomers ont réussi à faire du travail, de toute forme de travail, une insupportable aliénation. Moins on en fait, mieux on se porte. On ne retrouvera pas la prospérité sans réconcilier les Français, notamment les jeunes, avec cette composante de la condition humaine : le travail.

La brillante reprise de 2021 est donc l'aboutissement d'une fuite en avant dans les déficits que les boomers poursuivent depuis un demi-siècle et qui est entrée dans une phase paroxystique. Cette croissance est tout entière à crédit. Factice. La France emprunte pour financer ses importations tandis que sa production n'a même pas retrouvé son niveau de 2019. En revanche, les budgets des prochaines années sont lourdement grevés par l'énormité des dépenses engagées, dépenses de fonctionnement pérennes et nullement d'investissement ponctuelles, qui nous annoncent un déficit structurel de 3 à 4 %.

La France euphorique de la fin 2021 est une gigantesque salle de shoot où les descendants des boomers s'injectent par doses massives la drogue du crédit. Sans doute avons-nous atteint l'acmé de cette illusion monétariste avec la honteuse campagne présidentielle de 2022. Après quelques tours de prestidigitation sur la sécurité et l'immigration, la classe politique comme les médias ont centré le débat sur le pouvoir d'achat, c'est-à-dire l'argent des Français et non plus l'argent de la France. Face à la forte reprise de l'inflation, la préoccupation est bien réelle. Mais, ignorant notre situation de faillite, les candidats entreprirent de donner aux Français ce pouvoir d'achat qui leur fait défaut. Ils réjouèrent le concours des cadeaux : 260 milliards d'euros pour Mélenchon, 92 pour Jadot, 54 pour Hidalgo, 42 pour Pécresse. En oubliant superbement que le budget 2021 prévoit 1 460 milliards d'euros de dépenses et 170 milliards d'euros de déficit. Peu importe ! L'argent magique est devenu la panacée qui apportera la « résilience », selon le mot du jour.

L'esprit boomer, qui met à la charge de l'État tous les inconvénients et fait de toute situation un intangible acquis, a été présent tout au long de notre honteuse campagne présidentielle. Les candidats y ont fait semblant de préserver un pouvoir d'achat mis à mal par la guerre et l'inflation. Le temps d'une élection, les Français se sont replacés dans leur bienheureuse parenthèse.

La déficience française est d'abord dans les esprits. Comment pourrait-il en être autrement dans un pays si naturellement doué pour la prospérité ? Avec la crise sanitaire et le « quoi qu'il en coûte », les Français se sont totalement libérés des contraintes financières. Ils vivent dans un monde où l'argent n'est plus le problème mais la solution. Si longtemps qu'ils resteront dans ces dispositions d'esprit, que la nécessité d'équilibrer dépenses et recettes n'aura pas retrouvé sa force d'évidence, rien ne sera possible et nous baignerons dans la trompeuse euphorie du déficit. Malheureusement, cette addiction est le pire héritage des boomers, le pire et le plus difficile à dépasser. Sans doute faudra-t-il remettre en ordre notre tableau de bord. Avec, au centre, la balance commerciale et, juste à côté, le solde budgétaire, le vrai, pas le pourcentage du PIB. Quand ces deux voyants-là passeront au vert, nous serons définitivement sortis de l'économie des boomers et aurons trouvé la voie de la « résilience ».

CHAPITRE 7

Le chacun pour soi

Selon le principe du baron Louis, les boomers ont fait une mauvaise finance, car ils ont fait une mauvaise politique. C'est donc cette dernière qu'il faut suivre pour remonter des effets aux causes. Cette histoire, nous l'avons vécue au jour le jour, comme un enchevêtrement de péripéties dont nous retenons des personnages, des crises, des élections, etc. Une telle lecture est fortement connotée – ici les socialistes, là le RPR ou l'UMP, etc. – sur le plan partisan. Or cette coloration partisane n'a pas grande signification. La France a vécu, de 1981 à 2007, les présidences de François Mitterrand, puis de Jacques Chirac comme un seul épisode : le Mitrac, et ce ne sont pas les cohabitations et pas même les présidences suivantes qui font apparaître un changement politique radical.

Politiquement, nous sommes restés dans le système boomers, celui qui s'est mis en place dans les années 1970 à la suite du premier choc pétrolier, quand le pouvoir s'est révélé incapable de demander aux Français les efforts nécessaires pour supporter les augmentations de prix décidées par l'OPEP. Cette perte d'autorité face à la montée de l'individualisme est la caractéristique première de la politique post-gaulliste. En remplaçant la devise républicaine par « individu, instant, moi d'abord », l'esprit boomers ne pouvait que dégrader la République. Ce parcours est à refaire en gommant l'esprit partisan, car c'est le chemin suivi qui, seul, peut dire où nous sommes arrivés. Oublions les détails, de quoi s'agit-il ?

La république à grand spectacle

La démocratie vit sur l'affrontement de deux, ou plusieurs camps, c'est sa nature même. La tradition française tend à magnifier cette opposition en mettant face à face non pas deux modes de gestion, deux équipes concurrentes, mais deux projets de société. Radicalement différents, cela va de soi. C'est le camp du bien combattant le camp du mal. À droite comme à gauche. Toute recherche d'un compromis devient une compromission, toute alliance passe pour une trahison. Et, de chaque côté, les partis extrémistes entretiennent cette hystérisation et cette mutuelle exclusion. La Ve République, structurée autour de l'élection présidentielle, se prête admirablement à ce manichéisme binaire. Il ne suffit pas de voter à droite ou à gauche, il faut ÊTRE de droite ou de gauche, comme on est catholique, protestant, musulman, bouddhiste ou encore athée. Le conflit politique prend facilement la dimension d'une guerre de religion. Encore faut-il que les acteurs soient à la mesure de cette politique mélodramatique.

Or cette radicalisation de façade, ces batailles républicaines à grand spectacle, n'ont pas survécu au carnaval de mai 1981. Valéry Giscard d'Estaing et, surtout, Raymond Barre s'efforçaient encore de faire passer la France avant les Français. La gauche, pour reconquérir le pouvoir, a fait le saut dans le camp des boomers : les Français d'abord, et un changement de société à la clé. Un pari perdu d'avance. La suite était écrite. Jacques Chirac, qui avait assuré la victoire de François Mitterrand, portait à droite la démagogie que Mitterrand avait portée à gauche.

D'ores et déjà, la génération des boomers ne donnait plus aux gouvernants l'autorité nécessaire pour équilibrer les mesures populaires et impopulaires afin de mener une véritable politique. Celle qui va s'imposer se limite aux cadeaux et aux promesses et ne peut résister à l'épreuve de la réalité. Les partis restèrent sur le mode idéologique majeur, alors qu'ils ne pouvaient gouverner que sur le mode pragmatique mineur. À ce jeu, les élections se transforment en jeu de massacre. Le vainqueur, condamné à décevoir, se fait battre à l'échéance suivante. Entre la démobilisation des militants, la perte de confiance des électeurs et l'impuissance des hommes au pouvoir, les boomers ne peuvent que faire dépérir la République.

Tout est donc parti de cette idiosyncrasie de la génération des boomers : les Français avant la France. Celle-ci n'était pas à reconstruire, il n'était que de la maintenir. Encore fallait-il faire cet effort, mais les hommes politiques s'enfermaient dans un esprit boomer qui conduisait à parer de rhétorique politicienne un conservatisme borné et apeuré, alors que d'innombrables études, examens, rapports sur l'état du pays recensaient la longue liste des réformes nécessaires et devenant, au fil des ans, indispensables.

Pas question d'en finir avec le baccalauréat ou d'instaurer la sélection-orientation à l'entrée de l'université, pas question de supprimer les régimes spéciaux et de reporter à 65 ans et plus l'âge de la retraite, pas question de toucher au régime des intermittents du spectacle, pas question de donner aux Français la liberté de choisir leur mort, pas question de remplacer le service militaire par un authentique service civique, pas question de distribuer au personnel une part du capital dans les entreprises, pas question d'interdire à l'État les budgets déficitaires, pas question de réglementer strictement le droit d'asile et le regroupement familial, pas question d'imposer un emprunt forcé pour compenser l'enrichissement spectaculaire des milliardaires, etc. Pas question de braver l'opinion publique ou les intérêts particuliers. Il ne reste aux boomers qu'à multiplier les promesses impossibles à financer, les engagements impossibles à tenir.

La politique des cadeaux

Les programmes des candidats se transformèrent en une série de cadeaux à l'intention des différentes clientèles électorales. Les Français les considéraient comme les catalogues des grands magasins et votaient comme on passe commande. Il s'instaura donc un système politique pervers dans lequel les moyens utilisés pour gagner le pouvoir interdisent de l'exercer. La nouvelle majorité vidait les caisses en don de joyeux avènement, mais se trouvait bientôt confrontée à des situations qui ne permettaient pas de pratiquer la « politique sans peine » annoncée. La réalité, oubliée le temps de la campagne, reprenait ses droits et imposait une politique, toujours la même, fort différente de celle annoncée. Et plus les partis se trouvaient condamnés à la ressemblance dans l'action, plus ils cultivaient la différence dans le discours. La référence idéologique n'était que de façade. Ce n'était pas nouveau, mais ça se voyait.

Le déni de réalité ne pouvait masquer éternellement le décalage entre les promesses électorales et l'action gouvernementale. C'est ainsi que le déclin du pays s'imposa à l'opinion comme une évidence. Quand un pays recule de la cinquième à la vingt-cinquième place dans la richesse des nations, cela ne se remarque pas seulement à la lecture des statistiques. Les Français ont compris que le discours politique tournait à vide. C'est alors que l'électeur se dit que « plus ça change et plus c'est pareil ». Il se réfugie dans l'abstention lorsqu'il ne passe pas aux extrêmes. Le jeu de l'alternance devient aussi absurde que le balai des essuie-glaces par temps sec.

L'anémie des partis

Les boomers n'ont pas seulement déréglé le jeu politique, ils ont également épuisé les acteurs. L'individualisme et le scepticisme, valeurs dominantes de cette génération, ne poussent guère au militantisme. La mise à l'écart de la nation des valeurs républicaines ne pouvait que faire dépérir les organisations qui les incarnent. La façon même de transformer la politique en un jeu de dupes du « qui gagne perd » avait de quoi détourner les plus valeureux de tout engagement politique. Ne restaient pour le militantisme que les chasseurs de places et les obstinés de la carrière. Ajoutons la vague de scepticisme, de pessimisme qui submerge l'optimisme des années 1960. Il était inévitable que les grands partis dépérissent au profit de nouvelles formations plus radicales.

La politique pouvait d'autant moins prospérer à l'ombre des boomers qu'elle devait s'accommoder de l'indifférence française pour le militantisme. Depuis 1980, le pourcentage des Français qui adhèrent à un parti politique varie entre 2 et 3 % de la population. Quant aux électeurs, ils ont au mieux rejoint le camp des abstentionnistes, au pire voté pour les partis populistes. Ainsi est-on arrivé à ce résultat effarant aux législatives de 2017, quand l'abstention devient majoritaire, quand le Parti socialiste est à 7,44 %, le Parti communiste à 2,72 %, la droite des Républicains à 15,77 % et les centristes Modem ou UDI à 7,15 %. C'est l'effondrement de la partitocratie qui régentait la vie politique depuis les années 1970. Cinq ans plus tard, les partis ne se sont toujours pas relevés sur le plan national, seule subsiste leur implantation territoriale. Car la démocratie française a beaucoup mieux résisté à la vague des boomers sur le plan local ou régional que sur le plan national.

Cet individualisme triomphant s'accommode plus aisément des associations, qui connaissent en France un réel succès. Dans le baromètre du Cevipof sur l'humeur des Français, la cote de confiance des associations atteint 67 %, tandis que celle des partis politiques n'est que de 12 % ! Comment interpréter un tel décalage ? La politique se situe sur un plan général, elle prend en charge le pays dans son ensemble ; au contraire, l'association est plus proche des personnes. Elle naît souvent d'un problème concret, d'un drame humain, et, lorsqu'elle agit à l'échelle du pays tout entier, elle concrétise son action dans la proximité. Les « Restos du cœur » existent aux quatre coins de France, mais, dans la plupart des villes, ils permettent à chacun de s'impliquer dans l'aide aux plus pauvres. Un engagement plus gratifiant que l'action militante.

Un tel décalage entre le proche et le lointain se retrouve dans tous les domaines. L'individualisme boomer n'accorde sa confiance qu'à petite échelle : sa famille, son maire, son entreprise, etc. À plus grande échelle, le pays, les institutions, les valeurs, la méfiance s'installe. Cette morosité ne provoque pas seulement le dépérissement de la vie politique, elle fait naître une véritable hargne contre les institutions et ceux qui les incarnent. À toutes les élections nationales, on voit progresser les candidats « antisystème ». Leurs propositions sont secondaires, la qualité mise en avant est d'abord celle de « meilleur opposant » et, si l'opposition est radicale et générale, alors l'électeur dresse l'oreille.

Les nouveaux clivages

Pour qu'une démocratie représentative fonctionne, il doit exister une certaine homothétie entre la société représentée et le système politique censé la représenter. Avec la droite et la gauche, la république parlementaire pouvait s'y retrouver. D'un côté se pressait le monde populaire : ouvriers, petites gens, enseignants et intellectuel ; de l'autre, le monde bourgeois des villes et des campagnes, cadres, artisans, gros agriculteurs, chefs d'entreprise, etc. Avec le problème social au milieu comme enjeu de la partie. Les Français se classaient spontanément à droite ou à gauche et certains au centre, ils admettaient que tous les problèmes soient justiciables de cette dualité.

Le sentiment que cette politique duale est devenue obsolète, qu'elle ne permet plus de résoudre les problèmes du pays, n'a cessé de progresser depuis un demi-siècle. En 1974, seuls 22 % de Français étaient de cet avis. En 1988, ils étaient déjà 48 %. Ils deviennent majoritaires à 56 % dès l'année suivante. En 2017, lors de l'élection d'Emmanuel Macron, 66 % des Français considèrent que le clivage droite-gauche n'est plus pertinent. À noter que 37 % des personnes interrogées se déclarent proches des idées « de droite », 35 % des idées « de gauche ». Cela prouve deux choses. La première, que le clivage droite-gauche garde sa pertinence dans l'esprit des Français. La seconde, que l'usage qu'en font les politiciens est très largement rejeté. La génération des boomers qui est venue au pouvoir en faisant de ce binôme l'icône sacrée a brisé son jouet comme un sale gosse qui casse tout ce qu'il touche.

La première raison est certainement liée au sort de la classe politique qui porte en elle le clivage droite-gauche. Elle n'a pas compris que, en s'alignant ainsi sur les désirs immédiats des Français, elle perdait toute autorité. Elle n'était plus dans la situation du chef, mais dans celle du serviteur. Le rejet dont elle finira par faire l'objet entraînera tout naturellement celui du schéma droite-gauche sur lequel elle s'appuie. Mais il est des causes plus profondes que cette irritation, des causes qui tiennent aux changements mêmes du monde. La France gaullienne était blanche, helléno-chrétienne et enfermée dans ses frontières. Elle se déchirait entre un ordre bourgeois et un projet socialo-communiste. Au fil des ans, le pays s'est transformé plus qu'il n'était prévu.

Le libre-échange, la globalisation, l'européanisation, l'immigration, la ghettoïsation, la grande panne de l'ascenseur social, etc., posaient de nouvelles questions auxquelles l'ancien clivage ne répondait plus et que le laisser-aller boomer ne pouvait appréhender. De nombreux Français s'interrogeaient sur la souveraineté nationale ou la nécessité de protections à nos frontières. Les uns étaient de droite, les autres de gauche. Beaucoup de concitoyens ne se reconnaissaient plus dans la vieille architecture parlementaire et allaient chercher des réponses aux deux extrêmes du spectre politique. Le souverainisme comme l'identitarisme, comme le communautarisme, comme le protectionnisme, comme l'autoritarisme, comme l'égalitarisme peuvent se regrouper sous la bannière de l'extrême gauche ou de l'extrême droite, dont on oublie toujours la composante socialisante.

Une démocratie sans citoyens

Les boomers ont-ils un problème avec la démocratie ? Comment ne pas se poser la question en voyant l'état dans lequel ils ont mis le système politique dont ils ont hérité. Non qu'ils soient antidémocrates. Ils affichent leur détestation du fascisme et ne manquent pas une occasion de proclamer leur attachement à la démocratie. Cela suffit-il ? Pour un boomer, sans nul doute ; dans la réalité, certainement pas.

La démocratie ne peut se contenter de l'opposition à la tyrannie. Elle exige plus, beaucoup plus, mais, dans la génération boomer, elle ne peut plus l'obtenir. Celle-ci est tout entière au service de l'individu, de l'instant et de l'émotion, elle pratique le « moi d'abord » et le « maintenant, tout de suite », repoussant à plus tard le collectif comme l'avenir, la fraternité ou la raison. Une démocratie ne peut fonctionner sur de telles bases et nous le savons depuis deux mille cinq cents ans. Lorsque la Grèce antique invente ce système politique, elle ne le fonde pas sur l'individu, mais sur le citoyen. Celui-ci, qui représentait un petit quart de la population, jouissait de la liberté et de l'égalité, ce qui semblait invraisemblable à l'époque ; en contre-partie, et c'est le point essentiel, il était au service de la Cité. L'intérêt collectif devait l'emporter sur l'intérêt individuel. Le citoyen athénien ne pouvait l'ignorer, car il était d'abord un soldat. Certes, il participait aux délibérations, notamment sur la politique à suivre vis-à-vis des cités hostiles qui menaçaient

Athènes. Mais il avait dû acheter son équipement d'hoplite, lance, épée, bouclier, et se retrouverait sur le champ de bataille, au coude-à-coude avec ses concitoyens, pour former les phalanges qui devraient affronter l'ennemi. La démocratie passait par l'indépendance de la Cité, donc par sa défense. L'individu n'a donc conquis sa liberté qu'en se mettant au service de tous et n'a gagné de droits personnels qu'en contrepartie de devoirs collectifs. La règle est toujours la même. La guerre en moins. Il ne suffit pas de payer ses impôts pour être quitte avec la démocratie.

Son bon fonctionnement mobilise quatre personnages qui doivent cohabiter dans chaque Français : un soldat prêt à être mobilisé et à donner sa vie pour la patrie ; un électeur qui se reconnaît dans ses représentants et dans une offre politique cohérente ; un contribuable qui paye l'impôt, mais qui surveille l'usage de l'argent public et interdit gaspillages et déficits ; un citoyen qui va au-delà de la loi en s'engageant dans la vie de la Cité, en respectant les disciplines collectives, en pratiquant la solidarité. Je décris là un idéal qui était enseigné par les instituteurs de la IIIe République, mais qu'on ne retrouvait pas tel quel dans la réalité. La démocratie vécue, elle, est imparfaite, c'est sa nature, et perfectible, c'est son mérite. Elle doit donc se projeter dans un idéal inatteignable. S'il n'y a plus d'idéal, il n'y a plus de sens, plus de mouvement, rien qu'un sur-place débilitant.

Le Français du XXIe siècle ne va plus sur le champ de bataille pour donner son sang, il se précipite sur les réseaux sociaux pour donner son avis. Que devient la République lorsqu'elle ne peut plus s'appuyer sur des citoyens et qu'elle entretient un simulacre de débat démocratique ?

Le service de la France

Les Français devraient adorer cette république des boomers qui met la France à leur service. Comment ne pas préférer la Nation postgaullienne, si généreuse dans sa pratique financière, à la Nation gaullienne, si près de ses sous ? Il n'en est rien et le Français de 2020 combine la plus sombre méfiance vis-à-vis des institutions avec une confiance raisonnée pour sa situation personnelle. Sur ce point, une rupture totale s'est effectuée. Lors du changement de génération bien sûr. C'est ce que constatent les chercheurs du Centre pour la recherche économique et ses applications dans leur rapport de 2020 sur le bien-être des Français. « Les Français des années 1950 et 1960 étaient en moyenne plus optimistes quant à l'avenir du pays qu'au sujet de leur propre devenir [...]. L'inversion intervient à la fin des années 1970, quand la majeure partie de la population accède à un large panier de biens de consommation[1]. »

Voilà donc le paradoxe : les Français étaient rassurés par une France qui les mettait à son service et se trouvent en rupture avec une France qui a été mise à leur service. La république des individus, ça ne marche pas. Une impuissance que traduit le comportement des électeurs. Pour les élections législatives, la participation frôlait les 80 % en 1967, elle ne fut que de 42,6 % en 2017. L'abstention a été multipliée par deux en cinquante ans ! Aller voter, cela ne sert à rien ! Une suspicion qui s'étend à toutes les procédures mises en place par la démocratie pour que s'exprime le débat d'opinion, que s'affrontent les points de

1. Mathieu Perona et Claudia Senik (dir.), « Le Bien-être en France », Rapport 2020, Observatoire du bien-être du Cepremap, Les éditions du Cepremap, 2020.

vue contraires. Les Français ne se reconnaissent plus dans leurs représentants, n'ont plus confiance dans les partis, les syndicats, les institutions, les médias, ne veulent plus attendre les échéances électorales et encore moins sacrifier leur intérêt personnel à l'intérêt général. C'est la grande panne de la démocratie provoquée par la démagogie effrénée des boomers. Cette montée de la défiance s'est d'abord traduite dans les sondages, puis dans l'abstention. Chacun est à son propre service pour défendre ses intérêts. Avec la République ou en dehors d'elle.

La France post-68, la France des boomers, est donc malade d'individualisme, malade de n'être plus qu'une collection d'individus les uns à côté des autres et non plus un rassemblement de citoyens solidaires formant une société. Marcel Gauchet, qui est, avec Jacques Julliard, le plus subtil observateur du mal français, ne s'en tient pas à ce mot-valise d'individualisme. Il en pousse plus loin l'inventaire. Il constate que le Français veut un État surpuissant qui le protège contre les aléas de la vie, et notamment contre les virus, mais qui ne doit pas se mêler de ses affaires. « Un État social surperformant permet curieusement aux individus de mener leur vie dans leur coin, dans l'indifférence de la chose publique[1]. »

La désocialisation dans l'engagement apparaît donc comme contrepartie d'une hypersocialisation dans l'assistance. Une société s'efface, mais une autre surgit. Elle se fonde sur le choix individuel et naît des réseaux sociaux. Cette sociabilité Internet, de nature déterritorialisée, supprime l'effet de proximité qui impose à chacun la présence

1. « Marcel Gauchet : "'Le bonheur de résignation' ne peut être que passager" », propos recueillis par Étienne Campion, *Marianne*, 26 novembre 2021.

du monde dans lequel il vit. Le lien social n'est plus imposé mais choisi. Le proche n'est plus le voisin, il est le semblable, celui qui appelle les « like », celui dans lequel on se reconnaît. Une substitution qui connaît bientôt ses limites. Comme le disent les Américains : « S'il vous arrive une catastrophe, il vaut mieux, dans l'urgence, connaître votre voisin que le président des États-Unis. »

Conclusion de Marcel Gauchet : « On tend à se fabriquer une "petite société" à l'intérieur de la grande, avec des gens qu'on se choisit individuellement, tandis que la vie sociale consiste normalement à vivre avec des gens qu'on ne choisit pas. » Les Français sont aujourd'hui obsédés par la présence des étrangers dans leur pays sans voir que les premiers étrangers sont les Français, bien souvent de longue lignée, mais qui vivent à l'écart de notre système politico-social. C'est ainsi que la France s'est découvert, à la fin de 2018, une « petite société » dont elle ne soupçonnait pas l'existence : celle des Gilets jaunes.

Hors la république

Cet épisode interminable fut d'abord un désaveu de notre sociabilité républicaine, un désaveu si radical que les manifestants n'en eurent même pas conscience. Ils passaient à l'action directe sans s'interroger, comme s'ils ne trouvaient dans la société française aucune autre forme d'expression à leur disposition. Il en existe et de nombreuses, mais qui reposent toutes sur une organisation. Or ces Français, qui pour certains avaient les raisons les plus légitimes de se plaindre, récusaient toute forme d'organisation, qu'ils ressentaient comme attentatoire à leur hyperindividualisme. Ils n'entendaient pas passer par les élus, les partis, les syndicats, la presse, les pétitions ou les rassemblements autorisés pour faire entendre leur mécontentement. Ils ont donc choisi d'aller au plus direct, au plus efficace : l'occupation des ronds-points, puis les manifestations. Autorisées ou non.

La République se trouvait mise au défi, non par la colère populaire – les émeutes font partie de notre histoire –, mais par une forme nouvelle de protestation, une forme qui naissait d'un rejet de la discipline collective au nom de la liberté individuelle dans une large partie de la population. Celle-là avait tiré de son sentiment d'injustice le principe du « j'ai bien le droit de… », avec toutes les déclinaisons possibles et imaginables. Juste retour des choses, car cette « France périphérique » qui se révolte a été produite par la géographie du « laisser-faire » que pratique la république des boomers. Elle a entretenu son sentiment d'abandon sur les réseaux sociaux et n'a plus rien à faire de notre État de droit ; elle choisit ses modes d'intervention hors de tout cadre juridique. En fonction de la seule efficacité. Dans le même esprit, voire la même mouvance, les opposants à la limitation de la vitesse sur les départementales sont allés briser les radars. Façon expéditive d'ignorer le 80 kilomètres/heure. Face à des institutions vidées de leur autorité, chacun se fait justice à soi-même.

Ces anarcho-manifestants ont bien vite découvert les avantages de l'inorganisation. Grâce à la magie d'Internet, chacun s'exprime avec le sentiment d'être entendu. Il suffit pour cela de surenchérir sur l'opinion des autres. Ce qui est bien facile, puisqu'on se retrouve autour d'un même ressenti. Ainsi les revendications s'accumulent-elles sans jamais faire le total. Nous sommes, ne l'oublions pas, dans l'instantanéisme numérique. Pas question de patienter jusqu'aux échéances électorales pour mêler son bulletin de vote à quelques millions d'autres. Cette retenue, difficile dans le temps politique, devient impossible dans le temps numérique. Les Gilets jaunes ont depuis longtemps relégué les contraintes de l'ordre parlementaire au magasin des invendus. Qu'ils aient connu dans leur existence quotidienne d'insurmontables difficultés et ressenti la brutale augmentation des carburants comme une agression, c'est un fait. Les premières études sociologiques ont montré que les sociabilités de voisinage, villageoises, qui mettaient en forme ce mécontentement se sont débilitées et que les ronds-points ont été des instances de resocialisation. Bref, ce mouvement sans racines ne vient pourtant pas de nulle part, il a spontanément adopté la nouvelle mentalité de la génération des boomers.

L'inorganisation appuyée sur l'espace numérique a rendu le mouvement insaisissable. Il n'existait ni instances ni leaders, rien que d'occasionnels porte-parole sans aucune légitimité. La République, qui n'a cessé de tout institutionnaliser, se trouvait confrontée au défi absolu. Comment dialoguer sans interlocuteur ? Autant attaquer le bouillon à la fourchette ! Nos maîtres-penseurs n'avaient pas imaginé que, à préférer l'individu au citoyen, la République en viendrait là.

La manif du samedi n'a pu s'imposer comme un rituel pendant une année qu'en raison du soutien populaire dont elle a si longtemps bénéficié. C'est assurément l'élément le plus significatif de cet épisode. En 2018, le soutien est massif, presque unanime, à hauteur de 75 %. Les Français, qui sont toujours du côté des mouvements revendicatifs, trouvant sympathique et justifiée cette colère populaire, ne sont pas choqués par les formes que prend cette action.

Il existe dans notre tradition un « droit de la colère » qui justifie les mauvais moyens pour une bonne fin. Tel était le cas aux yeux de nombreux Français.

Emmanuel Macron sort le chéquier et se démène pour débattre. Que pourrait-il faire de plus ? Pourtant, un an plus tard, le mouvement continue, soutenu par la moitié de l'opinion, alors que nul n'en voit plus le sens et la nécessité. Il poursuit sur sa lancée, alimenté par une rage irrépressible contre le chef de l'État, mais aussi contre le gouvernement, le Parlement, les partis, bref, contre la République.

Voilà la première manifestation de cette nouvelle opinion française dont l'humeur colérique se suffit à elle-même. Elle n'a besoin ni d'une organisation, ni d'une cause particulière, ni d'un objectif revendicatif pour protester. La France et son élite sont, par elles-mêmes, un objet d'exécration qui justifie la révolte en tout lieu et en toute occasion. Sur cette seule motivation, c'est une moitié des Français qui soutient toute forme de revendication. Et peu importe que le mécontentement soit provoqué par le prix du gazole ou par le pass sanitaire.

L'individu contre le citoyen

Il faut reconnaître que notre société nourrit une forte contradiction entre le politique et le social. D'un côté, elle a besoin que le citoyen dépasse le seul intérêt égoïste de l'individu, mais, de l'autre, notre système économique, lui, veut un producteur-consommateur et pas un philanthrope. En effet, le marché a pour acteur principal l'*Homo œconomicus,* qui calcule à chaque instant pour maximiser ses gains ou minimiser ses coûts. L'économie de marché, qui a si fortement pénétré la France au cours des dernières décennies, repose sur ce comportement de base qui réduit le rôle de l'État à la surveillance du marché et la valeur de l'homme à son prix. Mais si cet *Homo œconomicus* prenait la place du citoyen, si la recherche de l'intérêt individuel devenait le seul ressort des Français, alors toute notre protection sociale se trouverait remise en cause et l'on ne miserait plus que sur la dynamique libérale.

Cet arbitrage entre le social et l'économique n'est pas dans le tempérament des Français, qui n'entendent pas réduire leur demande d'État lorsque le marché étend son empire. Ainsi en arrive-t-on à cumuler les inconvénients de la social-démocratie – avec une bureaucratie étouffante et des prélèvements accablants – et de l'ultralibéralisme – avec une société qui se défait, se déchire, s'archipélise, selon l'expression à la mode, et des corporations qui se sentent dévalorisées. Nous payons comme des Scandinaves pour être servis comme des Américains. À ce double jeu, la démocratie n'a cessé de régresser. Non pas dans les institutions, mais dans les esprits.

Idéologiquement, les boomers et leurs héritiers en arrivent à dévaluer et contester toutes les valeurs et institutions républicaines avec les deux emblèmes de Mai 68, l'étudiant qui entend « interdire d'interdire » et le syndicaliste intraitable exigeant toujours plus. Le binôme conduit à ne se satisfaire jamais des prestations reçues et s'indigner toujours des règlements imposés, à ne jamais croire les approbations, à n'accorder foi qu'aux dénonciations. La relation avec l'État devient alors totalement incohérente. Les boomers attendent tout d'un État présumé incompétent, malfaisant et corrompu, chacun ne connaissant que son intérêt individuel et ignorant le bien commun. Ce bouquet de sentiments incohérents peut conduire à contester le vaccin, puis, cédant à la peur de la maladie, à se faire vacciner par nécessité.

Il y a peu de temps encore, les Français vivaient sur cette évidence : « Comment pourrait-on ne pas être démocrate ? » Au terme de l'épisode boomer, c'est l'interrogation inverse qui gagne leurs esprits : « Comment peut-on encore être démocrate ? » Une question lourde de menace quand les formations populistes attirent jusqu'à la moitié des électeurs. Sondage après sondage, on ne trouve guère que la moitié d'entre eux pour estimer que la démocratie fonctionne bien dans notre pays. Un sentiment qui ne se limite pas à un désir de réforme. Dans un sondage IFOP d'octobre 2018, 41 % des personnes interrogées accordent leur préférence à un régime autoritaire. Inutile de chipoter sur d'éventuels biais de l'enquête. Ce genre de question revient à peu près tous les ans sous une forme ou sous une autre et les réponses favorables à un régime musclé varient entre 50 % et 40 %. L'opinion craint que la démocratie ne soit pas à la mesure des crises qui sont devant nous. Un tel doute s'était emparé des Français dans les années 1930, mais on pouvait penser qu'il n'avait plus sa place au XXIe siècle. Erreur totale, quand la démocratie est prise en main par des boomers, il n'est pas besoin d'une catastrophe supplémentaire pour qu'elle soit en grand danger.

La priorité donnée au particulier sur le collectif, à l'intérêt individuel sur le bien commun, crée un sentiment général de délégitimation, une perte de confiance dans les valeurs et l'action de la société. Dominique Schnapper a justement relevé cette dérive en pointant « le risque pour la démocratie de devenir "extrême" à force de vouloir repousser les limites de la liberté et de revendiquer sans limite, au-delà de l'égalité juridique, l'égalité des conditions sociales. La critique radicale des institutions et le refus des contraintes liées au collectif ébranlent la démocratie représentative et risquent de conduire au délitement des démocraties en général[1] ».

Il est vain de tenter ici une lecture politicienne. Ce changement ne résulte pas d'une doctrine ou d'une théorie, disons que c'est dans l'air du temps, celui d'une génération. Dans l'ordre des priorités, le boomer a placé le particulier sur la plus haute marche et ravalé le collectif aux étages inférieurs. « Tous pour moi et moi pour moi. »

La démocratie, nous l'avons vu, s'accommode mal d'une telle démagogie individualisante. Pour réussir, elle doit s'appuyer sur un citoyen soucieux du bien commun et construire une république qui propose en alternative les choix fondamentaux sur une base réaliste. Les boomers, faisant tout le contraire, ont peuplé la France de clients mécontents qui assaillent le bureau des réclamations. Que feront-ils quand il faudra sortir du « quoi qu'il en coûte » et payer au vrai prix le travail que l'on fait, les produits qu'on importe et le crédit que l'on demande ?

On ne manquera pas d'objecter que cet individualisme égoïste est d'abord le fait des riches et que c'est par l'égalité que l'on retrouvera le citoyen. C'est oublier que la société française est une des plus socialisées au monde et que la relation n'a rien d'évident entre le civisme et l'égalité.

Au nom du peuple

Le régime démocratique n'est évident que le temps d'une formule : « Gouvernement du peuple, par le peuple et pour

1. « Dominique Schnapper, "L'antisémitisme révèle la crise de la démocratie" », propos recueillis par Marie-Laetitia Bonavita, *Le Figaro*, 10 janvier 2022.

le peuple. » Sitôt que l'on veut passer à l'application, tout se complique, devient inextricable. Ce « par le peuple » pose une double question. Comment les dirigeants peuvent-ils « être le peuple » ? Comment leurs décisions peuvent-elles être « la volonté populaire » ? La réponse la plus simple consiste à supprimer le problème en pratiquant la démocratie directe. De tels régimes ont fait leurs preuves. Ils conduisent tout droit à la dictature des minorités activistes. On le sait depuis 1793 et la Terreur, mais la leçon n'a pas été retenue et la classe dirigeante ressent le tropisme de la démocratie directe comme les socialistes ressentaient le tropisme du communisme dans les années 1950-1980. De ce fait, la démocratie représentative, la seule qui ait vraiment fait ses preuves, semble toujours moins pure, moins démocratique, que « l'appel au peuple, à la base ». Reste que cette conflictualité qui légitime la vie républicaine est délicate à organiser et à faire fonctionner. Les boomers l'ont à ce point malmenée qu'elle a fini par tomber en panne.

Croire qu'il suffit du suffrage universel pour fonder la démocratie est une blague. Pour passer de « par le peuple » à « au nom du peuple », il ne suffit pas d'élire des représentants, il faut dégager une volonté générale, disons majoritaire. Si chacun donne son avis hors de toute organisation, la confusion seule peut sortir de ce brouhaha. L'impuissance de la spontanéité fut parfaitement illustrée par les Gilets jaunes, qui ne surent rien faire de l'énorme soutien populaire dont ils bénéficièrent. La vie politique doit s'incarner dans des partis ou des leaders que le peuple reconnaît et l'énergie collective doit se structurer dans des projets politiques crédibles.

Pour faire naître cette volonté générale, ou disons majoritaire, de Gaulle misait sur le rassemblement autour d'un leader. Ce régime présidentiel que porte la Constitution de 1958 n'a guère survécu au père fondateur. Ses successeurs sont revenus au régime des partis, par excellence celui des boomers. Ce système fonctionne à la satisfaction générale dans de nombreux pays. Peu importe le nom que l'on donne aux deux camps, droite ou gauche, conservateurs ou progressistes, démocrates ou républicains, il s'agit dans tous les cas d'opposer un projet de société qui privilégie l'ordre établi, le conservatisme moral, la gestion rigoureuse, à un autre qui conteste le statu quo au nom d'un progrès social et pas seulement économique, qui recherche une plus grande justice, une égalité effective, etc. La droite mise d'abord sur « le droit de... », suivi de toutes sortes de verbes : droit de s'exprimer, de s'instruire, de se loger, de travailler, d'entreprendre, de s'enrichir, etc. La gauche passe au « droit à... », suivi des revendications les plus diverses : droit à l'école, droit à l'instruction, droit à l'emploi, droit au logement, droit au revenu, etc. L'État n'est pas seulement le gendarme qui surveille, il devient la Providence qui assiste. Un système ne demande pas moins d'efforts et de discipline que l'autre, ici les contraintes du marché et là celles d'un État socialisant. Les boomers, eux, ont mis en place un État-providence d'une générosité sans pareille, qui offre tout, sans rien imposer. C'est la politique sans peine qui, en une quarantaine d'années, a épuisé la partitocratie.

Le néogaullisme macronien

Nous en étions là en 2017, lorsque l'objet politique non identifié Macron vint démontrer que « les partis sont morts » avec la spontanéité de l'enfant qui affirme : « Le roi est nu. » Bienheureuse surprise ! Son irruption totalement imprévue nous a sans doute évité que l'alternative partis de gouvernement-partis populistes ne débouche sur une victoire de ces derniers. Il a su voir que le système des partis n'était pas le seul possible dans les institutions de la Ve République, qu'il y avait toujours place pour le rassemblement autour d'un leader comme l'avait voulu le général de Gaulle. La partitocratie était si bien installée que, lorsque le jeune ambitieux annonça sa candidature, toute la classe politique se récria : « Il ne peut pas gagner, il n'a aucun parti ! » Elle en était d'autant plus convaincue qu'elle tenait la République par l'argent. Le financement public de la vie politique, s'il avait eu le mérite énorme de mettre fin, en théorie du moins, au scandale permanent du financement privé, avait eu pour contrepartie de fermer le jeu parlementaire. Les partis recevant les subventions en proportion de leurs résultats électoraux, les nouveaux venus qui n'avaient droit à rien ne pouvaient pas se lancer. La politique devenait plus que jamais le monde de l'entre-soi.

La présidentielle de 2017 représente bien pour la Ve République un retour à son origine gaullienne. Cela semble curieux, car Emmanuel Macron est assurément plus proche de Valéry Giscard d'Estaing que du père de la France libre. Pourtant son élection porte un coup terrible aux partis qui s'étaient partagé le pouvoir dans les années 1970.

Ce retour aux origines se faisait sous les meilleurs auspices. Entre toutes les démocraties représentatives, la Ve République est sans doute la seule qui, par sa personnalisation outrancière, permettait une conquête du pouvoir en dehors des partis politiques. Une perspective qui pouvait inquiéter, car, de l'Amérique à la Pologne, on voyait un peu partout les peuples manifester une nette attirance pour tous les populistes. Et voilà que la France, qui connaissait aussi ce vertige démagogique, choisissait un très jeune chef d'État à l'opposé des tribuns nationalistes. Emmanuel Macron faisait de l'Union européenne la solution, alors que tous les nationalistes en faisaient le problème ; il ne misait pas sur le maintien du statu quo ou le retour aux valeurs traditionnelles, mais sur la dynamique d'une société qui se remettait en marche. C'était bien vu et la prise de pouvoir très gaullienne et très réussie laissait espérer que notre pays allait sortir de la sclérose provoquée par la génération des boomers. La France se redonnait un avenir.

Mais l'opération commando qui a permis d'enlever l'Élysée s'est révélée beaucoup trop légère pour assurer le gouvernement du pays. L'exercice du pouvoir, la confrontation avec la réalité mirent à rude épreuve les espérances du printemps. L'état de grâce ne dura pas une année. La nouveauté, qui avait flatté le sentiment antisystème, devint de l'inexpérience, les équipes resserrées, qui avaient fait merveille pendant la campagne, n'avaient aucune prise sur la population, le chef de l'État flamboyant se fit taxer d'arrogance et heurta l'opinion avec ses formules à l'emporte-pièce. Les Français, qui avaient été séduits et bluffés par l'audace du fort en thème à qui tout réussit, se reprirent et, dans l'opposition, la haine pour l'homme à qui rien ne résiste l'emporta sur la critique de sa politique. C'est alors que s'abattirent sur ce quinquennat trois crises majeures : les Gilets jaunes, le Covid et la guerre d'Ukraine, qui brisèrent net la dynamique réformatrice.

Une catastrophe pour le pouvoir en place, mais une divine surprise pour l'opposition, qui trouvait dans ces crises majeures l'occasion de se refaire une santé. Les politologues attendaient la reconstruction et la réhabilitation des formations traditionnelles. Ils en furent pour leur frais. La gauche, qui avait été la plus malmenée, se révéla incapable de reconstituer un grand parti à vocation majoritaire ; en face, la droite, qui avait été brisée par l'affaire Fillon, reconstitua autour des Républicains une puissante formation qui pouvait miser sur l'alternance. Les primaires firent naître des espérances qui ne résistèrent pas à la campagne. Et les deux partis à vocation majoritaires se retrouvèrent brisés au terme de la séquence électorale.

Avec une majorité d'abstentionnistes, un énorme parti central sur lequel se greffent des partis croupions à droite ou à gauche, et des formations populistes menaçantes de l'un et l'autre bord, l'offre politique devient illisible pour le corps électoral et les dirigeants n'auront jamais qu'une légitimité trop faible pour diriger un pays si mal en point.

En devenant le régime des boomers, la Ve République a prouvé, dans le champ politique comme dans quantité d'autres, la remarquable aptitude d'une génération à déconstruire, puis détruire la France, non pas seulement dans les logorrhées de philosophes en colère, mais hélas ! dans la réalité. La République française est en morceaux et l'on risque de chercher longtemps un homme non pas providentiel, mais nécessaire, ou un parti pour la reconstruire.

CHAPITRE 8

Les enfants gâtés de l'histoire

C'est une évidence à ce stade de notre exploration : notre histoire contemporaine est marquée par la rupture des années 1970. Celle qui nous a fait basculer des Trente Glorieuses aux Trente Piteuses dont nous ne sommes toujours pas sortis.

Quelle peut être la cause d'une telle rupture ? Nous n'avons subi aucune crise majeure – les chocs pétroliers, toujours invoqués, ne furent jamais que des aléas de la conjoncture –, aucun changement traumatisant. Tout au contraire. L'avenir nous était donné, il n'était que de le faire vivre pour que la France reste elle-même, cela pouvait se faire en conservant la maîtrise de nos finances, de notre pacte social, de notre volonté industrielle, de notre exigence intellectuelle, bref, en vivifiant nos atouts. Au lieu de quoi, la nation prospère des années 1960 perd toute volonté et s'engage irrésistiblement sur cette pente pernicieuse dont elle n'a jamais pu sortir.

D'où vient qu'une politique qui avait prouvé son efficience ait été abandonnée ? Tout au long de ces années, je me suis insurgé contre ce laxisme dont la cause n'était ni étrangère ni circonstancielle, mais se trouvait dans cette nouvelle génération qui prenait le pouvoir et mettait la France à son service.

Le décalage entre le cours des événements et l'évolution catastrophique du pays pose question comme le naufrage inexpliqué d'un paquebot par temps calme. Il était naturel, inévitable autant que nécessaire de changer le rythme et même la nature de notre croissance. Si notre niveau de vie n'avait jamais dépassé celui des années 1980, cela ne traduirait en rien un échec civilisationnel. Au contraire. Il aurait fallu, depuis longtemps déjà, abandonner notre fuite en avant dans le progrès quantitatif, pour faire naître une société plus solidaire dans l'immédiat, plus équilibrée dans la durée, plus harmonieuse entre l'homme et la nature. Notre échec tient précisément à ce que nous avons perdu notre rang dans la compétition industrielle sans être capables de prendre le virage postindustriel. Il nous fallait évoluer, nous n'avons su que régresser, et l'exemple de pays comparables montre que cela ne tient pas seulement à une fatalité mondialiste. Nous y avons aussi pris notre bonne part. Le changement s'est opéré dans les têtes bien plus que dans les faits, en somme, dans le passage d'une génération à l'autre. Les boomers arrivent au pouvoir et instaurent le nouveau monde. Il restera le nôtre pendant un demi-siècle. Nous savons désormais qu'il s'agissait d'une parenthèse, car elle s'est refermée en 2020, et c'est la fermeture qui fait la parenthèse.

« Bien que » ou « parce que »

L'océan de l'histoire est tragique, on le sait. Il enchaîne les guerres, les épidémies, les catastrophes, les violences de toutes sortes, et décrit une lutte permanente des peuples pour la survie. Vivre le pire en espérant le meilleur, cela s'appelle la condition humaine, c'est notre lot, nous devons l'accepter. Sans conditions. Dans cette saga tempétueuse, les périodes calmes pendant lesquelles l'homme n'est pas constamment menacé font figure d'exceptions. Renversons ici la perspective : les boomers ont-ils été mauvais « bien qu'ils aient été favorisés » ou « parce qu'ils ont été favorisés » ? N'est-ce pas cette période trop heureuse, ce hasard historique dont ils ont bénéficié, qui s'est retourné contre eux, les rendant inaptes à transmettre l'héritage, les réduisant à ne savoir que le dilapider ? On appelle cela la « rançon du progrès », on pourrait dire aussi « la rançon du succès » – en l'occurrence, elle nous a coûté plus qu'une défaite. Pour mesurer l'anomalie d'une situation, rien ne vaut que partir de sa remise en cause.

La prise de conscience n'est venue qu'au début des années 2020, avec la pandémie du Covid, puis avec la guerre d'Ukraine. Tout à coup, l'horreur des temps nouveaux faisait du passé récent, celui que nous avons vécu dans une acrimonie permanente, une période de bonheur. Cela n'aurait pas surpris une humanité qui a toujours vu dans la paix l'entre-deux-guerres, dans la santé l'entre-deux-maladies, dans le ciel bleu une accalmie avant l'orage ou la sécheresse. Ce fut, au contraire, un profond traumatisme pour les boomers et leurs descendants, qui avaient éliminé le pire de leurs représentations.

Des questions se posent : quelques années de répit peuvent-elles changer les hommes ? Que se passe-t-il lorsque l'accalmie se prolonge pendant des décennies ? Lorsque les drames historiques ne sont plus que de lointains souvenirs ? C'est alors que le présent cesse de se juger en fonction du passé, qu'il perd ses ombres et devient lisse comme le seul possible. Les malheurs appartiennent aux temps anciens, irrémédiablement révolus, nous n'avons à gérer que les petits ennuis de l'actualité.

Nous en étions là lorsque le coronavirus nous a attaqués, puis Vladimir Poutine a envoyé ses chars en Ukraine. C'est alors seulement que nos certitudes sont restées prisonnières de la parenthèse qui se refermait. L'épisode boomers a reposé sur une imposture. Celle de croire que la paix, la prospérité, la santé étaient acquises pour toujours, qu'elles n'étaient plus à conquérir, que la vie à crédit pourrait se poursuivre éternellement.

La défense offre le plus bel exemple de cet assoupissement, cette perte de vigilance que produisent les années de vaches grasses et de paix garantie. Depuis toujours, les hommes savent que la paix n'est pas gratuite. « *Si vis pacem, para bellum* » : l'adage latin (« Si tu veux la paix, prépare la guerre ») est encore dans les têtes. Pourtant, lorsque le Mur est tombé, que l'URSS s'est dissoute, l'Europe tout entière n'a eu qu'une idée : « Toucher les dividendes de la paix. » Il était entendu que les budgets militaires n'étaient que de l'argent gâché, de l'argent qui serait bien mieux employé à mettre du beurre dans les épinards. En l'espace de quelques années, les forces armées européennes n'ont plus servi qu'à faire la parade ou fournir des Casques bleus à l'ONU. La France seule, tenue par son socle gaulliste, son image historique, son passé impérial et ses prolongements outre-mer, conserva une armée opérationnelle qui n'a cessé de mener des opérations extérieures. Qui est devenue, de fait, l'armée européenne.

Lorsque Poutine a massé son armée à la frontière ukrainienne, les « puissances » européennes et l'Amérique lui ont laissé le champ libre en annonçant qu'elles n'interviendraient en aucun cas. Pouvaient-elles dire autre chose ? Elles avaient préféré le confort aux armements. À l'heure du conflit, elles étaient désarmées. Il ne restait aux Ukrainiens qu'à défendre leur patrie sous le regard bienveillant de leurs voisins. Si l'Europe n'avait pas cédé à l'illusion pacifiste, si elle avait compris que la paix doit se défendre, elle aurait aligné de véritables armées, prêtes à se battre, et Poutine aurait sans doute reculé. La paix aurait été préservée.

Voilà un exemple très caractéristique des risques qu'une conjoncture heureuse peut faire courir. En l'absence d'ennemis, les peuples se désarment. Il en va de même sur le plan sanitaire. Ayant joui de quelques années sans épidémie, la France détruisit tout son arsenal, notamment de masques, alors que les pays asiatiques, plus durement frappés, surent mieux que nous résister à l'attaque du Covid. Bref, le bonheur peut être pour les peuples un aussi grand danger que le malheur. C'est la grande leçon à tirer de la parenthèse boomers.

Qui paiera les sanctions ?

Mais l'histoire ne se termine pas avec notre incapacité militaire face à Poutine, elle commence. Faute de pouvoir répliquer avec des moyens militaires, les puissances occidentales ont décidé d'utiliser les armes économiques en lançant une politique de sanctions. Dans la guerre économique ainsi déclarée, comme dans toute guerre, on ne porte pas des coups sans en recevoir. C'est-à-dire que les sanctions ne manqueront pas de se retourner contre nous. Et plus elles seront fortes, plus les contrecoups seront pénibles, sous forme de hausses de prix, de pénuries, de chômage, etc. Tel sera le prix à payer pour le soutien aux Ukrainiens.

Certains hommes politiques, notamment à l'extrême droite, trouvent ce prix trop élevé et prétendent limiter les sanctions à celles qui ne pénaliseraient pas les Français, autant dire à celles qui ne gêneraient en rien Vladimir Poutine. Par chance, ce populisme démagogique reste minoritaire dans l'opinion. Selon un sondage Elabe pour *Les Échos*, Radio Classique et l'Institut Montaigne du 1er mars 2022, 60 % des Français souhaitent, au contraire, un durcissement de ces sanctions, tout en sachant qu'elles auront des conséquences fâcheuses pour la France.

L'attitude est revigorante, mais il ne s'agit encore que de déclarations, d'opinions. Qu'en sera-t-il lorsque les Français devront payer les carburants, l'électricité, la baguette de pain ou les pâtes à des prix « ukrainisés » ? Lorsqu'ils verront des entreprises obligées de licencier ? Accepteront-ils de supporter le contrepoids des sanctions ? On peut s'interroger, car leurs réactions ont toujours été en sens contraire, et il n'est pas certain qu'ils se soucient plus de l'Ukraine que de la planète.

Le renchérissement de l'énergie depuis le début de 2022 a été ressenti comme un intolérable scandale. D'un seul élan, le chœur protestataire s'est écrié : mais que fait l'État ? Comment peut-il laisser de telles hausses à la charge des consommateurs ? Ne devrait-il pas en assumer le coût ? Face au tollé qui montait, le président-candidat entreprit de faire payer l'État, c'est-à-dire nos enfants, pour réduire l'augmentation de l'électricité, du gaz et des carburants. Cette protection du pouvoir d'achat, qui semblait la moindre des choses, a tout de même coûté près de 30 milliards d'euros au mois de mars, avant même que les embargos n'aient produit tous leurs effets. Jusqu'où l'État pourrait-il mener cette politique compensatoire ? Personne ne répond, car personne ne s'interroge sur le nom du payeur en dernier recours.

Faudra-t-il de même faire payer par l'emprunt le coût des sanctions contre l'agresseur des Ukrainiens ? Les Français feront-ils « la guerre économique » annoncée précipitamment par le ministre de l'Économie dans leur fauteuil en regardant la télévision, aux frais de leurs enfants ? Accepteront-ils, au contraire, de supporter le prix de leur engagement contre Poutine ? Une telle attitude représenterait une rupture avec la mentalité des boomers, qui exige de l'État-providence une protection universelle contre tous les aléas, toutes les fluctuations, tous les drames imaginables et, surtout, inimaginables.

Souvenons-nous que le prix des carburants a marqué le changement d'époque dans les années 1970, lorsque Georges Pompidou n'osa pas répercuter sur les consommateurs l'augmentation résultant du premier choc pétrolier. Cinquante ans plus tard, nous rejouons exactement la même séquence avec Emmanuel Macron dans le rôle de Pompidou. Une France qui compte quatre fois plus de voitures, qui s'est alourdie de 3 000 milliards de dettes, et dont les habitants entendent toujours que leur pouvoir d'achat soit à l'abri de l'incertitude économique. Il faut donc repartir de cette mentalité française que la génération boomer a trouvée dans son héritage pour comprendre le changement de cap intervenu à cette époque.

Les Français des Glorieuses

À s'en tenir aux statistiques, nous l'avons vu, il s'est produit une incroyable baisse des performances économiques entre la France gaulliste et celle des boomers. Le pays semble avoir perdu son énergie, son art de vivre ensemble. Le passage des aînés aux cadets peut-il ainsi briser l'élan d'un pays ? La rupture est si forte qu'il faudrait imaginer une génération « Tant que ça peut », enthousiaste et infatigable, relevée par une génération « Faut pas pousser », qui veut toujours gagner plus en travaillant moins. C'est invraisemblable. Les plus jeunes ont été éduqués par les plus anciens. Il existe une continuité et pas une brutale rupture dans l'enchaînement des générations. Il faut reprendre cette histoire en confrontant les faits et les mentalités, en ne se demandant pas seulement : « Que s'est-il passé ? », mais : « Comment cela a-t-il été vécu ? » Ayant traversé ces épisodes, je peux comparer l'histoire telle que l'analysent les statisticiens à l'histoire telle que l'ont vécue des contemporains. De l'une à l'autre, le décalage m'apparaît immense.

Il est toujours difficile de s'interroger sur le sort des enfants gâtés, d'autant que, de la meilleure bonne foi du monde, ils oublient les cadeaux qu'ils ont reçus. C'est particulièrement vrai pour les boomers, qui, de la moindre contrariété, font une intolérable souffrance. Ils ont été les enfants des Trente Glorieuses. Un épisode sans précédent. Tout au long de ces trois décennies et jusqu'en 1974, la société française filait à 5 % par an : 5 % de croissance pour la production, 5 % d'augmentation pour le niveau de vie et 0 % pour le chômage. À ce rythme, le revenu moyen doubla en moins de vingt ans ; surtout, les conditions de vie changèrent du tout au tout. Les Français, qui, au sortir de la guerre, vivaient encore dans le monde du XIXe siècle, pénètrent en l'espace de quelques années dans le confort moderne : salle de bains, eau chaude, machine à laver, télévision, automobile. Le confort apparut alors même que le chômage disparut. Tout un pays bascula dans le XXe siècle. Les boomers vivèrent cette mutation dans leur enfance ou leur adolescence. C'est dire qu'ils ne gardaient pas le souvenir de la période précédente avec les toilettes sur le palier, l'eau froide au robinet, les cuisinières au charbon, les grosses lessiveuses et la famille réunie autour du poste de TSF.

Si l'on prend l'histoire en 1967, nous voyons une Ve République qui a trouvé son régime de croisière et n'a plus aucun obstacle devant elle, nous voyons aussi des Français qui n'ont pas conscience de traverser une époque particulièrement heureuse. Ils ont fait de gros efforts, ont beaucoup travaillé et voient dans l'augmentation du niveau de vie un droit durement acquis. Au reste, d'un sondage à l'autre, ils vont répétant que leur niveau de vie baisse ! Avec le recul, l'historien constate la mutation qui s'est opérée au cours de ces années, les contemporains, eux, furent plus sensibles à la continuité qu'au changement. Ils sont toujours insatisfaits, autant que revendicatifs, et la popularité qu'ils accordent à de Gaulle ferait pâlir d'envie la plupart de ses successeurs, même si celle-ci n'est pas à la mesure du personnage. Guillaume Tabard s'est livré dans *Le Figaro* à un exercice très significatif. Il a comparé la popularité des présidents de la République dix-huit mois avant la fin de leur mandat. De Gaulle, qui capitalise encore sur la fin de la guerre d'Algérie, devrait l'emporter haut la main. Or François Mitterrand et Jacques Chirac feront sensiblement mieux que lui : 51 % pour le

Général en 1964, contre 57 % pour François Mitterrand en 1986 et 55 % pour Jacques Chirac en octobre 2000. Un sondage qui annonce la mise en ballottage lors de la présidentielle de 1965 et le référendum perdu de 1969. Les Français ne sont pas du tout éberlués par cette histoire apaisée, par les performances de l'économie, ce n'est que le minimum syndical, comme ils le feront savoir en Mai 68.

L'histoire se fait actualité

Après le drame algérien, l'histoire se banalise, l'actualité devient prosaïque et les Français passent des aspirations aux revendications, au moment même où de Gaulle parvient à asseoir la « grandeur » de la France sur la scène internationale. « Les glorieuses années 1960, emportées dans la course à la croissance, ont fait plus d'insatisfaits que d'heureux, remarque l'historien Michel Winock. Il faut du recul pour apprécier les progrès accomplis ; sur le coup, on ne ressent que ses frustrations propres, les inégalités des gains en niveau de vie, l'impression personnelle de n'avoir droit qu'aux miettes de l'expansion[1]. »

Preuve de cette grogne souterraine, les élections législatives de 1967 faillirent être remportées par la gauche. Le général de Gaulle aurait-il accepté la cohabitation ? La question n'est pas posée, mais les partis préparent l'après-gaullisme. Valéry Giscard d'Estaing prend ses distances, François Mitterrand prend la posture, Jacques Chirac prend le départ et le chef de l'État prend de la hauteur, proclamant plus que jamais l'indépendance de la France en Europe ou au Québec.

1. Michel Winock, « De Gaulle et les Français », *L'Histoire*, février-avril 1998.

Bref, tout est banal, hormis cette extraordinaire croissance qui, telle la vitesse pour les voyageurs du TGV, est omniprésente et nulle part ressentie. Mais le présent est emporté dans une dynamique qui donne la priorité au devenir de la France sur le quotidien des Français. Dans tous les sondages, ceux-ci affirment à une très large majorité leur foi dans le progrès. Leurs enfants vivront mieux qu'ils n'ont vécu, cela ne fait aucun doute. L'avenir est le premier de tous les droits acquis. La croissance nous mène vers la prospérité, les catastrophes se situent dans les temps anciens, les grandes crises ne sont plus possibles, les guerres appartiennent au passé et la science nous protège des cataclysmes naturels. L'histoire n'est plus tragique, mais est-ce encore l'histoire ? Tout au plus de l'actualité.

Dans cette perspective, Mai 68 prend toute sa signification. Par leur révolte, les jeunes prouvent que, à leurs yeux, le progrès est irréversible. La consommation est un fait acquis, la croissance aussi. Elle se satisfait à elle-même, pourvu qu'elle soit sans limites.

Le paradis de l'ennui

La révolte de Mai 68 ne s'est pas produite n'importe quand. L'époque qui l'a vue naître est restée à tout jamais enchâssée dans la phrase de Pierre Viansson-Ponté : « Quand la France s'ennuie. » Le chef du service politique du *Monde* en avait fait le titre d'une chronique publiée le 15 mars 1968 sur l'état du pays. Rétrospectivement, les commentateurs y virent l'exemple même des erreurs que peuvent commettre les meilleurs observateurs. Comment parler d'ennui, alors que gronde la formidable colère qui va soulever le pays deux mois plus tard ? Critique absurde. Viansson ne propose pas une analyse prospective de la France, mais une image instantanée. Et celle-ci est parfaitement résumée dans ce mot d'ennui. Alors que le général de Gaulle se donne du mal pour affirmer la présence de la France dans les drames du monde, rien n'y fait. Les Français découvrent l'automobile, la télévision et la baignoire, et se soucient fort peu de l'Europe et du Vietnam. Après un siècle d'agitation politique, le pays s'est doté d'institutions stables qui excluent les surprises, les coups de chien. La dynamique économique tue la contestation sociale. C'est à bâiller d'ennui. Au demeurant, la France sera la grande absente des événements de Mai 68. Ni les gauchistes, ni les étudiants, ni les ouvriers, ni les syndicats n'y font la moindre allusion. Elle n'est ni contestée, ni admirée, simplement oubliée.

Ces jeunes gens qui vont se défouler sur les barricades n'en ont plus rien à faire, de cette France incarnée dans un vieux général. Quant aux ouvriers, ils ont trouvé que la lutte des classes peut payer. La France a perdu en caractère ce qu'elle a gagné en confort. Le spécifique passe de l'essentiel à la décoration, de l'histoire au folklore et du patriotisme au tourisme, tandis que l'universel glisse des droits de l'homme à la salle de bains, de la culture à la télévision. Le récit national haletant, exaltant, épique, dramatique, tintamarresque, picaresque, se décline en prospectus, en programmes, en organigrammes, en modes d'emploi, en catalogues offrant un prêt-à-vivre dont l'universalité n'est pas intellectuelle, mais industrielle. La France était dans l'histoire, les Français en sont sortis pour acheter au grand bazar de l'instant présent toutes les distractions *made in anywhere* – sans savoir qu'ils vivaient dans une parenthèse appelée à se refermer.

L'ennui ne s'oppose pas à la distraction, mais à l'engagement, et celui-ci naît plus volontiers de l'épreuve que du bonheur. Les peuples qui sont à la peine pour se nourrir, pour se défendre, pour réaliser de grands projets, ne se posent la question ni du bonheur, ni de l'oisiveté. Le service de la collectivité suffit à remplir leurs vies. Les peuples qui se laissent vivre, en revanche, doivent s'inventer sans cesse des distractions, projets grandioses, guerres de religion ou conquêtes coloniales, pour ne pas sombrer dans la mélancolie du désœuvrement. Les Français ne sont en rien exaltés par « la grandeur » de la France que poursuit le chef d'État, ils ne sont pas dans la géostratégie, mais dans l'économie du quotidien. Quant à la jeunesse, elle s'offrira en mai 1968 une émeute pour soigner son ennui.

Le droit au progrès

La France des années 1970-2020 était, en définitive, fort peu politisée. Elle avait connu avec la guerre d'Algérie une hystérisation politique qui, seule, pouvait mener au pouvoir une personnalité aussi forte que le général de Gaulle. La paix revenue, les partis souhaitèrent renvoyer le connétable à Colombey-les-Deux-Églises et revenir au système parlementaire des républiques précédentes. Mais ils s'étaient trop précipités et ne réussirent qu'à conforter la république gaulliste qui poursuivait sur sa lancée avec l'élection du chef de l'État au suffrage universel. Les Français se laissaient porter par un système économique qui assurait une expansion sans fin. Ils n'attendaient plus de la France qu'une garantie en dernier recours contre les aléas de l'économie. Dans ces temps apaisés, le quotidien l'emporte sur le destin.

Le personnage démesuré du père fondateur crée un effet de rupture entre la France pionnière des années 1960 et la France rentière des années 1970. Pour les Français, c'est la continuité qui domine. Ils n'impulsaient pas la France gaulliste, ils ne faisaient que suivre le mouvement. Par la suite, l'identité citoyenne se dissoudra dans l'individu, devenu son maître et sa raison. Le prix de ce nouveau souverain n'a cessé de s'élever. L'État lui doit des prestations toujours plus nombreuses, toujours plus coûteuses. Additionnez le tout et multipliez par 67 millions, vous constatez que la France ne pouvait plus se payer les Français.

Faute d'être contraints par l'histoire, les boomers n'avaient pas à servir le pays, pas à se soucier de l'avenir, ils n'avaient qu'à se plaindre du présent. Cela correspondait exactement à leur égoïsme jouisseur. Une telle situation sur une période aussi longue change la relation entre le citoyen et la République. Celle-ci fondait sa légitimité sur son rôle irremplaçable pour affronter les aléas de l'existence. Les Français des années 1970, qui ne se sentent plus menacés, ne ressentent plus le besoin de cette ultime protection.

D'autant que le monde industrialisé connaît une période de transition, entre le temps des États-nations et celui de l'européanisation ou de la mondialisation, l'Europe et/ou le marché. Ce qui n'est pas pour déplaire à des boomers plus individus que citoyens. L'identité nationale se réduit à une nationalité pour papiers d'identité. Les Français deviennent simplement les habitants de la France. Ils ne retrouveront leur personnalité historique et culturelle qu'en découvrant des migrants portant haut et fort leur identité islamique. Ils vont en outre développer un scepticisme et un pessimisme que l'on ne retrouve nulle part ailleurs et qui vont peu à peu désagréger la société. L'histoire de la France au temps des boomers ne peut donc pas se lire dans la comptabilité, pas même dans la simple chronique des événements. Il faut passer de l'objectif au subjectif, du rationnel à l'émotionnel, du quantifiable au qualifiable, pour tenter de comprendre la suite des événements.

L'obligatoire victimisation

La chronique de Viansson-Ponté aurait pu se donner comme sous-titre : « Quand la France a le bonheur triste. » C'est un grand luxe de n'avoir qu'à cultiver son ennui. En temps ordinaire, il s'agit d'un privilège aristocratique ; le peuple, lui, est accablé de soucis et n'a pas la tête à ça. Une France qui s'ennuie est d'abord une France qui a échappé à la guerre, à la misère, aux épidémies, bref, qui réunit les conditions du bonheur. Mais c'est aussi une France qui n'est pas heureuse. Voilà donc le paradoxe : comment les Français des années 1960-2020 peuvent-ils avoir une perception si triste d'une situation si favorable ?

Les étrangers nous renvoient une vision beaucoup plus juste que la nôtre. Ils apprécient tout d'abord le pays prospère où il fait bon vivre. L'histoire, la géographie, la nature, la culture, la gastronomie se conjuguent pour offrir des conditions de vie idéales. Mais le regard extérieur a vite fait de constater que la France est aussi la patrie de la rouspétance, du pinaillage, du mécontentement, du dénigrement, des affrontements, des troubles sociaux. Pour réconcilier ce cadre lumineux et cette humeur sombre, l'étranger conclut que la France est habitée par des enfants gâtés. « Vivre au paradis et se croire en enfer », c'est, me semble-t-il, un trait de caractère unanimement reconnu aux Français, c'est lui qui va façonner la régression nationale.

Notre premier genre littéraire, celui qui nous a sortis de l'Ancien Régime, c'est le cahier de doléances. La liberté de se plaindre fut la matrice de toutes les autres. Elle l'est restée. Elle a même prospéré jusqu'à interdire son contraire : la satisfaction. C'est être mauvais citoyen que de ne pas se plaindre, car, à supposer même qu'on ne soit pas malheureux, il faut penser à ceux qui le sont… et se plaindre pour eux. Cette obligatoire victimisation est renforcée par le droit à l'autoévaluation, qui reconnaît à chacun le monopole de l'information sur sa condition. C'est ainsi que la France perd ses couleurs et plonge de la grisaille aux ténèbres lorsque l'on passe des faits à leur représentation.

S'ajoute à cette morne plainte l'usage particulier que nous faisons de l'intelligence. Nul pays ne la place aussi haut dans l'échelle des valeurs. Elle est censée être quantifiée par un diplôme qui nous suit et nous situe tout au long de notre existence. Nous ne pouvons plus imaginer que, dans d'autres sociétés, l'honneur, le courage, la force, la piété, la naissance, la droiture, la culture, la fidélité, aient compté plus que les seules capacités intellectuelles. Notre intelligentsia constitue un clergé civil qui conditionne une population en perte de religion. Elle met en avant la pensée critique. Le monde intellectuel prend parti « contre » et rarement « pour ». Jean-Paul Sartre reste le modèle de l'intellectuel engagé – engagé « contre », cela va de soi.

Cette critique cherche des références pour se crédibiliser. Elle est au mieux lorsqu'elle peut opposer une autre société à la nôtre. Longtemps, l'image mythifiée de l'URSS a tenu ce rôle. Pour les intellectuels français, l'existence d'un « paradis prolétarien » accréditait tous les reproches adressés à notre société bourgeoise. Avec la disparition du communisme, la critique a perdu sa référence. Elle aurait dû être malaisée, elle est devenue plus aisée. Les bobos révolutionnaristes se contentèrent de compenser l'absence de références par l'outrance de la forme. Après tout, il n'est pas besoin de croire au paradis pour condamner l'enfer. Les Français sont donc entretenus dans le procès permanent de la France et ne peuvent avoir qu'une image très négative de leur pays, et plus encore de leur condition.

S'écraser ou rebondir

Passer des succès aux échecs, de la réussite à la misère, du triomphe à la déchéance, c'est une constante de notre histoire : les deux faces de la médaille française. Ce que le général de Gaulle remarquait dans l'incipit fameux de ses Mémoires : « J'ai d'instinct l'impression que la Providence l'a créée pour des succès achevés ou des malheurs exemplaires. » L'idée d'une France « créée par la Providence » est assurément datée ; en revanche, celle d'un pays qui a l'art, et pas seulement dans le football, de faire alterner le bonheur et le malheur, les triomphes et les désastres, reste historiquement exacte. Cela tient sans doute à cet immobilisme de la raison et à cet emballement des passions qui nous saisissent à tour de rôle. Lorsque tout va bien, la France est un pays de rentiers qui reporte à la saint-glinglin les réformes, jusqu'au jour où l'explosion des passions nous fait payer la résilience au prix fort de la crise majeure. Les boomers, qui se sont offert des décennies de procrastination heureuse, ont préparé une superbe explosion. Nous y sommes. Mais il n'est pas aisé de passer ensuite du pire au meilleur.

Cette transition fut réussie au XXe siècle une première fois en 1945, une seconde en 1958. Dans les deux cas, notre pays a traversé une phase tragique de son histoire. Au lendemain de la Libération, les ruines laissées par les bombardements et les combats ne sont que la partie visible du désastre, c'est toute l'économie qui est dévastée. L'exploitation nazie l'a épuisée. En 1958, il est entendu que la France ne pourra pas sortir de la guerre d'Algérie et que le redressement de nos finances est hors de portée. Dans les deux cas, des Français, voyant leur pays à terre, vont le relever. Puiser dans la défaite l'énergie de la victoire pourrait être une spécificité du génie français. Encore faut-il que le peuple soit conscient du péril, de l'urgence, c'est le préalable à tout sursaut.

Car la démocratie doit se vivre sur deux modes, l'un ordinaire, l'autre extraordinaire. Dans le premier, le jeu démocratique permet de combiner la lutte pour le pouvoir et l'exercice du pouvoir, au risque de sombrer dans la démagogie, le populisme, la paralysie ou la guerre civile. Le « pire de tous les systèmes excepté tous les autres » parvient à fonctionner si longtemps que l'intérêt du pays l'emporte sur l'intérêt des partis, si longtemps également que la nation ne se trouve pas soumise à un risque qui met en péril son existence même. Mais, face à une guerre, une épidémie, un cataclysme, une crise majeure, la dispute démocratique devient un luxe qu'on ne peut plus s'offrir. Toutes les forces doivent se regrouper et reporter la suite de leur querelle. Un régime d'exception se met en place. C'est ce que le général de Gaulle a fait inscrire dans l'article 16 de la Constitution avec le recours aux pleins pouvoirs.

Dans ces conditions extrêmes, les déchirements politiques exacerbés par la crise mettent le pays en danger. Si, en 1945, les communistes avaient refusé de coopérer à la reconstruction et s'étaient concentrés sur la prise du pouvoir, si, en 1958, les différents partis avaient choisi de combattre le général de Gaulle plutôt que le soutenir, alors le redressement de la France n'aurait pas été possible. La leçon de l'histoire est sans appel : la sortie d'une crise profonde, existentielle, nécessite une forte mobilisation politique et populaire. Les peuples qui ne peuvent surmonter leurs divisions le temps d'un sursaut ne peuvent se relever et passent de la crise à la décadence.

La démocratie vit sur son mode ordinaire et survit sur son mode extraordinaire. Tout le problème de la parenthèse boomers, c'est que nous avons pu décliner, doucement, irrésistiblement sans jamais nous trouver en situation de crise majeure. La faillite est dans nos comptes, François Fillon n'avait pas tort, mais elle ne nous a jamais acculés au défaut de paiement. Nous avons toujours pu contourner l'obstacle et l'on sait que, un jour, il n'y aura plus d'échappatoire. C'est alors qu'il faudra un pouvoir fort, très fort.

Mais la question se pose moins en termes d'institutions que d'autorité. Pour affronter un péril majeur, le leader doit d'abord bénéficier du soutien populaire. Que le chef de l'État concentre tous les pouvoirs en sa personne, que les organisations et procédures partisanes persistent, peu importe : dès lors que le peuple accorde sa confiance aux gouvernants et leur permet de prendre des décisions impopulaires, le renouveau est en marche. Ce basculement du mode conflictuel au mode consensuel doit s'opérer d'abord dans l'opinion, dans la conscience populaire, l'aspect institutionnel est secondaire. Peu importent les procédures et prérogatives prévues par la Constitution, toutes les formes d'union sacrée, d'unité nationale, de salut public, de régime d'urgence, etc., sont possibles et ont été expérimentées. Une seule chose compte : la force d'une cohésion nationale pour sortir le pays d'une crise qui menace sa survie même.

Une proposition qui peut également se lire en sens inverse. Quand un pays dérive sur la pente du déclin, une crise majeure devient une opportunité. L'obstacle qui barre la route est dramatique pour celui qui s'écrase dessus, mais devient une chance pour le plongeur qui rebondit sur le fond du bassin. Le préalable à une telle séquence, c'est que le peuple ait une pleine conscience du péril mortel dans lequel se trouve le pays. Et c'est là que, aujourd'hui, le bât blesse.

Les maux qui nous accablent depuis des années et que j'ai tenté de cerner dans ce qui précède sont largement imperceptibles. Les dettes, même les plus faramineuses, restent invisibles, les emplois détruits n'encombrent pas les rues, les exportations à l'arrêt ne s'accumulent pas sur les places publiques. On peut même vivre avec un chômage de masse indemnisé, une Éducation nationale qui n'éduque plus, un système de santé qui se dégrade, des forces armées à bout de moyens, une démocratie rongée par l'abstentionnisme. Il suffit d'avoir des « éléments de langage » pour habiller le tout. La vie à crédit est plaisante jusqu'à la veille de la ruine. De fait, les Français sont entretenus depuis cinquante ans dans une histoire à l'eau de rose où les déficits sont des investissements, les dettes, du patrimoine, et où le pire d'aujourd'hui annonce le meilleur de demain. Une affabulation qui ne laisse aucune chance de redresser le pays.

Jacques Attali souligne justement que, dans la situation critique où nous sommes, nous devrions passer en « économie de guerre ». Dès lors que nous n'avons pas en nous cette force anticipatrice, il ne reste qu'à miser sur la réaction salvatrice face à l'évidence du désastre. C'est bien là que nous en sommes, tant avec l'épidémie qu'avec la guerre et, demain, le réchauffement climatique. Les Français ne peuvent plus s'entretenir dans les illusions – chères aux boomers – que rien de fâcheux ne peut leur arriver. La parenthèse est refermée. Ils ne sont pas les spectateurs, mais les acteurs de ces tragédies, ils devront en supporter les conséquences. Douloureusement. Or ils sont encore bien loin d'une telle prise de conscience. Ils ont trouvé normal que leur pouvoir d'achat ait été maintenu alors que la France s'appauvrissait de 10 %. L'augmentation faramineuse de nos déficits budgétaires ou commerciaux n'a guère ému l'opinion. L'État se doit toujours d'apporter aux citoyens une assurance tous risques. Et la période électorale a multiplié les cadeaux, toujours plus généreux, toujours moins financés. Lorsque la nouvelle majorité se mettra en place, elle sera écrasée par le poids des promesses électoralistes.

L'agression contre l'Ukraine a mis fin à l'illusion de la paix perpétuelle. Désormais, nous savons que la guerre est possible, et même la guerre nucléaire. Les Français ont compris que la parenthèse enchantée est terminée, que cinq crises majeures – sanitaire, militaire, financière, démographique et écologique – s'abattent ou s'abattront sur nous, mais ils entendent toujours que leurs sacro-saints droits acquis soient préservés. Il est impossible d'annoncer sinon « le sang et les larmes » churchilliens, à tout le moins les efforts et les sacrifices, qui sont le prix de l'avenir. Il est entendu pour chacun que l'addition devra être passée au voisin. Le temps des boomers est bien terminé, mais les enfants gâtés ne le savent toujours pas.

Troisième partie

LE TEMPS DE LA LONGÉVITÉ

CHAPITRE 9

Le système générationnel

Le phénomène générationnel se retrouve tout au long de ces cinquante dernières années, mais il est le plus souvent occulté au profit d'une lecture partisane. Les uns mettent en cause la droite, les autres la gauche, les troisièmes les européistes, etc. Ainsi les boomers s'en sortent-ils plutôt bien : ils sont généralement épargnés, alors que, comme nous venons de le voir, la responsabilité de cette génération est aveuglante. Et ce sont assurément les jeunes qui devraient être les premiers à mettre en cause leurs aînés. En effet, ce sont eux qui devront rembourser les milliers de milliards d'euros de dettes accumulés sur leurs têtes. Comment se fait-il qu'ils ne soient pas en permanence à demander des comptes à leurs parents et grands-parents ? Les boomers auraient dû être sans cesse agressés par les jeunes générations, celles-ci auraient dû menacer de saisir les patrimoines qu'ils se sont constitués sur leur dos. Rien de tel ne s'est produit. Est-ce à dire que les millennials ne reprochent rien à leurs aînés ? C'est exactement le contraire. L'accusation d'avoir compromis l'avenir est si lourde sur le plan écologique qu'elle fait passer au second plan l'accusation économique.

La planète avant la France

Les jeunes générations sont plus sensibles à la dégradation de la nature que de leur avenir. L'accumulation des dettes, la perte de la cohésion sociale, le recul économique, l'appauvrissement des Français, le délabrement de la République, la montée du populisme et même la gérontocratie qui les opprime les inquiètent moins que le réchauffement climatique, la multiplication des calamités naturelles, la montée des océans, la perte de la biodiversité, l'épuisement des ressources, etc. Lorsque des jeunes me disent qu'ils sont plus inquiétés par l'état de la planète que par l'état de nos finances, je réponds sans hésiter qu'ils ont raison.

Nous vivons sur la Terre avant de vivre en France et, lorsque la planète cessera d'être vivable, elle nous entraînera dans son naufrage. Nous en avons fait un *Titanic* fonçant sur les icebergs, est-il encore temps de s'interroger sur le service à bord ? La colère juvénile est d'autant plus justifiée que la crise écologique ne nous a pas pris par surprise comme l'attaque du coronavirus, échappé de Wuhan. Dès la fin des années 1960, la catastrophe était annoncée. Nous savions tout. Les premiers lanceurs d'alerte, généralement californiens, loin de manier la litote, nous brossaient le tableau d'un futur apocalyptique. Ils ne se trompaient que sur le calendrier, en voyant la crise finale commencer dès la fin du XXᵉ siècle. Dira-t-on que ces prophètes de malheur prêchèrent dans le désert ? Absolument pas. Les boomers ont toujours connu les risques qui pèsent sur notre planète.

La société de consommation qui nous conduisait à ce futur impossible fut même remise en cause. En 1972, le Club de Rome publia le rapport Meadow « Halte à la croissance », montrant qu'une expansion ne pouvait être infinie sur une Terre finie. Le retentissement fut tel que, lorsque éclata le premier choc pétrolier en 1974, l'embargo fut confondu avec une pénurie. Nous allions manquer de pétrole ! Tout le monde industriel, la France en particulier, s'interrogea sur le nécessaire passage de l'abondance à la sobriété. Les médias, dont je faisais partie, répétaient que nous devions sans attendre changer notre façon de vivre : circuler à vélo plutôt qu'en auto, prendre des douches plutôt que des bains, chauffer les logements à 18 °C plutôt qu'à 22, ne faire qu'un repas carné par semaine, etc., tandis que l'on nous vantait les potentialités de la géothermie, les mérites du nucléaire et des pompes à chaleur. Le monde industriel donnait à croire qu'il entamait sa transition énergétique et écologique. Oui, nous avons bel et bien remis en cause la société de consommation et mis un pied, oh ! juste un doigt de pied, dans la société de sobriété. Car la fin du pétrole qui nous était annoncée céda la place à l'abondance pétrolière. Le prix du baril s'effondra, la prise de conscience écologique avec. Le monde industriel repartit pour des décennies de gaspillage et d'irresponsabilité.

La génération qui a conduit cette sarabande endiablée entre 1970 et 2020 est précisément celle des boomers, la même qui abusa du crédit sur la nature comme sur les futures générations. Avec le même présentéisme, la même insouciance, vis-à-vis de la Terre et des jeunes générations, elle a compromis l'avenir de la planète comme de la France, mais, à tout prendre, les dégâts sont plus difficiles à rattraper dans le premier cas que dans le second. Vis-à-vis de la France, il n'est rien d'irréversible. Tout le monde connaît les politiques à mener, les efforts à faire, pour redresser le pays. Pour la Terre, en revanche, ce que nous avons fait est irrémédiable, nous ne connaissons ni les politiques réparatrices ni les moyens de les appliquer. D'une année sur l'autre, les prévisions du GIEC sont plus alarmantes. Mais elles n'ont qu'un effet de sidération et pas d'action. Nous sommes terrifiés par ce que les vigies nous annoncent et pétrifiés par l'ampleur des réactions nécessaires. Aucun État, aucune organisation n'est à la mesure du planéto-désastre que nous voyons se mettre en place. Nul ne pourra donner quitus aux générations qui ont ainsi naufragé l'avenir de leurs enfants.

Le crime contre la nature est plus grave que le crime contre la France. Mais qu'en est-il des coupables ? Les boomers ont-ils commis un écocide en ne réduisant pas nos émissions de polluants, en ne protégeant pas les espèces menacées, en ne préservant pas les espaces naturels, etc. ? Sans doute, mais que pouvaient-ils faire et pour quel résultat ? Pour ne prendre que cet exemple, il fallait réduire fortement l'usage de la voiture. On connaît les réactions des Français à une forte augmentation des carburants… Il en va de même dans tous les domaines. Face à l'exigence écologique, notre société est un champ de mines.

Il est d'autant plus difficile de demander de tels efforts que cela n'a de sens qu'à l'échelle planétaire. La France, pour sa part, n'émet que 1 % des gaz à effet de serre ; seule, elle ne peut rien faire. Au reste, les autres pays n'ont fait ni plus ni mieux. Pour instruire le procès de l'écocide planétaire, il faudrait mettre dans le box des accusés tous les boomers de tout le monde industriel. À quoi bon ? La culpabilité ne fait pas de doute, mais elle est à ce point répandue qu'elle frapperait tout le monde et personne. Je renonce donc à distinguer notre responsabilité particulière dans cette culpabilité générale. Tous coupables ! Je n'en dirai pas plus ici.

L'heure du vieillissement

Revenons donc à la politique française, celle sur laquelle nous avons prise. Nous avons vécu ce demi-siècle en feignant d'ignorer le phénomène générationnel, que nous avons réduit au paiement des retraites. Mais ce refus de voir et de savoir n'est plus de saison. Nous arrivons à une nouvelle phase de la révolution démographique qui va subvertir notre organisation sociale. Comme l'a montré le scandale Orpéa, il n'est désormais plus possible de considérer le vieillissement de notre société comme un phénomène marginal. Il s'agit d'une transformation globale qui va nous obliger à revoir des éléments constitutifs de notre pacte social. On ne vit pas de la même façon à une époque où les plus de 75 ans représentent 3,8 % de la population, ce qui était le cas en 1950, quand ils atteignent 9 %, ce qui est le cas aujourd'hui, et lorsqu'ils seront 16 %, ce qui devrait être le cas en 2050. C'est tout le système des liens de solidarité intergénérationnels qui doit être revu et pas seulement en jouant sur quelques paramètres. Les bouleversements démographiques nous imposent une révolution systémique. Nous le savons depuis des décennies. Mais l'heure de la procrastination est passée, la vague blanche arrive, il faut maintenant voir comment elle va changer la société française. Pour commencer, il faut nous interroger sur le système générationnel qui a fonctionné comme un cache-misère pour masquer ce qui se passait et ce qui était en train d'arriver.

La génération en tant que réalité sociologique est toujours niée. On ne voudrait y voir qu'une catégorie de comptabilité démographique. En réalité, comme le constate Hakim El Karoui : « Peu importe la question, ce qui apparaît, c'est que les jeunes et les vieux adoptent des positions opposées…

Et qu'à la fin, ce sont les vieux qui gagnent[1]. » Sur bien des points, nous assistons à un véritable divorce intergénérationnel. Dans les sondages, les décalages sont souvent plus forts en raison de l'âge que de la catégorie socioculturelle. Schématiquement, les moins de 30 ans vivent dans un multiculturalisme assez indifférent à la laïcité. Ils ne sont choqués ni par le voile, ni par le burkini, ni par les manifestations religieuses, sur le principe du « chacun fait ce qu'il veut ». Ils comprennent que l'on puisse être blessé par certains mots, certains sujets, et admettent les éviter. Ils marient bien souvent l'insolence de leur âge avec la condamnation du sacrilège. Pour un sexagénaire, cela semble incohérent. Comment resserrer la solidarité entre des générations qui ne se comprennent plus ?

La génération en tant que système d'identification et de cohésion est, d'une certaine façon, en compétition avec la nation. Lorsque celle-ci domine, les individus se reconnaissent d'abord dans cette communauté qui transcende les âges, qui inclut le passé et l'avenir. La contemporanéité devient accessoire. Avant d'être quinqua ou sexagénaire, on est français. Cette appartenance civique est suffisamment prégnante pour ne laisser à la génération qu'une communauté réduite aux acquêts de l'âge. Peu de chose en vérité.

Rien de tel lorsque la nation s'efface, que la citoyenneté disparaît. L'individu cherche du semblable pour conforter sa solitude. Il va le trouver spontanément dans l'identité générationnelle. Avec les gens du même âge s'expérimente le partage des idées, des goûts, des intérêts aussi. Dans une société qui se réduit de plus en plus au marché, qui reconnaît chacun par l'argent plus que par le statut, la génération devient le

1. Hakim El Karoui, *La Lutte des âges*, *op. cit.*

premier centre d'intérêt collectif. Avant de se penser dans son identité professionnelle, l'individu en perte de citoyenneté se trouve dans une identité générationnelle.

La France se compose de jeunes, de travailleurs, de retraités, et chaque catégorie use de ses moyens de pression, pour ne pas dire de son pouvoir de nuisance, pour défendre ses intérêts. À ce jeu, les jeunes ont de moins en moins de poids, les vieux de plus en plus, et la génération des boomers dans son passage d'un âge au suivant a toujours su donner la priorité à ses intérêts. Ce que constate Patrick Buisson : « La grande victoire des boomers, c'est d'avoir fait de la préservation de leur écosystème durant cinquante ans l'axe de gouvernement du pays[1]. » C'est ainsi que, en 2008, ils ont pu résorber la crise financière en maintenant la monnaie et neutralisant l'inflation, c'est-à-dire en préservant les patrimoines, leurs patrimoines, et reportant sur les actifs et leurs enfants le poids des ajustements.

La simple insertion dans l'histoire peut créer les plus grandes inégalités entre les générations, tout comme la loterie des gènes entre les individus. Elle inflige à certaines des guerres abominables, des épidémies dévastatrices, et réserve à d'autres des périodes plus paisibles. À cette loterie de l'histoire, la cohorte dont les membres finissent aujourd'hui leur vie a tiré les meilleurs numéros. Tant mieux pour elle.

Les Français n'ont pas l'habitude de juger les générations et ils ont bien raison, pour autant qu'il s'agisse d'aléas historiques qui profitent aux uns et accablent les autres. Toutefois, les actifs des années 1970-2010 ont poussé l'avantage encore plus loin. Non contents d'avoir reçu en héritage

1. « Patrick Buisson-Luc Ferry : les baby-boomers ont-ils détruit notre civilisation ? », propos recueillis par Eugénie Bastié, *Le Figaro*, 18 mai 2021.

une France superbe, ils ont été accompagnés ces décennies durant par une conjoncture dont les fluctuations en matière d'inflation, de spéculation immobilière, etc., leur furent systématiquement favorables. Là encore, il n'est pas interdit de naître au bon moment. Il n'est pas interdit non plus de se rappeler que, pour ses enfants chéris, la chance oblige !

Passe au suivant

Cette bonne fortune n'explique pas, ne justifie pas, la politique prédatrice que nous avons survolée. Sur ce point, le silence est assourdissant. C'est pourtant bien la politique suivie qui a épuisé le pays et outrageusement favorisé une génération. Mais la préférence donnée systématiquement aux gens en place contre les nouveaux venus n'a jamais été contestée, ni même perçue. Cette prédation s'est faite de façon insensible, sinon invisible, sans jamais prendre la forme d'un ostensible abus de biens sociaux, en usant de ce stratagème aussi commode qu'indolore : le déficit. Il fut ainsi possible de multiplier les décisions d'apparence anodine, qui, toutes, ont convergé dans la même direction : le plus grand profit des gens en place. Je vais prendre deux exemples de ces mesures à prétention sociale qui, comme par hasard, confortaient les avantages des boomers au détriment de leurs successeurs.

Face à la montée du chômage dans les années 1970-1980, le premier souci fut de protéger ceux qui avaient un emploi stable et de reporter les contraintes économiques sur les nouveaux arrivants. Méthode connue, c'est la préférence française pour le chômage, et tout particulièrement pour le chômage des jeunes, selon l'analyse de Denis Olivennes. Pour réellement s'attaquer au sous-emploi, il eût fallu mobiliser la population, répartir les efforts sur l'ensemble des travailleurs, en n'hésitant pas à moduler le temps de travail, les rémunérations et les profits selon la conjoncture sur toutes les parties prenantes, à fluidifier le marché du travail, à donner une formation adéquate aux demandeurs d'emploi, etc. À ce prix, l'appareil de production aurait été plus adaptable, plus dynamique, et aurait pu créer les emplois nécessaires. Mais, pour les syndicats comme pour le patronat, comme pour la classe politique, il fallait en toute priorité protéger ceux qui étaient au cœur des entreprises. Lorsque la croissance faiblissait, l'ajustement se faisait à la marge en éliminant le personnel excédentaire. Les jeunes à eux seuls n'offrant pas une marge de manœuvre suffisante, il fallut bel et bien tailler dans les effectifs. C'est alors que fut lancé le slogan : « Mieux vaut un retraité qu'un chômeur. »

Après s'en être pris aux plus jeunes, les boomers s'attaquèrent à la génération précédente, qui arrivait à la cinquantaine. Mais avec beaucoup plus d'égards. L'État subventionna généreusement les préretraites à partir de 55 ans et parfois même avant. Pour les salariés menacés et craignant de ne pas retrouver de travail, la solution était bien préférable au licenciement. Ils étaient déposés sur le rivage espéré de la retraite, avec des pensions devenues honorables, la liberté et la sécurité en prime. Socialement, ces départs anticipés permettaient d'ajuster la main-d'œuvre sans drames sociaux. La France comme l'Allemagne en firent le plus large usage et le taux d'emploi pour les 55-64 ans s'effondra. Entre 1971 et 2001, il passe de 77 % à 45 % en Allemagne, de 73 % à 41 % en France. Le pourcentage de quinquagénaires abandonnant le travail était si élevé que, en 1982, la retraite à 60 ans sembla consacrer un état de fait existant. Le financement de ces départs anticipés fut assuré par l'augmentation des cotisations et par une contribution toujours accrue des finances publiques, c'est-à-dire, dans le meilleur des cas, par les salariés et les contribuables et, dans le pire, par nos enfants héritiers de nos dettes. Dans un cas comme dans l'autre, les actifs payaient pour épargner à leurs aînés de subir de plein fouet les aléas de l'économie.

La charge pour les finances publiques devint telle que les gouvernements firent machine arrière et renoncèrent aux préretraites. En Allemagne, le pourcentage des travailleurs âgés occupant un emploi remonta de 45 à 64 % entre 2001 et 2009. La France s'efforça, mais sans grand succès, de remettre les quinquagénaires au travail et réussit surtout à les mettre au chômage. Voilà donc une politique sociale largement approuvée, car elle protège les actifs bien insérés, mais dont on oublie le coût pour les plus jeunes. La population active devient alors l'omelette coupée par les deux bouts. En 2019, le taux d'emploi des 15-25 ans est en France de 30 %, contre 42 % en moyenne dans l'OCDE, et le taux d'emploi des 55-64 ans de 53 %, contre 63 %.

Voyez maintenant une expression dont vous avez dû entendre parler pendant ces années de conflits sociaux, la « clause du grand-père ». Qui donc pourrait voir dans cette appellation bon enfant un des nombreux mécanismes qui ont favorisé les actifs, au détriment des plus jeunes ? C'est pourtant bien de cela qu'il s'agit. Le principe, pour faire simple, c'est la conservation des droits acquis, un principe sacro-saint en France. On ne remet pas en cause les avantages reconnus à une quelconque catégorie, car les avantages se transforment en droits irréversibles. Mais que faire lorsque des changements obligent à modifier une situation devenue intenable ? Que faire, par exemple, lorsque la démographie ne permet plus de financer un système de retraite ? De gré ou de force, il faut procéder à des réformes désagréables pour ceux qui en subissent les effets, soit qu'ils voient diminuer leurs pensions, soit qu'ils voient augmenter la durée ou le montant de leurs cotisations. Or, constate François Lenglet, dans toutes les réformes qui ont été effectuées jusqu'à présent, « on a privilégié ceux qui sont déjà retraités, dont les pensions et les droits n'ont pas été modifiés. L'ajustement a été reporté sur les générations qui arriveront à la retraite demain et, surtout, après-demain [...]. La finalité première de ces réformes n'est ni de "sauver" le système, ni même de le maintenir, comme on nous le répète depuis vingt-cinq ans, mais de préserver le financement des pensions pour les retraités *d'aujourd'hui* avec les efforts des retraités de demain[1] ». Les retraités sont très réactifs sur la pension qu'ils touchent, les actifs le sont beaucoup moins sur celle qu'ils toucheront dans quelques années. Les gouvernants ont donc pris l'habitude de réduire les droits des plus jeunes et d'épargner ceux des aînés.

L'opinion s'est habituée à ce que la paix sociale soit maintenue à ce prix : les actifs peuvent encore conserver leurs avantages et ce sont les générations suivantes qui sont mises à contribution. Il existe une sorte de consensus politico-syndical à ce sujet. Or les retraités actuels sont les actifs d'hier qui ont cotisé il y a plusieurs décennies, à une époque où la démographie plus favorable permettait des taux de prélèvements beaucoup plus bas. Aujourd'hui, les jeunes subissent des cotisations plus élevées pour bénéficier, le temps venu, de pensions moins élevées. « Le système fonctionne toujours au profit des mêmes au détriment des suivants[2] », constate Bernard

1. François Lenglet, *Tant pis ! Nos enfants payeront*, *op. cit.*
2. Bernard Spitz, *On achève bien les jeunes*, *op. cit.*

Spitz, mais ceux-là mêmes qui en pâtissent n'en ont aucune conscience. Ils enragent de voir qu'ils perdent, en revanche, ils n'ont toujours pas compris que c'est le casino lui-même qui joue en leur défaveur. Quant à la classe dirigeante, elle place les équilibres intergénérationnels dans son angle mort : « Un homme politique n'a aucun intérêt aujourd'hui à mener une vraie lutte pour remettre de l'équité entre les générations[1]. »

La guerre des générations

À toute tentative pour rétablir les faits, pour mettre au jour les mécanismes qui les produisent, rejaillit l'accusation de vouloir allumer la guerre des générations, accusation très efficace, car le phénomène générationnel, avant d'être perçu à l'échelle du pays, se vit d'abord au sein de la cellule familiale, la seule institution qui tienne le coup dans la débâcle générale. Veut-on qu'enfants, parents et grands-parents se dressent les uns contre les autres ? Ne voit-on pas que, à l'intérieur du réseau familial, les plus âgés aident les plus jeunes ? La cohésion du bloc familial est un bien si précieux qu'elle est censée étendre ses bienfaits au bloc générationnel dans son ensemble, qu'elle interdit toute forme d'interrogation susceptible de se répercuter du général au particulier. Les générations sont faites pour s'aimer, s'entraider, il est inadmissible de s'attaquer à des liens si précieux, que ce soit à grande ou à petite échelle.

Cette sidération qui désarme le sens critique est tout à fait comparable à celle qui a si longtemps protégé la suprématie masculine. Souvenons-nous, il ne fallait rien brusquer, par crainte de remettre en cause l'amour entre les hommes et les

1. Hakim El Karoui, *La Lutte des âges*, *op. cit.*

femmes qui cimente la cellule familiale. Fort heureusement, les féministes, Simone de Beauvoir en tête, ont rompu ce pacte de soumission. Cette déconstruction de l'ordre machiste n'a tué ni l'amour hétérosexuel ni la famille – au contraire, elle leur a donné des bases plus saines et plus sûres.

Il en va des rapports entre générations comme des rapports entre sexes. Pour toute société, ils constituent des liens essentiels, des liens à conserver précieusement. Mais ils peuvent aussi se pervertir dans la domination d'une classe d'âge sur une autre. Cela semble inenvisageable, car le conservatisme construit une lecture pieuse du statu quo. Ce refus du regard critique ne vise qu'à garder les choses en l'état pour le plus grand bien de ceux qui en profitent. C'est toujours la même procrastination face aux réformes indispensables, la même fuite en avant dans le déficit et l'endettement, la même spoliation des jeunes par ceux qui tiennent le pays. Et rien ne changera si longtemps que régnera la loi du silence, que les Français ne verront pas de l'intérieur, les tripes à l'air, le système pervers qui détruit année après année notre société. Ce n'est donc pas menacer les rapports entre les générations que de mettre au jour cette exploitation de la France par et pour les boomers, ce report sur la jeunesse de toutes les contraintes que les actifs ne veulent plus assumer.

Face au défi que le grand âge et la dépendance posent à notre civilisation, ce n'est certainement pas l'accumulation des mensonges et des non-dits qui évitera une guerre des générations. Seule la vérité permettra de cimenter durablement l'ensemble de la population, des plus jeunes aux plus âgés.

La démographie facilite ce pacifisme générationnel si malfaisant, car son évolution est aussi prévisible qu'insensible. Les statisticiens peuvent calculer de façon tout à fait fiable l'état d'une population à dix, vingt ou trente ans d'échéance. La pyramide des âges se transforme, cela ne fait pas de doute, mais en toute discrétion. La progression s'opère, irrésistible dans la durée, sans être marquée par des ruptures brutales, des changements soudains, des mutations instantanées, susceptibles de faire la une de l'actualité. En 2016, le nombre des plus de 60 ans a, pour la première fois en France et de façon définitive, dépassé celui des moins de 20 ans. Ce basculement démographique est lourd de conséquences, mais il n'a pas pris la forme d'un événement. Rien qu'une note dans les revues spécialisées.

Lutte des générations et lutte des classes

Le vieillissement de la population monte comme le niveau d'un fleuve dont tout le monde sait qu'il finira par provoquer l'inondation sans que nul puisse l'arrêter. « Après moi, le déluge. » L'égoïsme générationnel est aussi naturel que l'égoïsme individuel. Il participe au présentéisme, à l'ignorance de l'avenir qui caractérise la mentalité des boomers. Quand on peut accumuler avec une telle insouciance les dettes sur la tête de ses enfants, on ne délibère pas chaque mesure en fonction du futur. « L'impréparation aux événements extrêmes résulte de la disparition du sens du bien commun », note l'économiste Michel Aglietta[1]. L'avenir n'a pas d'avocat dans notre débat démocratique.

Les politiques générationnelles peuvent produire et accroître les inégalités qui existent au sein de notre société. Elles devraient être considérées au même titre que les rap-

1. « Michel Aglietta : “La vraie richesse des nations est leur capital public” », propos recueillis par Antoine Reverchon, *Le Monde*, 18 mai 2020.

ports de force et d'exploitation qui existent entre les différentes classes sociales ; pourtant, elles ne sont pas perçues en tant que telles. C'est d'autant plus surprenant que nous voyons exploser les dénonciations de toute forme d'exploitation, de domination. Mais ce mouvement en pleine effervescence n'a toujours pas remarqué l'injustice qui peut se nicher dans les rapports de génération.

On voit bien pourquoi. Les classes se répartissent à la verticale entre plus riches et moins riches, elles imposent l'image de rapports inégalitaires. L'antagonisme semble inscrit dans la disposition même des unes et des autres. Le pari social-démocrate d'une collaboration possible entre capitalistes et salariés n'a rien d'évident et fut lent à s'imposer. Il en va de même pour les minorités infériorisées par des caractéristiques bien précises de sexe, d'origine ethnique, de religion, etc. Rien de tel avec les générations, qui jouent sur notre plus grand dénominateur commun : l'âge.

En outre, pour les générations, tout semble se passer à l'horizontale. Il n'existe pas, de nature, une position dominante et une autre dominée, chacune prend le relais qu'elle passera à la suivante. Cela semble exclure que l'une puisse mener une politique injuste et inégalitaire vis-à-vis des autres. Certes, il existe une répartition des rôles entre les enfants qui apprennent, les jeunes qui entrent dans la vie active, les adultes qui exercent le pouvoir et assurent la production, les seniors qui se dégagent du travail – rien là que de très normal. Notre société est un organisme qui absorbe des enfants pour en faire des vieillards après leur avoir fait franchir les différentes étapes de la vie. Est-il possible que cette structuration sociale, qui doit assurer à chaque âge sa spécificité et sa dignité, se transforme en un système d'exploitation des uns par les autres, comme la structuration en classes a pu le faire dans le champ économique ?

Premier point, une génération peut-elle mener une politique qui serve ses intérêts au détriment des autres ? On est en droit de le penser au vu des résultats. Serge Guérin et Pierre-Henri Tavoillot, dans une approche pourtant très bienveillante, constatent que « la part du financement que l'État consacre aux enfants et aux jeunes ne cesse de se réduire comparativement à celle destinée aux plus âgés qui une fois de plus bénéficient outrageusement d'un détournement de l'État-providence[1] ». Exemple caractéristique : pour les allocations familiales, les cotisations patronales passent de 16,7 % à 9 % du salaire brut entre 1955 et 1988, mais cette même part augmente de 3 % à près de 17 % entre les années 1990 et le niveau actuel. Ce basculement correspond évidemment au vieillissement de la population, mais pas seulement. Il était raisonnable de poursuivre une politique nataliste au lendemain de la guerre, puis de donner la priorité aux personnes âgées, dans les années 1970. Mais il s'agit bien d'un effet de génération et pas seulement d'une inflexion continue.

Un certain nombre de ruptures socioculturelles ont changé l'entrée dans la vie active, mais ces avantages, liés aux hasards de la naissance, ont été transformés par la politique suivie en un droit acquis tout au long de l'existence. Les situations se figent, le mauvais départ ne se rattrape plus, il devient un marqueur de la nouvelle génération. Selon les calculs des économistes que rapporte Louis Chauvel, « le

1. Serge Guérin et Pierre-Henri Tavoillot, *La guerre des générations aura-t-elle lieu ?*, Calmann-Lévy, 2017.

manque à gagner relatif des générations nées après 1960 est de plus de 20 % du même ordre que les inégalités salariales moyennes entre femmes et hommes[1] ».

La politique générationnelle

La société française a longtemps fonctionné sur un schéma simple bourgeois-ouvriers, riches-pauvres. L'ordre socio-économique servait à classer les Français et se prolongeait sur le plan politique entre droite et gauche. Au cours des dernières années, cette structuration n'a pas disparu, mais elle a été rejointe par de nombreuses autres. France urbanisée-France périphérique ; France blanche-France racisée ; France sédentarisée-France mondialisée, France qualifiée-France prolétarisée, etc. Les unes après les autres, ces divisions ont imposé leur légitimité. Il existe dans tous ces cas un dénominateur commun qui rassemble ceux qui le portent et les distingue du reste de la population. Seule la génération n'a pu accéder à cette reconnaissance dans une société qui, pourtant, est en pleine révolution démographique.

Comment ne pas reconnaître une spécificité politique aux générations successives tout comme aux classes sociales ? Pour Louis Chauvel, cela ne fait pas de doutes, « de la classe ouvrière jusqu'aux strates les plus élevées de la bourgeoisie salariée et semi-salariée, une alliance peut exister sur une base non classiste mais générationnelle ». Un lien qui peut l'emporter sur le lien social traditionnel : « Les intérêts de classe peuvent malgré tout céder le pas à des intérêts de génération, entre les plus aisés et les plus modestes. »

1. Louis Chauvel, *La Spirale du déclassement*, *op. cit.*

On imagine les dénégations furibardes qu'une telle constatation peut susciter dans un monde syndical structuré sur la seule lutte des classes. Il faudra un certain temps encore pour que la conclusion de Louis Chauvel : « Il est impossible de créer une politique sociale pertinente sans articuler les notions de classe et de génération » s'impose dans notre gestion des rapports sociaux. Il ne s'agit nullement de faire prévaloir une grille de lecture sur une autre, ni même de prétendre que les différences de génération ont des effets plus importants que les inégalités de classe. Il s'agit simplement de constater qu'elles sont « complémentaires », selon le mot de Chauvel, une complémentarité qui, loin de compenser, ne fait le plus souvent qu'aggraver les inégalités en ajoutant l'effet générationnel à l'effet social. Une observation qui vaut pour tous les pays et à laquelle parvient la sociologue suisse Valérie Hugentobler : « L'équité intergénérationnelle se présente maintenant comme un élément pertinent et incontournable à intégrer dans une réflexion sur les réformes des politiques publiques[1]. »

Nos gaucho-révolutionnaristes s'époumonent à dénoncer la lutte des classes que le néolibéralisme ne cesse de renforcer, mais ils croiraient trahir leur idéal s'ils s'interrogeaient sur les effets générationnels. Il faut pourtant que s'approfondisse, se généralise et se banalise une économie générationnelle qui mette à nu les mécanismes, qui pose les chiffres, les faits, qui définisse les règles au-delà des constatations, afin, non pas de prononcer des condamnations, mais d'élaborer une véritable réconciliation qui ne soit pas un faux-semblant entérinant un déni de réalité.

1. Valérie Hugentobler, « La question de l'équité intergénérationnelle : problème social ou subterfuge politique ? », in Cornelia Hummel, Isabelle Mallon et Vincent Caradec (dir.), *Vieillesses et vieillissements*, Presses universitaires de Rennes, 2014.

CHAPITRE 10

Le désordre des générations

Notre ordre social repose sur la trinité originelle : enfants, adultes, vieux. Un âge pour apprendre, un âge pour travailler, un âge pour se reposer. Les premiers portent l'avenir, les deuxièmes assurent la production, les troisièmes ont la sagesse, car le présent se construit avec les leçons du passé. La démographie nous a fait passer de ce schéma simpliste à un assemblage plus complexe, qui intercale l'adolescence entre l'enfance et l'âge adulte, qui étire la vieillesse sur une bonne vingtaine d'années, avec une différence entre seniors et vieillards aussi grande qu'entre enfants et jeunes. Nous voilà donc potentiellement avec cinq générations qui ne se superposent pas, mais cohabitent, s'imbriquent, s'entremêlent et nouent de multiples relations d'interdépendance. Un système complexe qui s'est mis en place au petit bonheur, à mesure que la population se transformait. Cette évolution démographique ne va pas s'arrêter, mais, tout au contraire, se précipiter. Il n'est que temps de voir les failles dans ce que nous avons vécu, pour nous préparer à ce que nous allons vivre.

De trois à cinq générations

Les arrière-grands-parents. Dans mon enfance, on n'en parlait qu'au passé. Ils avaient existé, ils n'étaient plus là. La mythologie de la famille s'était construite autour de trois générations. Une longévité d'une soixantaine d'années permettait de connaître ses petits-enfants ; en revanche, il fallait faire un complexe de Mathusalem pour espérer voir la suite de sa lignée. Seul un enchaînement de naissances très précoces permettait parfois d'entrevoir un arrière-petit-enfant avant de mourir. De nos jours, bien que les naissances soient plus tardives, il est naturel que quatre générations vivent ensemble.

N'étant jamais que le modèle réduit de la société, la famille brasse aujourd'hui quatre et même cinq générations. La rupture est totale avec l'ordre démographique qui prévalait au lendemain de la guerre, lorsque notre système social fut mis en place. La France a été pensée pour une longévité de 65 ans. Avec une espérance de vie de 80 ans, plus rien ne colle. Et plus nous gagnerons d'années, plus nous aurons du mal à faire cohabiter ces différentes générations.

Ces bouleversements avaient été prévus et annoncés par les démographes, mais la génération des boomers aux commandes dans les années 1970-2010 vivait dans l'instant plus que dans la durée. Elle a pensé la vie de senior qui était devant elle, se l'est faite la plus confortable possible, mais elle n'a pas vu plus loin : le grand âge l'attendait. Elle y arrive pourtant et découvre en catastrophe que la vieillesse ne s'improvise pas et que, à n'avoir rien prévu, son histoire risque de bien mal finir.

Car un système social se fonde sur une claire distinction des générations, de la place qui leur est attribuée, du rôle qui leur est imparti et des solidarités intergénérationnelles. Voilà ce qu'il nous faut mettre en place dans la société qui s'annonce : la société du vieillissement. L'entreprise serait bien difficile si nous l'abordions dans une approche prospective, en préparant le futur. Mais elle devient redoutable, puisque nous avons laissé la démographie transformer la société à la va-comme-je-te-pousse. Les « nouveaux vieux » sont là, avant-garde de la grande armée qui arrive.

Dans le système qui s'est mis en place sans avoir été ni pensé, ni préparé, nous réussissons à combiner le jeunisme et l'âgisme, à maltraiter une jeunesse que nous survalorisons, à dévaloriser une vieillesse qui nous commande, à laisser les plus jeunes s'enfoncer dans la pauvreté, tandis que les plus âgés s'enrichissent sans rien faire.

Le chômage des seniors

À la veille de la crise, près de 900 000 quinquagénaires se pressaient sans le moindre espoir aux guichets de Pôle emploi et survivaient avec les minima sociaux. La fameuse inversion de la « courbe du chômage » n'a pas fonctionné pour eux. Les sexagénaires sans emploi, de 50 000 en 2012, sont passés à 300 000 en 2019. Leur taux d'emploi à 60 ans n'est toujours que de 31 %.

La Cour des comptes a dénoncé « le délaissement des politiques en faveur de l'emploi des seniors » et « l'absence de stratégie nationale du service public de l'emploi » sur ce sujet. Deux économistes, Thomas Capelier et Carole Tuchszirer, ont attiré l'attention sur ces nouveaux oubliés du chômage[1]. Ils déplorent la méconnaissance de cette population sur laquelle pèsent « aveuglement et préjugés. Sans état des lieux, comment faire pour déconstruire les stéréotypes attachés à la figure du chômeur senior (volontiers réputé moins productif et peu flexible, trop cher pour un recruteur, etc.), pour valoriser ses atouts (par exemple l'expérience et les *soft skills* [compétences douces] que les employeurs se plaignent souvent de ne pas trouver chez les jeunes) et pour enfin interroger les pratiques d'embauche des entreprises et la manière dont les seniors candidatent » ? Bref, il faudra une véritable volonté politique pour s'adapter aux potentialités comme aux difficultés des boomers seniors.

La génération chanceuse du baby-boom subit la triste fin de vie professionnelle qui est devenue la règle au XXIe siècle. En outre, l'âge d'or des retraites se termine. On sait que, dans une dizaine d'années, le revenu moyen des retraités sera inférieur d'environ 10 % à celui des actifs, en France comme dans la plupart des pays. Les actifs ne se font d'ailleurs aucune illusion sur la situation que leur laisseront les boomers. Les 35-54 ans qui entendent au loin sonner la retraite et font leurs calculs sont 57 % à penser que leurs pensions seront inférieures à celles d'aujourd'hui. Pour les 25-34 ans, le pessimisme est plus profond et le quart d'entre eux pensent qu'ils ne toucheront rien du tout. En tout état de cause, 80 % des actifs estiment qu'ils n'auront pas de quoi vivre correctement avec la pension qu'ils toucheront. Les Français ont donc parfaitement compris que les boomers se sont fait des pensions en argent et leur laisseront des

1. Thomas Capelier et Carole Tuchszirer, « Le chômage des seniors, grand absent du débat sur les retraites », *Le Monde*, 2 janvier 2020.

pensions en fer-blanc. Quant aux boomers vieillissants, ils découvrent qu'ils devront beaucoup se battre pour ne pas finir piétinés dans le jeu des générations.

À supposer même que les boomers n'aient pas connu par eux-mêmes les horreurs d'un marché du travail fermé, ils risquent fort de l'avoir vécu en tant que parents. Au terme d'études toujours plus longues, les jeunes ne peuvent s'en sortir qu'avec l'aide de la famille. L'Insee évalue à huit jeunes sur dix ceux qui en bénéficient. Ce soutien se prolonge jusqu'à un âge avancé. Selon le Credoc, 58 % des 18-24 ans vivent encore chez leurs parents.

Les statistiques ne veulent pas dire grand-chose, tant les situations sont différentes de l'un à l'autre, mais retenons une constatation générale. Il semble aller de soi que l'aide privée doit compenser les insuffisances des politiques publiques. Or ce système favorise les seniors et défavorise les jeunes. Il appartient à l'État de faire en sorte que l'avenir des jeunes ne dépende pas des hasards de la naissance.

Que la génération des boomers ait géré la France à son profit, pourquoi pas ? Si encore elle avait fait une bonne gestion. Ce ne fut pas le cas, mais qu'importe dès lors qu'elle repassait les factures aux générations suivantes. Eh bien, même cette commodité n'a pas suffi à la préserver et ce sont les boomers vieillissants qui supporteront pour une partie les conséquences de cette incurie, comme chômeurs mais aussi comme retraités. Et, plus généralement, comme vieux.

À l'automne de leur vie, les boomers subissent donc ce complément naturel du jeunisme : l'âgisme, que certains ressentent durement. C'est ainsi qu'a été créée l'association Old'up, qui se fixe comme objectif « que les vieux ne soient plus considérés comme des sous-citoyens ». Ses membres, qui portent avec détermination leur âge avancé (le « grand âge », ils n'aiment pas), ressentent plus de dédain que d'empathie dans la familiarité condescendante qui leur est réservée. « Plus on vieillit, moins on est reconnu », constate l'un. « Votre avis n'intéresse plus personne, renchérit une autre. [...] Les titres, les professions, tout est gommé. Nous, les femmes, on est habituées, alors on s'en sort plutôt mieux[1]. » La révolte contre l'infantilisation des vieux est lancée et elle ne s'arrêtera pas, non plus que la fausse célébration de la jeunesse.

Le piège du jeunisme

La cause est entendue, la génération des boomers a reporté sur la jeunesse tous les aléas de l'économie ; cette maltraitance économique s'est toutefois faite sous couvert d'un jeunisme laudateur qui payait de mots ses victimes. Si nous pouvions en douter, il suffirait d'opposer aux innombrables proclamations de nos gouvernants sur la priorité accordée à la jeunesse ce constat brut : en 2019, 15,5 % des Français âgés de 15 à 29 ans ne sont ni en emploi, ni en éducation, ni en formation, alors que la moyenne de l'OCDE des jeunes laissés pour compte n'est que de 12,8 %.

La nouvelle vague démographique marquée par Mai 68 était porteuse de deux discours totalement différents, une critique de la société industrielle, qu'il fallait entendre, une contestation globale de toute forme d'autorité, qui relevait d'un nihilisme infantile. C'est sur ce monument d'absurdité

1. Gaëlle Dupont, « Plus on vieillit, moins on est reconnu », *Le Monde*, 31 mai 2018.

que la jeunesse s'imposa face à un monde adulte démissionnaire, qu'elle put acquérir une suprématie culturelle, sinon intellectuelle.

Elle devint la relève que l'on devait suivre pour « être dans le coup », qui, au moindre décrochage, faisait de vous un « has been ». Intellectuels et commerçants se mirent à courtiser les moins de 25 ans, les premiers par souci de ne pas vieillir, les seconds par désir de s'enrichir. Il devint incorrect de rappeler que la parole juvénile a pour mérite et limite d'être plus émotionnelle que rationnelle, d'être d'autant plus péremptoire qu'elle est moins informée. Que la vérité n'est pas l'apanage d'une génération, mais la résultante de plusieurs.

En 1984, SOS Racisme enflamma la France en offrant à François Mitterrand la version démocratique des Gardes rouges maoïstes. De très jeunes gens furent promus du jour au lendemain experts dans cette discipline difficile entre toutes : la coexistence des communautés. Ils étaient jeunes, ils avaient tout compris : « Le problème, ce n'est pas l'intégration, c'est le racisme. » L'intelligentsia, éblouie par cette révélation, fit bloc derrière eux. C'est ainsi que la génération SOS Racisme assura la réélection de François Mitterrand et bloqua le processus d'intégration. Mission accomplie.

Le souvenir de ces semaines folles de Mai 68, où la jeunesse avait dicté sa loi aux adultes, a définitivement marqué le monde estudiantin, qui va faire vivre le pouvoir boomer dans la crainte de la jeunesse. Le pseudo-syndicalisme étudiant puis lycéen qui sert de rampe de lancement à de jeunes arrivistes l'a figée dans une posture d'opposition et jamais de proposition. Il a réussi un véritable exploit sociologique : faire de la jeunesse la première force conservatrice du pays, celle qui s'oppose à toute remise en cause du statu quo. L'échec de l'excellent projet de loi Devaquet en 1986 prit valeur d'avertissement pour tous les gouvernements : la jeunesse est explosive. Tout prétexte peut être bon. On verra même des lycéens bloquer leurs établissements pour s'opposer à la réforme des retraites !

Le système commercial, peu soucieux d'idéologie, a fait main basse sur l'image de la jeunesse. La publicité l'étale dans tout son éclat sur les affiches, sur les murs, sur les écrans, partout. Injonction est faite de cacher les rides et les cheveux gris, de copier les modes juvéniles, dans les goûts, dans les vêtements, dans les idées, dans les façons de faire et dans les chansons. Une cure de jouvence qui relègue au purgatoire les plus âgés. Par une réaction contraire, le jeunisme triomphant entraîna dans son sillage un âgisme débilitant. Il suffisait de regarder les téléviseurs pour percevoir cette transformation.

La gérontophobie

La télévision dont les boomers ont hérité, en noir et blanc, une puis deux chaînes, vivait sous un étrange Yalta qui donnait au gouvernement le contrôle de l'information tout en abandonnant à des réalisateurs, toujours de gauche, le plus souvent communistes, le champ de la fiction. Ce système pouvait affirmer ses ambitions sur le plan culturel jusqu'à diffuser *Les Perses* d'Eschyle à 20 h 30 ! Ces programmes se voulaient « tous publics » et ne ciblaient pas une population en particulier. Hormis *Bonne nuit les petits*.

Ici comme ailleurs, les boomers veulent sortir du « tout-État » et introduire le grand souffle de la concurrence. Apparaissent les chaînes privées soumises à la loi des annonceurs. Ceux-ci n'exigèrent pas seulement « de l'audience », ils ciblèrent « la ménagère de moins de 50 ans », présumée être prescriptrice en matière d'achats. La télévision commerciale calibra ses émissions selon les goûts supposés des jeunes femmes et, plus généralement, des jeunes. La présentation, le rythme, les décors, les musiques, le langage, les thèmes... tout devait se mettre à l'heure des moins de 30 ans. Les vedettes, les chansons, les dramatiques auxquelles les spectateurs s'étaient habitués dans les années 1950-1960 furent jugées dépassées et abandonnées.

Le service public fut à son tour contaminé par le jeunisme. Je découvris que les programmateurs, imitant en cela ceux des chaînes concurrentes, surveillaient l'âge et pas seulement le nombre des téléspectateurs. C'est ainsi que, en 1998, Jacques Martin, le présentateur le plus populaire des années 1980, l'indéboulonnable animateur des après-midi du dimanche, fut remercié par la direction de la deuxième chaîne. Son audience était pourtant impressionnante, mais les publicitaires avaient observé qu'il attirait un public âgé. Péché mortel ! Martin fut sacrifié sur l'autel du rajeunissement.

Or, le service public, loin d'éviter le public plus âgé, devrait au contraire le rechercher. En effet, la télévision d'avant Internet prenait de l'importance à mesure que l'on avançait en âge. Il était inquiétant d'en faire son seul divertissement avant la trentaine. En revanche, il était tout naturel qu'elle occupe une place centrale lorsque, l'âge venant, le registre des distractions, la richesse des relations s'amenuisaient. Quand la solitude gagnait, le téléviseur devenait un bon compagnon. Ce qui est toujours vrai au XXIe siècle. Les aînés étant délaissés par les chaînes commerciales, il appartenait au service public de les prendre en charge, de respecter leurs goûts, de répondre à leurs aspirations. Je n'ai jamais entendu les responsables des télévisions publiques se soucier des cheveux gris. Aucun réalisateur n'aurait voulu et ne voudrait faire une émission pour « le troisième âge ». Ne parlons pas du quatrième ou du cinquième.

Nous disposons aujourd'hui de centaines de chaînes. Il y en a pour toutes les confréries, des bricoleurs aux Bretons, des turfistes aux évangélistes, des joueurs de poker aux amoureux de l'opéra, mais aucune chaîne, aucune émission n'ose s'afficher comme la chaîne des vieux. Des magazines de presse écrite ont bien tenté de viser ce public et l'ont parfois atteint, mais ils se gardent de mettre en couverture des octogénaires, à moins que ce ne soient des gens connus. Comme par hasard, les visages qui doivent attirer les septuagénaires ne dépassent guère la cinquantaine. Les vieux sont bannis de notre paysage et le public âgé a si bien intériorisé cet interdit qu'il refuse de se reconnaître dans sa propre image. Pour l'atteindre, il faut prendre le masque de la maturité. N'importe quoi, mais surtout pas la vieillesse, dans laquelle nul octogénaire ne veut se reconnaître. Le monde culturel se laisse submerger par les vagues identitaires, tout en restant fermé à la vague grise. Sans compter que les personnes âgées subissent de toutes parts une véritable injonction : « Restez jeunes ! »

La France des boomers a donc combiné un jeunisme de façade et un âgisme de discrétion au service d'une politique qui tout à la fois favorisait l'âge adulte, le sien, sur le plan économique et politique, mais valorisait la jeunesse sur le plan culturel et commercial. Une politique qui n'affichait jamais ses véritables choix. Tout au contraire. Chaque année était annoncée une nouvelle mesure pour favoriser l'emploi des jeunes, alors que les adultes s'étaient entendus pour leur fermer la porte des entreprises. Chaque ministre se fixait comme priorité de lutter contre la précarité qui frappait les nouvelles générations, mais l'on recensait obstinément 80 % de CDD pour l'embauche et 80 % de CDI pour les salariés matures. La gestion de la crise sanitaire a été marquée par cet oubli des jeunes. Le Conseil d'analyse économique constate que, sur l'ensemble, le niveau de vie des actifs est resté constant pendant la crise sanitaire, là où celui des jeunes autonomes a baissé de 5 à 10 %.

Sous le règne des boomers, la jeunesse a été royalement payée en monnaie de singe, notamment sur le plan professionnel. Elle s'est vu offrir des diplômes, en veux-tu en voilà, à commencer par le certificat d'études secondaires, abusivement appelé baccalauréat, dont les jeunes ont très vite mesuré la valeur : « Avec le bac, tu n'as rien ; sans le bac, tu n'es rien. » De fait, les diplômes dévalués restent le billet d'entrée sur le marché du travail. Ils servent à exclure la petite minorité qui se présente les mains nues. Mais les vrais diplômes, ceux qui débouchent sur les emplois recherchés, sont, pour l'essentiel, décrochés par les enfants des milieux aisés. Les étudiants venus des classes populaires n'obtiennent le plus souvent que des titres universitaires à faible valeur professionnelle.

Tel est le futur sans avenir gagné de haute lutte par les mouvements gaucho-syndicaux qui résistèrent victorieusement à toutes les tentatives pour moderniser notre système de formation. Tant de mobilisations enthousiastes, d'assemblées générales enfiévrées pour protéger un système d'enseignement obsolète qui tient à l'écart les futurs employeurs. Un système qui laisse le choix entre Pôle emploi ou le déclassement.

Les voies d'une résilience qui proposerait une véritable préparation à la vie active sont connues. Elles substitueraient la loi du succès à la liberté de l'échec. Aujourd'hui, l'étudiant jouit d'une totale liberté pour faire n'importe quoi, pour aller n'importe où, vers un fiasco qui dépassera toutes ses espérances. Dans un système rénové, il serait évalué, orienté, sélectionné et engagé dans une voie, pas nécessairement celle dont il avait rêvé, mais celle qui pourrait le mener à bon port. Car la discipline exigée devrait s'accompagner de véritables garanties, d'une assistance permanente, d'un accompagnement vigilant, bref, de tout ce qui n'existe pas aujourd'hui. De leur côté, les enseignants ne seraient pas seulement des « dispensateurs de savoir », rôle qui leur convient fort bien, ils devraient apporter une formation, c'est-à-dire une préparation à la vie active. Sur la base d'un tel donnant-donnant, la jeunesse pourrait se dépouiller d'une illusoire liberté qui la plonge dans une angoisse morbide et gagner la sécurité indispensable pour construire son existence.

L'obsolescence à 50 ans

La société des boomers n'est pas sans risque. Pour la traverser au mieux, il faut éviter, la cinquantaine venant, les pièges de l'âge. Traditionnellement, c'est-à-dire dans un monde qui évolue lentement, l'âge apporte une valeur ajoutée : l'expérience. Après des années à exercer le même métier, le travailleur acquiert un savoir-faire qui ne s'apprend pas à l'école. Il peut donc tout à la fois mieux accomplir les tâches qui lui sont confiées et transmettre cet acquis aux plus jeunes. Mais l'économie a été emportée par la dynamique du progrès technique. C'est lui qui tend à faire de la longévité professionnelle une suspicion de routine plus qu'une source d'expérience.

Poussé par ces préjugés, l'esprit d'entreprise balance entre un jeunisme affiché et un âgisme inavoué. Dans certains milieux professionnels comme la publicité, des agences n'hésitent pas à mettre en référence l'extrême jeunesse de leurs équipes. Lorsqu'on interroge les directeurs des ressources humaines, un tiers d'entre eux placent à 45 ans la barrière des seniors et les deux tiers estiment que l'obsolescence professionnelle commence à 50 ans. Conséquence concrète : il devient pratiquement impossible d'obtenir une formation professionnelle après 45 ans, de trouver un job après 55 ans. Le boomer devenu quinquagénaire sait que l'entreprise commence le décompte des années. Trop vieux pour le travail, trop jeune pour la retraite, il s'est préparé une fin de vie professionnelle incertaine et une reconversion difficile.

L'ajustement des effectifs s'est donc fait par les deux bouts. D'un côté, on élimine les plus jeunes ; de l'autre, on se sépare des plus âgés, car, au terme de la dépréciation, vient le licenciement. Le système des préretraites a sécurisé un temps les parcours professionnels. La sociologue Anne-Marie Guillemard constate l'existence d'un « relatif consensus entre syndicats et patronat pour développer une politique de désemploi des travailleurs vieillissants[1] ». Dommage que les grands argentiers aient mis le holà à ces atterrissages en douceur.

Le salaire et les besoins

Notre gestion de l'âge sur le plan professionnel atteint un comble d'absurdité avec, au centre, cette vache sacrée : le salaire à l'ancienneté. Il est de règle dans le secteur public et n'a fait que croître et embellir dans le secteur privé. De 1975 à 2005, l'écart des rémunérations entre les salariés de 30 ans et ceux de 50 ans est passé de 15 % à 40 %. Ce renchérissement place les entreprises dans une situation absurde. D'un côté, la valeur professionnelle est censée diminuer avec l'âge et de l'autre la rémunération doit augmenter avec l'ancienneté. Moins on est productif, plus on doit être payé. Allez comprendre !

Les employeurs vont au plus simple en éliminant les salariés à la cinquantaine et perdent en même temps l'expérience, la compétence et la mémoire. Ces départs précoces, mauvais pour l'entreprise, sont catastrophiques pour les caisses de retraite. Comment travailler jusqu'à 65 ans avec des entreprises qui font partir leurs salariés à 55 ans ? Pour protéger les anciens, il faudrait sacrifier cette vache sacrée du salaire à l'ancienneté.

Cette remise en cause serait dans l'intérêt même des salariés. Pour l'individu, en effet, les besoins culminent vers 40 ans. Le quadragénaire doit subvenir à l'entretien de ses

1. Anne-Marie Guillemard, « L'emploi des seniors », dans Cornelia Hummel, Isabelle Mallon et Vincent Caradec (dir.), *Vieillesses et vieillissements*, *op. cit.*

enfants, rembourser son crédit immobilier, faire face à des frais professionnels, etc. À l'approche de la soixantaine, ces dépenses ont disparu ou considérablement diminué. Si l'on ajustait les revenus sur les besoins, les rémunérations seraient plus élevées en milieu de carrière et diminueraient par la suite. J'imagine les réactions des partenaires sociaux face à une telle proposition. Il n'en est pas un qui resterait à la table de négociation. Il faudra bien pourtant se rendre à cette évidence, que rappellent les économistes Lorenzi, Albouy et Villemeur : « Les pays qui connaissent un fort taux d'emploi des seniors présentent généralement une rémunération qui se stabilise après 55 ans (Suède) ou qui décroît fortement après 50 ans (Royaume-Uni). À l'inverse, en France, la rémunération continue à croître fortement après 50 ans[1] » et le taux d'emploi des seniors est un des plus bas d'Europe.

Une telle évolution des rémunérations, plus aux jeunes, moins aux vieux, permettrait en outre de réinventer le travail des seniors. Car il est absurde de faire la même chose dans les mêmes conditions jusqu'à 65 ans et plus. La prolongation de l'activité implique son changement. Les cheveux gris devraient se réorienter vers des occupations moins pénibles, des missions de contrôle, de formation, de tutorat, de mémorisation, etc. Leur temps de travail ne serait plus le même, ils pourraient venir à mi-temps pour un salaire réduit, etc. C'est alors que l'entreprise mettrait en valeur les ressources particulières des sexagénaires. Pour que cela ne reste pas un vœu pieux, nous pourrions regarder de plus

1. Jean-Hervé Lorenzi, François-Xavier Albouy et Alain Villemeur, *L'Erreur de Faust*, *op. cit.*

près les politiques de « vieillissement actif » que mènent les pays nordiques pour inciter les entreprises à conserver leurs salariés quinquagénaires.

Au passage, il faudra aussi tordre le cou à cette idéologie malthusienne qui cherche à réduire le chômage en diminuant le nombre des travailleurs. La réalité est tout juste inverse : c'est le travail des uns qui crée les emplois pour les autres. Plus une société fait travailler de gens et plus elle est en capacité d'en faire travailler. Il y a trop peu de Français au travail pour faire vivre trop de Français qui ne travaillent pas et, entre les deux, beaucoup trop de seniors à l'abandon sur le marché du travail.

La voix de la vieillesse

La France prend progressivement conscience de son vieillissement, mais cette prise en charge vient toujours de l'extérieur. L'État s'occupe de ses vieux comme il s'occupe de ses enfants, avec une approche technocratique. Des services décrivent la situation, les évolutions prévisibles, les problèmes à résoudre ; des experts suggèrent des solutions possibles, le pouvoir politique délibère, décide. Sitôt les mesures mises en application, la réalité se rappelle à notre souvenir. Et l'on repart pour un nouveau cycle : études, rapports, propositions, projets, délibérations, etc. Rien que de très naturel, la politique avance pas à pas, elle apporte rarement une réponse définitive qui clôt la discussion.

Sur le forum médiatique, les différentes catégories sont plus ou moins organisées. Les fonctionnaires, les agriculteurs, les catholiques, les chasseurs, les notaires, les ouvriers, les pêcheurs et tant d'autres disposent de représentants qui peuvent à l'occasion exprimer leur point de vue et défendre leurs intérêts. Rien de tel pour les vieux. Leur destin semble se dessiner en dehors d'eux. Nul porte-parole n'est habilité pour parler au nom d'une catégorie qui représente entre le quart et le tiers de la population. On peut interroger des démographes, des gériatres, des sociologues, voire des acteurs célèbres : ils ne représentent jamais qu'eux-mêmes. La génération, jeune ou vieille, n'existe pas en tant qu'organe du corps social.

Ce silence institutionnel est devenu assourdissant et, tout naturellement, des personnalités venues de milieux très divers ont décidé de créer en décembre 2021 un « Conseil national autoproclamé de la vieillesse », parodie de la CNAV, la Caisse nationale d'assurance vieillesse. Cette organisation entend interpeller la société afin que les politiques cessent de réduire la question de l'âge à ses aspects sociaux et médicaux. Parmi la quarantaine de personnalités, on trouve aussi bien d'anciens ministres comme Michèle Delaunay, Bernard Kouchner, Michèle Barzac ou Monique Pelletier, des journalistes comme Émile Favereau ou Laure Adler, des médecins comme Véronique Fournier ou Didier Sicard, des écrivains, des artistes, des sociologues ou de créateurs d'associations de personnes âgées. Un solide commando qui prétend faire entendre la voix des vieux. Ceux-ci, estiment-ils, devraient s'exprimer à travers un organisme national.

L'initiative est à nouveau difficilement contestable. Comment peut-on organiser cette société du vieillissement qui arrive inexorablement sans écouter les premiers concernés, les vieux ? Voilà pourtant ce qui se passe. Comme l'explique Francis Carrier, fondateur de l'association Greypride, « aujourd'hui, cette parole n'existe pas, car personne ne veut s'identifier comme vieux. Des "sachants" pensent et parlent à leur place ». Le sociologue Michel Wieviorka abonde dans ce sens : « Ce n'est pas un mouvement "catégoriel". Nous ne demandons pas du tout que notre génération soit privilégiée. Aujourd'hui, une partie de notre population n'existe pas, n'est pas considérée[1]. »

La remarque de Michel Wieviorka est essentielle. Les « vieux » appartiennent aujourd'hui pour une large part à la génération des boomers, une génération privilégiée comme l'on sait. Il ne peut s'agir de la transformer en lobby pour conserver et accroître ses avantages. Mais il est impensable d'ignorer la génération qui a dominé le pays. Notre monde emporté dans le changement permanent est déchiré entre cette ignorance des aînés et les tentations gérontocratiques. Il nous reste à découvrir que les générations ne doivent pas se dominer, mais s'écouter. Ce dialogue du novice et de l'ancien, c'est la condition du progrès dans la société du vieillissement.

1. https://vif-fragiles.org/rien-pour-les-vieux-sans-les-vieux-2/

CHAPITRE 11

Les deux âges de la retraite

Venons-en à la grande embrouille qui a permis aux boomers de se préparer une vie en plus, de surcroît la plus heureuse, aux frais de leurs enfants. Elle tourne autour du terme « retraité ». Celui-là fait l'amalgame entre deux populations totalement différentes, tant pour les individus que pour la collectivité. D'une part, les seniors qui ont entre 60 et 75 ans ; d'autre part, le grand âge, qui peut aller jusqu'à 100 ans et plus. On commence à parler du troisième et du quatrième âge. À mon humble avis, il est plus juste de consacrer le deuxième âge aux adolescents et de réserver un quatrième, puis un cinquième âge pour le monde de la retraite. Pour le quatrième âge, celui des seniors, la collectivité remplit ses obligations avec le paiement d'une pension. À chacun de vivre comme il l'entend. Au reste, les commerçants n'ont pas attendu pour se précipiter sur le marché juteux des cheveux gris. Pour les octo-nonagénaires du cinquième âge, la responsabilité sociale est d'un tout autre ordre. Il s'agit de permettre un bien-être qui, l'âge venant, ne peut plus s'acheter avec la seule pension. Le nombre de personnes se trouvant dans cette situation ne cessera d'augmenter, selon des prévisions démographiques totalement fiables et parfaitement connues. Les coûts financiers sont considérables, mais ils ne suffisent pas. C'est toute une organisation qui devra être mise en place, toute une population d'aidants qui devra être mobilisée.

Le quatrième et le cinquième âge sont aussi dissemblables que l'enfance et l'âge adulte. Ils ont des statuts, des besoins différents. Pourtant, l'amalgame est entretenu dans le concept de longévité, pour confondre le dynamisme des seniors et la faiblesse des plus âgés, en mettant en avant l'un ou l'autre en tant que de besoin. Il faut sortir de cette confusion délibérée pour bien distinguer ces deux catégories, seniors d'un côté, vieilles personnes de l'autre, sans se laisser intimider par le fait qu'il n'existe pas une frontière précise et universelle entre les deux.

Repartons donc de ce phénomène fondamental et véritablement révolutionnaire : le prodigieux allongement de la vie. Vingt années gagnées en soixante-quinze ans ! Des gains réalisés dans un premier temps grâce à la baisse spectaculaire de la mortalité infantile, puis grâce au recul de la vieillesse et de la mort. L'équilibre des générations s'en est trouvé bouleversé. Les plus de 75 ans n'étaient que 3,4 % de la population française en 1945, ils sont aujourd'hui 9,5 %, ils seront 11 % en 2025 – autant dire demain. À l'inverse, les moins de 20 ans, qui étaient 30 % à la Libération, ne seront plus que 23,5 % en 2025. La France ne prend pas la mesure d'un tel vieillissement. Il est vrai qu'elle est l'exception démographique européenne. Tandis que nos voisins verront leur population décroître dans les prochaines années, l'Hexagone, qui a conservé longtemps un taux de fécondité élevé, devrait passer de 68 millions d'habitants à 74 en 2050 et même 76 en 2070. Mais cette augmentation ne sera pas uniforme. Elle portera uniquement sur les plus de 60 ans. Avec le même nombre d'actifs, nous aurons 8 millions de seniors en plus. À supposer que les recherches actuelles sur le vieillissement n'aboutissent pas. Si, au contraire, de nouveaux médicaments nous donnaient cinq ou dix années en plus, nos enfants se retrouveraient dans une société de vieux, n'ayant pour seule préoccupation que de porter les aînés pendant trente ou quarante ans !

Le bel âge

Quand fut créé notre système de retraite, l'âge retenu de 65 ans était du même ordre que l'espérance de vie. Cet âge mythique nous vient de Bismarck. Le chancelier allemand instaura en 1883 le premier système obligatoire de retraites financé sur des cotisations de salariés et d'employeurs. La durée de vie des ouvriers étant de l'ordre de 65 ans, il fixa l'ouverture des droits à 70, puis 65 ans, afin de n'avoir pas à les payer. Ceux qui cessaient de travailler n'avaient que très peu d'années devant eux. Ils étaient au sens le plus fort des « vieux » qui devaient être pris en charge par la collectivité. Le départ était vécu comme une triste fin, il entraînait un rétrécissement de l'existence, qui, amputée de sa dimension professionnelle, se traînait dans la pauvreté, la vacuité et l'ennui.

Les progrès de la longévité se sont traduits par un allongement de la vie à la retraite, un allongement variable selon l'année de naissance. L'OCDE a mesuré l'écart entre l'âge du départ en retraite et l'espérance de vie. Cette durée moyenne atteint en France vingt-trois ans. Or, elle n'est que de dix-sept ans en moyenne européenne et n'atteint nulle part vingt ans. Nous avons le plus de retraités qui vivent les plus longues retraites.

Cette population est tout sauf homogène. En effet, les progrès de la longévité prolongent à la fois la maturité – les effets de l'âge se font sentir plus tard – et la vieillesse – le grand âge dure plus longtemps. Les Français qui partent en retraite ne sont plus les « vieux » d'autrefois, ceux dont la santé était déjà bien altérée ; ils sont, en règle générale, en pleine santé et appelés à le rester pendant des années. Cette moyenne cache une profonde diversité. À l'échelle individuelle tout d'abord. Chacun a « l'âge de ses artères ». À 70 ans, certains « pètent le feu », d'autres sont à bout de souffle. Cette diversité se retrouve tout au long de la vie. La loterie des gènes donne à certains une santé d'acier, à d'autres une santé de fer rouillé. Pourtant, à moins que la médecine ne reconnaisse une incapacité justifiant un statut spécial, tout le monde est soumis au même Code du travail. Il reste vrai que, l'âge venant, l'état de santé devient de plus en plus important. La diversité de l'un à l'autre s'accroît donc avec le vieillissement. En déduire que personne n'est plus à même de travailler est une absurdité, mais il serait tout aussi stupide de ne pas tenir compte de l'état dans lequel se trouvent les personnes. Tout système en direction des personnes âgées doit posséder la plus extrême souplesse pour s'adapter aux situations individuelles.

Plus encore qu'à l'échelle personnelle, cette diversité se constate au niveau collectif. Les statistiques sur l'espérance de vie font apparaître des différences considérables. Selon les dernières études de l'Insee, les écarts entre cadres et ouvriers dans l'espérance de vie à 35 ans sont de six ans pour les hommes et trois ans pour les femmes. Mais si l'on ne retient que le niveau de vie, les différences de longévité à 35 ans sont encore plus impressionnantes. Les 5 % les plus riches vivent douze ans de plus pour les hommes et huit ans de plus pour les femmes que les 5 % les plus pauvres.

On constate ces différences par rapport à la mort, mais on les constate de même face à la maladie. Selon que vous êtes dans les hautes ou les basses catégories, vous serez atteint plus ou moins tard par les incapacités du grand âge.

Les causes de ces écarts sont multifactorielles. Vient en tête la pénibilité du travail, c'est certain. Mais c'est toute l'hygiène de vie qui est en cause. Plus on monte dans l'échelle sociale, plus on prend soin de sa santé, et ce n'est pas seulement une question d'argent.

On comprend que le législateur et le gouvernement aient préféré la simplicité de mesures uniformes à la complication d'une politique calquée au plus près de la réalité. On fourre tout le monde dans le même sac, une seule étiquette « retraités » et le tour est joué. Ce n'est qu'un tour de passe-passe, une mauvaise caricature du réel. Il est certes très difficile de prendre en compte la pénibilité – l'ordre syndicalo-bureaucratique avait même battu tous les records de complication en la matière avec une bonne dizaine de critères à retenir –, il n'en faut pas moins traiter différemment l'ouvrier spécialisé qui travaille à la chaîne en trois-huit et l'huissier de ministère qui reste à longueur de journée dans son fauteuil. On ne pourra pas continuer à confondre les deux âges et l'on se trouvera face à de vrais casse-tête sitôt qu'on voudra les séparer.

Pour faire au plus simple, il faut distinguer radicalement les professions selon l'espérance de vie. Cela fut fait dès l'origine pour les mineurs de fond, il faut aujourd'hui étendre cette singularisation à quantité d'autres métiers pénibles sur les chantiers, dans les usines, impliquant de conduire des camions ou des engins, de manipuler de lourdes charges, de travailler sous contrainte, etc., que je désignerai par le terme générique d'ouvriers. Leur organisme a été usé par un travail très dur, par une mauvaise hygiène de vie, comme le prouve leur espérance de vie plus réduite. Ils ne restent pas longtemps des seniors et doivent profiter d'un repos bien mérité dès 60 ans, voire avant.

La longévité nous donne donc non pas une, mais deux vies, et, si longtemps que l'on entretiendra la confusion entre ces deux âges, nous ne pourrons pas maîtriser notre société du vieillissement. La première vie, de 60 à 75 ans, offre des années en mieux, des années en pleine santé ; la seconde n'offre que des années en plus, pas les meilleures, qui s'accompagnent d'une dégradation inéluctable de notre condition physique et intellectuelle, car la médecine n'a toujours pas trouvé l'élixir de l'éternelle jeunesse : à un âge très avancé, elle ne peut que nous maintenir en vie. Il ne faut pas lui en demander beaucoup plus. La condition physique des sexagénaires et des nonagénaires est à ce point dissemblable qu'ils ne sauraient partager une même condition. Les premiers n'ont aucune raison de se mettre à la charge de leurs enfants, ils peuvent subvenir à leurs besoins, quitte à recevoir une aide de la collectivité. Les seconds, au contraire, ne doivent pas seulement toucher une pension, ils doivent faire l'objet d'une prise en charge beaucoup plus complète.

Notons que l'espérance de vie progresse encore, quoique plus lentement, mais que l'espérance de vie en bonne santé, elle, n'augmente plus guère depuis quinze ans. Elle est, à 65 ans, de 10,5 ans pour les femmes et de 9,4 ans pour les hommes. Notons aussi qu'à l'échelle internationale les Français, et surtout les Françaises, vivent plus longtemps que les autres, mais que, pour la pleine santé, ils ne sont que dans la moyenne.

Le charme de la soixantaine

En atteignant la soixantaine, début de la décrépitude pour nos ancêtres, il nous reste encore vingt ou trente années de vie en deux existences successives : l'âge heureux du senior, l'âge incertain du vieux. Phénomène incroyable ! Les quelques années lugubres qui suivaient la cessation d'activité se sont transformées en une longue vie, parfois même plus longue que la vie au travail, pendant laquelle des hommes et des femmes dans la pleine force de l'âge, hormis les cas de maladie, sont dispensés d'assurer leur propre subsistance et se trouvent pris en charge par la collectivité. En vérité, les choses n'ont jamais été présentées et délibérées dans ces termes. Car la triste retraite ouvrière tenait le même rôle pour les retraites générales que la retraite du mineur de fond pour les régimes spéciaux. Elle était la référence au nom de laquelle se faisait le contraire même de ce qui était annoncé. Comment refuser à l'employé sexagénaire ce qui semble si bienvenu pour l'ouvrier du même âge ? Ainsi des personnes ayant entre dix et quinze ans de pleine santé devant elles, capables de subvenir à leurs besoins – ce qui ne signifie pas continuer le même travail dans les mêmes conditions –, se voient offrir l'oisiveté aux frais de leurs enfants.

Des recherches véritablement disruptives sont en cours qui permettraient de bouleverser le schéma du vieillissement. Les expériences conduites sur des animaux modifient du tout au tout le schéma de la longévité. Si de semblables résultats pouvaient être obtenus sur l'homme (et pourquoi pas ?), il serait banal de vivre centenaire. Face à ces perspectives, nul ne se pose la question : « Qui va payer ? » Il va de soi qu'il appartiendrait à la génération suivante, aux actifs, de supporter le poids d'une « vieillesse » qui durerait une quarantaine d'années. Nul ne veut voir la monstruosité d'un tel schéma démographique, car cela conduirait de proche en proche à remettre en cause le système sur lequel nous vivons, celui d'une séniorité tout entière à la charge de nos descendants.

Cette différence entre retraite et grand âge est ressentie par les intéressés. Les seniors savent parfaitement qu'une période très heureuse les attend, ils prennent leur retraite la fleur au fusil et s'estiment satisfaits de la vie qu'ils mènent. Mais ils savent que cela ne durera pas éternellement, ils le savent et ils y pensent. 65 % des Français redoutent la perte d'autonomie et 68 % estiment qu'il appartient à l'État et aux pouvoirs publics de prendre en charge les personnes âgées dépendantes. « L'État paiera ! », toujours le même refrain que l'on ampute de la seconde partie : « L'État, c'est nous. »

La génération des boomers se projette tout naturellement dans la condition de senior qui l'attend à brève échéance. Elle va tout faire pour l'améliorer. Sur le plan financier, avec des revalorisations de pensions telles que le niveau de vie des seniors dépasse celui des actifs et, surtout, en avançant l'âge de la retraite.

La retraite à 60 ans pour tous ne pouvant se justifier par l'épuisement des sexagénaires, il fallut inventer le partage du travail. Les anciens font cadeau aux jeunes de la part de travail qu'ils occupent. Un retraité de plus, c'est un chômeur de moins. Voilà assurément la façon la moins douloureuse et même la plus agréable de lutter contre le chômage. Malheureusement, elle repose sur une stupide simplification idéologique et quantitativiste de l'économie. Le travail disponible est supposé être une quantité uniforme et fixe, les travailleurs, tous les mêmes et interchangeables. Il suffit de réduire toutes les parts pour que chacun puisse trouver la sienne. À rémunération constante, cela va de soi. En dépit de cette débilité conceptuelle, la réduction du temps de travail figure au premier rang de l'économie sans peine que pratiquent les boomers. Elle fait partie de ces fausses recettes qui permirent à François Mitterrand d'affirmer que, « contre le chômage, on a tout essayé », en oubliant la fin de la phrase : « On a essayé tout ce qui ne marche pas. » Car il a fallu à la France beaucoup de constance pour s'enfoncer ainsi dans le chômage de masse.

De fait, elle ne s'est jamais trompée, elle a toujours fait ce qu'il ne fallait pas faire. Ainsi a-t-elle utilisé le partage du travail pour créer des emplois, ce qui n'a aucun sens, et non pas pour conserver ceux qui existent, ce qui marche très bien. En Allemagne, le chômage technique à salaire amputé permet de garder le personnel en cas de récession et d'être prêt à repartir sitôt la crise terminée. La démonstration en a été faite lors de la crise de 2008. En revanche, cette relation postulée entre une réduction du travail et une réduction du chômage n'a jamais été observée, on constate même souvent la relation inverse : ce sont les pays où l'on travaille le plus qui ont le moins de chômage. Car c'est le travail qui crée le travail. Il permet aux entreprises de distribuer du pouvoir d'achat, à l'État d'encaisser plus d'impôts, plus de cotisations, de réduire les charges, tout ce qu'il faut pour faciliter les investissements et les embauches.

Cela dit, le travail des anciens est à inventer. Il ne saurait se poursuivre et rester le même jusqu'à 67 ans et plus. Encore faudrait-il ouvrir les formations nouvelles aux quinquagénaires, dans lesquels les DRH ne voient que des travailleurs en fin de parcours. Nous ne sommes pas condamnés à financer par de l'endettement et des cotisations sociales qui écrasent les actifs un système qui entretient le chômage en prétendant le combattre.

Notons d'ailleurs que, en 1982, le choix d'une retraite pour tous dès 60 ans nous a singularisés en Europe et dans le monde et que, même à 62 ans, nous restons des retraités précoces. Dans la plupart des pays européens, il faut attendre 65 ans pour toucher la pension complète et même 67 ans en Allemagne, en Italie ou en Grèce. Ces pays ont compris que l'homme ou la femme moderne est en état d'activité jusqu'à l'approche des 70 ans. En raison de ce repos soixantenaire, la plupart des seniors en France entretiennent de multiples activités : travail à temps partiel, engagement dans des associations, mandat électif local, etc.

Avec la retraite à 60 ans, les boomers se sont offert une existence pleine de charme entre la vie active et la vieillesse. Il reste, et je ne les oublie jamais, les retraités à très petites pensions, qui survivent en limite de la misère et sont toujours mis en avant pour victimiser des retraités qui, par eux-mêmes, n'auraient aucune raison de l'être. Je n'oublie pas non plus tous ceux qui ont été usés par des emplois pénibles et dont la fatigue se lit dans une longévité beaucoup plus courte. Ceux-là, dans la logique du mineur de fond, doivent se reposer dès la soixantaine, sinon avant. Les autres pourraient très bien rester au travail ou, du moins, en activité.

Après avoir franchi l'étape des seniors, cette vague si nombreuse des boomers va se déverser dans le grand âge. C'est la « falaise grise » de la dépendance vers laquelle nous nous dirigeons, sans nulle possibilité de l'éviter. Face à laquelle tous les gouvernements s'efforcent de louvoyer en espérant qu'une population vieillie et dépendante soit moins dangereuse que des jeunes en colère ou des travailleurs syndiqués.

La falaise grise

Ce rendez-vous de la dépendance était annoncé pour 2010. Le calcul est vite fait. Les cohortes si nombreuses nées autour des années 1950 atteindraient alors la soixantaine et prendraient leur retraite. La France serait submergée par le grand âge. Dix ans après, constatons qu'il ne s'est rien produit de semblable. Notre société a supporté sans encombre l'afflux des nouveaux retraités. Les pessimistes avaient fait l'erreur de catégoriser tous les plus de 60 ans sous la même étiquette de « retraités ». Ils avaient considéré qu'ils étaient tous pareils, qu'ils posaient tous les mêmes problèmes. C'est aussi stupide que d'amalgamer élèves de maternelle et étudiants, mais l'absurdité ne choque plus dès lors qu'elle est par tous acceptée. On attendait donc le pire, il ne s'est pas produit. Heureuse surprise. Que s'est-il passé ?

Les néoretraités formaient une population encore jeune, qui n'avait besoin d'aucun traitement particulier, et, bien souvent, ils avaient pris en charge un parent plus âgé. À 60 ans, il est banal d'avoir un ou deux parents vivants.

Ceux-ci ont besoin d'assistance pour ne pas sombrer dans la solitude et la désespérance. Or cet accompagnement est au premier chef apporté par les enfants devenus eux-mêmes des seniors. La situation nouvelle qui se créait à partir de 2010 était donc très favorable, puisqu'elle augmentait le nombre potentiel d'aidants et non pas celui des plus âgés ayant besoin d'aide.

Le vrai rendez-vous que nous a fixé la démographie est encore devant nous. C'est celui que nous posera la cohorte nombreuse des boomers quand elle basculera du quatrième au cinquième âge – et nous arrivons à l'échéance. La génération du court-termisme n'a pas vu plus loin que la case senior. Elle a repoussé devant elle ce cinquième âge qui l'attend et qui fait peur à tout le monde.

La France de 2020 assiste donc à l'échouage dans la vieillesse de la vague si nombreuse des baby-boomers. Ce mot, on n'ose plus l'utiliser, non plus que celui de « vieillard ». Le socialement correct s'est empressé de résoudre dans le langage ce que la procrastination repoussait dans les faits. Mais que l'on qualifie d'« anciens », de « gens du quatrième âge », de « personnes dépendantes » les octo-nonagénaires, cela ne change rien à la cruelle réalité de leur condition, à la gravité du problème qu'ils posent à notre société. Celui-ci n'a rien à voir avec la question des seniors, qui se résume au paiement des pensions. Les « anciens », au contraire, forment une population en perte d'autonomie sur laquelle tombent toutes les misères du grand âge, déficit de mobilité, multipathologies, état de dépendance, démence sénile, etc., une population qui exige une prise en charge moderne, selon les critères de sa génération. Les boomers arrivés au grand âge n'admettent plus d'aller à l'hospice, et il ne suffit pas d'avoir imaginé en 2001 les établissements d'hébergement pour personnes âgées dépendantes, les fameux Ehpad, pour que la maison de retraite devienne un hôtel accueillant pour d'heureuses villégiatures. Les Français sont toujours aussi rebutés par une fin de vie collectivisée, ils entendent rester chez eux. Dans le respect de tous les droits sociaux.

Aujourd'hui, les plus de 65 ans représentent 20 % de la population. Le vieillissement va porter cette population à 24,5 % en 2030 et 27 % en 2040. Mais, là encore, il faut aller chercher à l'intérieur des moyennes. Si le nombre global des retraités ne s'accroît que modérément, celui des personnes très âgées va exploser. Le choc commencera dès 2025 pour les octogénaires et puis se déportera vers les plus de 85 ans et au-delà.

Avec les seniors en bonne santé qui jouissent d'une belle flamboyance à l'automne de leur vie, notre problème est de payer leurs pensions et de leur trouver une utilité sociale au-delà de l'assistance familiale et du simple bénévolat ; avec les plus âgés, qui entrent dans ces années en plus que gagne la médecine et qui ne sont pas des années en mieux, il nous faut trouver un accompagnement social et son financement. Nos barrières catégorielles épousent mal les contours d'ensembles aussi flous. Certains ont besoin d'assistance dès la soixantaine et d'autres n'en ont toujours pas besoin à 90 ans. En dépit de ces incertitudes frontalières, la relation entre l'âge et la dépendance est indiscutable : plus on avance en âge, plus la proportion des personnes en besoin d'aide augmente, tant sur le plan de la motricité que sur celui des facultés cérébrales. On estime aujourd'hui à 2,5 millions les personnes ayant besoin d'une assistance continue, mais la suite est connue : 3 millions en 2027 et 4 millions en 2050.

Le vieillissement, qui se poursuivra dans l'avenir au niveau des personnes très âgées, nous annonce donc des besoins colossaux en ce domaine, c'est la falaise grise.

Le problème n'a rien d'une découverte. Il a fait l'objet d'un nombre invraisemblable de rapports, d'études, d'analyses, d'enquêtes, émanant les uns du Parlement, les autres d'organismes sociaux, d'associations ou de groupes d'experts, sans compter les inévitables rapports de la Cour des comptes. Tant de textes parlementaires ou gouvernementaux prévoyant des dispositifs plus ou moins efficaces… Le tout coûtant quelque 25 milliards d'euros, bien loin de ce qui sera nécessaire dans l'avenir.

On parle depuis des années de créer un cinquième risque de la Sécurité sociale pour prendre en charge la dépendance. Sarkozy devait le faire, Hollande aussi, Macron ne pouvait faire moins que prendre le témoin, mais la course n'est pas finie. La loi n'est encore qu'un simple cadre qui laisse entière la question de savoir comment il sera possible, dans une France rendue exsangue par la crise, de prendre en charge les boomers, jadis si libres, aujourd'hui en perte d'autonomie. La question est évidemment monétaire, ce sont des milliards d'euros à trouver dont nous n'avons pas le premier centime, mais cela va bien au-delà. La loi du grand âge qui devait résoudre le problème dès ce quinquennat ne résistera pas à l'épidémie procrastinante et la question sera à la charge du prochain pouvoir.

En augmentant les budgets, la société peut payer, construire et faire fonctionner des Ehpad. Seule difficulté : les intéressés rejettent largement ce confinement et ce ne sont pas les bruits fâcheux entendus pendant l'épidémie, puis le scandale déclenché par l'affaire Orpéa qui les feront changer d'avis.

Mais comment assurer à domicile le travail ménager, l'assistance, les soins, etc., pour tous ces octo puis nonagénaires qui exigent et exigeront ce service ? Où trouver les ressources financières et humaines pour permettre aux boomers de finir leur existence chez eux avec toute l'assistance qu'ils réclament ? Ni la compassion ni l'indignation n'apportent de solutions. Le sociologue Michel Billé a travaillé sur le quatrième âge et auprès des malades d'Alzheimer ; il a pleinement pris la mesure des souffrances et de la détresse que l'on veut ignorer, et ne voit de solution que dans une véritable révolution culturelle. « Si nous continuons à regarder l'argent que nous consacrons à l'accompagnement des plus âgés de nos concitoyens comme un coût, on va à la catastrophe. Cette dépense est un investissement, porteur d'emplois, d'essor économique et d'une multitude de choses, notamment de relations sociales[1]. » Et le sociologue de plaider pour que l'on passe d'une société du profit à une société du grand âge. Sans doute, et je ne me serais pas lancé dans cette aventure à seule fin d'annoncer l'avènement inévitable d'un conflit générationnel entre des vieux trop nombreux à se faire assister et des actifs trop peu nombreux pour les entretenir. Si nous n'avions devant nous que cette possibilité, alors notre avenir serait bien sombre. Mais il n'en est rien. Il existe une autre société du vieillissement, que l'on voit déjà se mettre en place à l'étranger et qui nous propose un avenir réconcilié entre les cinq générations. Les Français n'en

1. Michel Billé, « Quand le Covid-19 sera derrière nous, je crains qu'on oublie à nouveau les vieux », *Le Monde*, 4 août 2020.

ont pas conscience, pourtant c'est bien elle que nous allons désormais découvrir. Elle, et les profondes transformations sociales qu'elle impose à l'avenir. Il nous faut accepter de penser différemment, afin de vivre mieux.

CHAPITRE 12

La génération dépendante

Les boomers sont nés du surcroît de naissances qui a suivi la guerre. Avec plus de 800 000 bébés, ces générations opulentes des années 1945-1965 firent le bonheur d'une France catholique qui attache à la fécondité une valeur morale. Mais la démographie est un fleuve au long cours, et les flots d'hier annoncent les crues de demain.

Selon la comptabilité démographique, le nombre des seniors (65-74 ans) s'est accru de 1,5 million entre 2013 et 2020. En revanche, les plus âgés se font encore attendre. Nous n'avons eu que 300 000 anciens de 75 ans et plus. Mais, comme dit le bon sens populaire, « nous ne perdons rien pour attendre ». Voyons donc cette génération dépendante qui arrive, génération révolutionnaire par les déséquilibres qu'elle crée, les nouveaux équilibres qu'elle impose et, surtout, le détestable héritage des boomers qui ont maltraité le grand âge avant même qu'il déferle sur la France.

Le papy-boom

La croissance de l'espérance de vie a commencé par la diminution spectaculaire de la mortalité infantile. Mais, depuis 1950, elle est due à la prolongation de la vieillesse. D'un mot, Pascal Bruckner a tiré la philosophie de la longévité : « Ce n'est pas la vie que la science, les techniques ont prolongé, c'est la vieillesse[1]. » C'est dire que ces années gagnées par les uns sont à charge pour les autres, avec des vieux qui exigeront, dans un premier temps, une pension et, dans un second temps, une assistance. Les seniors, qui ne meurent plus, augmentent le nombre des vieillards.

Pour des adultes de 30 à 50 ans, avoir des parents seniors qui s'occupent si volontiers de leur progéniture est une bénédiction. Mais, l'âge venant, l'aide change de sens. Ce sont les anciens qui doivent faire appel aux plus jeunes. Voici le crépuscule des boomers. Or cette situation, loin d'avoir été anticipée, a été traitée avec l'inconséquence et la procrastination propres à cette génération. Nous avons tout faux dans notre approche du grand âge, nous avons pris un grand retard sur les pays les plus responsables.

La France n'imaginait pas que ces bébés si nombreux vivraient vingt ans de plus que leurs parents, elle n'avait pas prévu non plus que, après 1975, les années de berceaux vides succéderaient aux années de berceaux pleins.

Désormais, l'augmentation de la population française se fera par le grand âge, et les résultats sont assez effarants. En 2070, l'espérance de vie pourrait atteindre 93 ans pour les femmes, 90 ans pour les hommes. Un Français sur trois

1. Pascal Bruckner, *Une brève éternité. Philosophie de la longévité*, Grasset, 2019.

aura plus de 65 ans, le nombre des plus de 75 ans doublera, passant de 9 millions aujourd'hui à 18 millions. Dans le même temps, les moins de 20 ans auront reculé pour ne plus représenter que le quart de la population.

C'est donc le grand âge qui va envahir notre société dans les vingt prochaines années. La progression des seniors ne sera que de 20 %, en revanche celle des octo-nonagénaires atteindra 70 %. Quant au nombre des centenaires, il augmentera de 314 % ! Résumons cela : la vague grise des seniors qui s'est manifestée à partir de 2010 va se transformer en une vague blanche et les problèmes des anciens ne se réduiront plus au paiement des pensions, mais se focaliseront sur les conditions de vie des aînés. C'est cela qu'annonce le choc créé par *Les Fossoyeurs*.

La vie en bonne santé

Ce rendez-vous avec le vieillissement est annoncé depuis vingt ans, les gouvernements successifs le repoussent depuis dix ans. Nous y sommes. En devenant vieux, les seniors voient tomber sur eux tous les malheurs du grand âge. Plus de deux millions d'entre eux se trouvent déjà en perte d'autonomie, parmi lesquels 800 000 sont véritablement dépendants. Mais les comptes démographiques sont faits. En 2040, les pertes d'autonomie concerneront 4 millions de personnes et la dépendance, 1,2 million. Notre comptabilité monétaire doit désormais se doubler d'une comptabilité sanitaire. Combien de Français, à quel âge, dans quel état de santé ?

Ne nous faisons pas d'illusions : le progrès médical ne résoudra pas nos problèmes, bien au contraire. Nous avons vu que l'espérance de vie varie énormément selon les catégories socio-professionnelles. Les riches vivent plus longtemps que les pauvres. Mais les démographes sont passés du quantitatif au qualitatif, des années de vie à l'état sanitaire. Ils ont donc construit un indicateur pour mesurer l'espérance de vie sans incapacités. Pour les Français, de 65 ans, elle est de dix ans, pour les Françaises, de onze. Le senior a devant lui une bonne dizaine d'années, voire quinze ans pour ceux qui partent à 60 ans, de vie en bonne santé. Au-delà de 75 ans commencent les atteintes à la santé que la médecine combat de mieux en mieux, retardant toujours davantage l'âge de la sénescence et de la mort.

À la veille de l'épidémie du Covid, l'espérance de vie en bonne santé était de 64,1 années pour les Françaises et de 62,7 années pour leurs concitoyens. À la naissance, le Suédois, le champion de la bonne santé, peut compter sur 72 années avant de devenir vieux. Le capital du Français n'est que de 63 ans. Dix années de moins. La santé, ça se mérite ; son prix s'appelle la prévention.

Les experts ont cherché les explications d'une telle différence. Le type de médecine pratiquée doit jouer. La France est centrée sur la thérapeutique, tandis que la Suède met l'accent sur la prévention. Autre facteur : l'organisation sociale. Les sociétés scandinaves sont les plus égalitaires, elles ont le mieux éliminé la misère, or l'on sait que les plus pauvres sont ceux qui se portent le plus mal. Mais il existe aussi un sens de la sociabilité germanique ou scandinave bien différent de l'individualisme tricolore dont nous sommes si fiers. De ce fait, le corps social a des possibilités d'organisation, une souplesse d'adaptation qui apporte spontanément les réponses que nous cherchons dans le règlement. Dans de telles sociétés, l'environnement humain est beaucoup plus favorable aux vieillards qu'en France et l'on connaît l'importance des relations humaines dans la santé et le bien-être des plus âgés. Ajoutons l'hygiène de vie, la pratique du sport, la discipline de vie, etc., et cela pourrait expliquer cette bonne santé persistante dans les pays vikings.

Mais ces explications valent moins pour les suivants au palmarès, à savoir : Malte, 70 ans en bonne santé, et la Grèce, 66,5 ans. En ce cas, la tradition méditerranéenne, qui conserve l'ancêtre dans la famille, peut compenser le moins bon suivi médical. On peut aussi voir les effets bénéfiques du fameux « régime crétois » : légumes, poissons, céréales, huile d'olive, très supérieur sur le plan sanitaire à notre bonne bouffe trop copieuse et trop riche en graisse, en sucre et en sel. C'est notre façon de nous alimenter qui est en cause.

Les boomers découvrent que la technique médicale n'apporte que des années et qu'il dépend de nous qu'elles soient en bonne santé. Car la solitude altère la santé aussi efficacement que la sédentarité. Preuve du rôle déterminant des conditions de vie : celles des cadres leur assurent une décennie en bonne santé de plus que les ouvriers, dont les organismes sont affaiblis par la pénibilité du travail et par une moindre hygiène de vie.

Et nous sommes loin en France d'être exemplaires en ce domaine. Les boomers ont eu une approche individualiste et fataliste du vieillissement. Chacun découvre le sien en prenant de l'âge. Pour l'un, le corps vieillit plus vite que l'esprit, pour l'autre, c'est le contraire ; l'un survit avec des maladies chroniques, l'autre reste en pleine santé jusqu'à ce qu'il soit très durement frappé, etc. C'est ainsi, nous n'y pouvons rien, il appartient à chacun de faire avec.

Les pays les plus modernes, dépassant cette résignation fataliste, ont fait du vieillissement un processus, certes inévitable, mais sur lequel il est possible d'agir pour réduire les effets néfastes et même, pourquoi pas ? apporter une certaine joie de vivre. Ces expériences étrangères prouvent que nous préparons mal notre cinquième âge, que nous le vivons mal et que les remèdes miracles « anti-âge » ne suffiront pas à faire des nonagénaires autonomes et heureux. Dans l'état actuel de notre sociabilité, les miraculés de la médecine ne peuvent qu'être des assistés à la charge de la société. Le grand âge a été classé dans ces « problèmes à venir » que la procrastination a toujours repoussés jusqu'à ce qu'ils envahissent notre présent.

L'âge fragile

La gériatrie distingue trois « modes évolutifs », disons trois façons d'être vieux. La plus courante, le mode « robuste et usuel », qui représente la moitié de la population âgée, ne correspond à aucune altération significative des grandes fonctions vitales. Le sujet « se porte bien », même si l'âge émousse ses capacités. C'est la situation de la plupart des seniors, qui peut se prolonger bien au-delà de 75 ans.

Vient ensuite le « vieillissement fragile ». C'est une notion gériatrique essentielle, bien que difficile à définir. Dans la vie ordinaire, la fragilité ne se reconnaît qu'au passé. Ce qui s'est brisé était vulnérable. Il en va de même pour cette vulnérabilité créée par l'âge. Le risque le plus ordinaire est celui de la chute. Les vieux tombent plus souvent que les jeunes, c'est un fait, et ces chutes ont des conséquences plus graves, dont la moindre n'est pas la fracture du col du fémur. Devient donc « fragile » celui qui ne dispose plus de ces ressources qui permettent de faire face aux déséquilibres et, plus généralement, aux aléas de l'existence, qui se trouve à la merci de chocs, de contrariétés, d'infections, d'accidents, incidents ordinaires mais dont les conséquences deviennent graves. Il suffit d'avoir des parents ou grands-parents très âgés pour vivre dans l'inquiétude, car l'on sait qu'ils sont fragiles et qu'ils peuvent à tout moment avoir des ennuis.

De cette « fragilité », la gériatrie a fait une véritable discipline scientifique. Elle a identifié les « capacités déterminantes » : la mobilité, la vitalité, la capacité neurosensorielle (la vue et l'ouïe), le bien-être psychosocial, la cognition (orientation temporelle et mémoire), la locomotion (vitesse de marche), etc. Elle a mis au point des repères et des tests normalisés, sous la forme du questionnaire ICOPE validé par l'OMS qui permet à un médecin généraliste de poser un premier diagnostic avant que ces faiblesses se trahissent par des accidents. Car la fragilité peut se révéler dans la façon de marcher, ou de ne pas marcher, dans la perte de poids, dans des pertes d'équilibre, dans les difficultés de poursuivre certains raisonnements, etc. On sait même ajouter à ces symptômes des facteurs sociaux, culturels, relationnels, environnementaux, qui permettent de cerner une personne en situation et pas seulement un malade en puissance.

Ce diagnostic est capital, car il permet une intervention préventive pour éviter les ruptures aux conséquences graves qui hypothéqueraient les années suivantes. La gériatrie distingue même la « préfragilité », qui s'annonce lorsque l'observation révèle deux des cinq critères de base. Les statistiques indiquent qu'en France, parmi les plus de 65 ans, 30 % sont préfragiles et 15 % fragiles. C'est une population nombreuse qui devrait faire l'objet d'une surveillance, voire d'une assistance ponctuelle pour éviter l'accident, sanitaire ou autre, qui risque de faire basculer toute la vieillesse dans la dépendance. La prévention est donc possible avec un enjeu capital : éviter la dégradation qui entraîne la perte d'autonomie et crée la situation de dépendance.

C'est le troisième stade du vieillissement. Il concerne environ 10 % des personnes âgées et correspond à des pathologies sévères, évolutives, génératrices de handicaps. L'individu a besoin d'une assistance constante et son état a très peu de chances de s'améliorer. Il est le plus souvent placé dans un établissement spécialisé. En France aujourd'hui, 800 000 personnes vivent ainsi dans les Ehpad.

Cette simple présentation ne doit surtout pas se lire comme une condamnation inéluctable. Certes, le vieillissement ne s'achève jamais et se termine comme l'on sait, mais, si long qu'il puisse être, il n'est pas écrit d'avance et l'on peut d'autant mieux influer dessus que l'on s'y prépare convenablement. Le pire devient inévitable dans l'urgence, mais il peut se conjurer, pourvu qu'on s'y prenne à temps. Les maladies du grand âge se préviennent des années en amont. À tout le moins, il faut intervenir auprès des personnes préfragiles, pour qu'elles ne tombent pas dans une décrépitude aussi pénible à supporter pour elles que pour la société. En France, la gériatrie est de bon niveau, la Caisse nationale d'assurance vieillesse a mis au point la grille Fragire, qui se révèle très efficace pour détecter la fragilité, mais la politique ne suit pas. La prévention reste marginale dans notre système de santé. Nous attendons l'accident pour déclencher une action nécessairement très lourde.

La bureaucratie sanitaire a modélisé le soin aux personnes âgées en un certain nombre d'actes méticuleusement définis, minutés, tarifés, que les infirmiers enchaînent en se souciant moins du patient que de la nomenclature qui encadre leur activité et leur rémunération. Or les soins aux personnes âgées ne doivent surtout pas être ainsi morcelés, ils relèvent d'une approche totale du malade. Dans cet esprit a été créé le dispositif Équilibres, qui s'inspire du modèle néerlandais Buurtzorg. Des soignants se mettent en équipes sur la base d'une rémunération à l'heure et pas à l'acte. À charge pour chacun d'apporter aux malades les soins dont ils ont besoin. On constate que les personnes âgées ainsi prises en charge se portent mieux et coûtent moins cher à la Sécurité sociale. De telles expériences se développent à l'étranger, mais restent marginales en France, où la vieillesse doit se couler dans notre délire réglementaire.

La marche vers la dépendance

C'est en 1945, en devenant des retraités, que les vieux ont accédé à l'existence sociale. Peu à peu émerge l'idée du « troisième âge », expression curieuse qui fait l'impasse sur l'adolescence et la jeunesse et qui s'épanouit au début des années 1980 avec la retraite à 60 ans. Cette grande parade des seniors, loin de susciter des craintes, répond à une aspiration générale. C'est une vie en plus et, de surcroît, pas désagréable du tout. Mais, dès les années 1980, les flamboyances du troisième âge ne peuvent plus masquer les épreuves du « quatrième âge » que l'on finit par reconnaître, comme le constatent les sociologues M.G. David et C. Starzec. « L'idée du retraité jeune, dynamique, sportif, qui voyage, participe à de multiples activités collectives, et dont l'emploi du temps est très chargé, masque quelquefois une autre réalité de la vieillesse, celle du grand âge associé à la dépendance et à l'isolement[1]. » Les retraités sont parfaitement conscients de l'entre-deux-âges dans lequel ils se trouvent, comme le montrent Jérôme Guedj, Luc Broussy et Anna Kuhn-Lafont dans leur « portrait-robot de la génération qui vient[2] ». Ils partent d'un constat optimiste : « 75 % des seniors environ vivent bien leur âge, 93 % sont satisfaits de leur lien avec leur entourage, 83 % satisfaits de la vie qu'ils mènent, 75 % satisfaits de la considération dont ils bénéficient dans la société. » Un présent heureux, mais un futur inquiétant : « La perte d'autonomie est un facteur d'inquiétude pour 65 % des Français, en miroir leur état de santé est le premier sujet de préoccupation (55 %). Mais seulement 33 % indiquent prendre des mesures pour l'anticiper. Un Français sur 5 (19 %) indique être déjà concerné par la perte d'autonomie d'un proche. 49 % ne se sentent pas capables d'aider s'il le fallait. 70 % estiment que l'accompagnement par les pouvoirs publics n'est pas satisfaisant[3]. » Cette deuxième réalité s'impose progressivement, avec son cortège de misères qui conduisent à la perte d'autonomie, à la dépendance.

Le mot lui-même est apparu pour la première fois en 1979 dans un rapport officiel. La distinction était ainsi faite entre

1. M. G. David, C. Starzec, « Aisance à 60 ans, dépendance et isolement à 80 ans », *Insee première*, n° 447, avril 1996.
2. Cf., « Les personnes âgées en 2030 », *op. cit.*
3. D'après une enquête IFOP pour Domus Vi sur le moral des seniors en 2016.

le handicap provoqué par la maladie et celui qui provient de l'âge. Une décennie plus tard, le législateur crée l'allocation personnalisée d'autonomie (APA), spécifiquement destinée aux plus de 60 ans en perte d'autonomie. Puis, en 2003, la température caniculaire de l'été agit comme un révélateur sur l'opinion. Le choc de chaleur a provoqué entre 15 000 et 20 000 décès. Parmi les victimes, 87 % avaient plus de 70 ans. Les Français découvrent la fragilité de leurs aînés. Porté par l'émotion populaire, Jean-Pierre Raffarin propose de renoncer au repos du lundi de Pentecôte, d'en faire une journée pour les vieux. La question du grand âge est enfin posée… mais non pas résolue.

En 2008, Nicolas Sarkozy veut que la dépendance devienne le cinquième risque couvert par la Sécurité sociale. Il n'en fera rien en raison de la crise financière. En 2015, une loi dite ASV (pour adaptation de la société au vieillissement) pose en principe que : « L'adaptation de la société au vieillissement est un impératif national et une priorité de l'ensemble des politiques publiques de la Nation. » La proclamation est si belle qu'elle dispense de passer aux actes. Le « cinquième risque », pourtant annoncé par François Hollande, sera victime de la procrastination. Emmanuel Macron s'engage à son tour. En dix ans, le sujet est devenu de brûlante actualité, la multiplication des personnes dépendantes n'est plus une perspective à long terme, elle se constate partout autour de nous. Le pouvoir ne peut se dérober une fois de plus et le Parlement lance le processus de la couverture sociale en juillet 2020. Il pose en principe que « la perte d'autonomie et le besoin de soutien à l'autonomie est un risque assuré par la nation à chacun, indépendamment de son âge et de son état de santé », et vote en conséquence la création du cinquième risque géré par la Sécurité sociale. Mais un cadre vide, la dotation n'étant que de 2,4 milliards par an. Très loin d'assurer le financement à terme, avec une note de plus en plus lourde dès les prochaines années.

Vieillir chez soi

Selon le rapport Libault[1] remis en mars 2019, la France dépense d'ores et déjà 30 milliards d'euros par an pour la prise en charge de la vieillesse. Dont 80 % sur fonds publics et moins de 10 % à la charge des familles. Ces dépenses ne pourront qu'augmenter, puisque le nombre des personnes en perte d'autonomie ira croissant. C'est ce qu'on a observé avec l'allocation personnalisée d'autonomie, dont les bénéficiaires sont aujourd'hui deux fois plus nombreux qu'en 2002. Or la gérontologie vit au rythme du doublement tous les vingt ans, que ce soit pour les personnes en perte d'autonomie, qui passeront de 5 à 10 millions, ou les personnes dépendantes, qui atteindront 2,2 millions. Sur ces bases, le rapport Libault estime que les besoins de financement annuels augmenteront de 6,2 milliards dès 2024 et de 9 milliards en 2030. Car les victimes du très grand âge ne sont plus les indigents du XIXe siècle laissés à la charité publique, ce sont des boomers qui entendent être traités comme tels. C'est-à-dire que la France se doit de satisfaire leur envie de « vieillir chez soi ». Non pas seulement dans la période senior, mais également dans le grand âge, en dépit des handicaps qui créent l'état de dépendance.

1. Rapport de la concertation « Grand âge et autonomie ».

En 2016, Ipsos a réalisé un sondage auprès des personnes âgées pour l'Institut du bien-veillir Korian, afin de connaître leurs souhaits pour leur fin de vie. Rester chez soi est un désir si naturel que la réponse n'aurait aucun intérêt. La question posée aux plus de 65 ans a donc été très explicite : « Si demain vous deveniez très dépendant et que vous deviez bénéficier d'un accompagnement et d'un suivi médical pour vivre, que penseriez-vous des solutions suivantes ? » Une solution est plébiscitée comme « souhaitable et réaliste » à 68 %, c'est de « rester dans son logement actuel en l'adaptant ». À l'opposé, ils ne sont que 9 % à envisager « d'aller vivre dans une maison de retraite ». Parmi les solutions intermédiaires, l'idée de « prendre un logement dans une résidence adaptée » recueille 31 % d'avis favorables. Le choix ne fait aucun doute : à 90 %, les gens souhaitent rester à leur domicile le plus longtemps possible et, rappelons-le, même en ayant besoin d'une assistance médicale. Si l'on tient compte des très mal logés, qui se trouveraient mieux n'importe où plutôt que chez eux, on voit que le choix est unanime. La France a d'ailleurs anticipé ce désir, car, dès les années 1960, le rapport Laroque, qui, pour la première fois, définit une politique de la vieillesse, se fixe comme objectif de « favoriser le maintien à domicile pour préserver au maximum l'indépendance et l'intégration des personnes âgées ».

Pour la France du XXIe siècle, qui reçoit toute revendication comme l'exigence d'un droit, la fin de vie à domicile, dans des conditions convenables, représente un insurmontable défi. En effet, notre façon de vivre condamne les personnes très âgées à la solitude. La famille éclate. Chaque génération s'en va de son côté. L'ancêtre avec ses 95 ans n'a, le plus souvent, aucun parent proche de lui, alors même qu'il aurait besoin d'une présence constante pour l'assister dans les gestes de la vie quotidienne. Son état se dégradant, le besoin d'assistance devient de plus en plus pressant. Plusieurs personnes doivent se relayer pour l'assister. Bien souvent, il se trouve isolé dans sa maison, imposant de longs trajets aux soignants. Le coût du maintien à domicile devient alors faramineux, pour un résultat peu satisfaisant, car un logement n'est pas adapté pour prendre en charge des personnes impotentes. Tôt ou tard, et généralement trop tard, il faut prendre la décision de placer la personne dans un établissement spécialisé.

Cette solution a été plébiscitée par les boomers. C'était une façon commode de « se débarrasser des vieux ». Pour comprendre les présupposés culturels d'un tel choix, il suffit de regarder ce qui se passe à l'étranger. Nous sommes donc partis d'une situation dans laquelle les anciens sont à la charge de la famille. Il appartient aux enfants de s'occuper de leurs parents jusqu'à la mort. Ce gardiennage familial est toujours la solution qui domine dans des pays méditerranéens comme l'Espagne ou l'Italie. Dans ce dernier pays, les Ehpad ne sont apparus qu'à une date récente, en 1990, et, aujourd'hui même, on ne compte que 18,6 lits pour personnes dépendantes sur 1 000 résidents de 65 ans et plus, contre 51 en France et 54 en Allemagne. C'est dire que, le plus souvent, la charge de la dépendance est assurée dans la famille même. Il est vrai que les Italiens ont inventé le système des *badanti*, qui permet de se procurer l'assistance à domicile bon marché en sous-payant un personnel, le plus souvent de femmes immigrées.

À l'opposé, les pays scandinaves ont choisi le vieillissement à domicile souhaité par les anciens. Mais il s'agit d'un système beaucoup plus complexe que notre mode expéditif des Ehpad. Toute une organisation doit être mise sur pied pour que les personnes âgées soient régulièrement visitées, soignées, assistées. Il faut une véritable mobilisation sociale pour éviter que le choix du domicile ne se transforme en une atroce réclusion.

La France des boomers a, tout à la fois, annoncé sa préférence pour le maintien à domicile, solution réclamée par les personnes âgées, mais, dans le même temps, fait tout le contraire. Dans l'étude « Bien-vieillir » qu'il a réalisée pour l'Institut Montaigne, Thomas Rapp note que, « si notre système de protection sociale couvre relativement bien les séjours en établissement, le reste à charge pour les soins à domicile est plus élevé en France que dans la plupart des pays de l'OCDE », autrement dit : « Le système français subventionne le recours aux soins en établissement[1]. » Le regroupement des personnes dépendantes dans des centres dédiés et, pour l'essentiel, fermés correspond parfaitement à la mentalité du « chacun pour soi ». Le problème est réglé par la disparition des personnes dépendantes sans faire appel à une solidarité sociale effective, en payant, au plus juste, le coût du séjour collectif. De fait, la France paye cher pour le traitement du grand âge. Avec 2,4 % du PIB, elle est dans la moyenne de l'OCDE. Mais loin des pays qui font le mieux pour leurs anciens, comme les Pays-Bas, 4 %, la Norvège, 3,6 %, la Suisse, 2,5 %. Si encore, pour ce

1. Thomas Rapp, « Bien-vieillir : Faire mûrir nos ambitions. Comparaisons internationales sur la prévention de la perte d'autonomie », rapport pour l'Institut Montaigne, 2021.

prix-là, on avait pu assurer aux vieilles personnes une fin de vie digne, confortable, assistée. Nous avons voulu le croire pendant des années. Depuis *Les Fossoyeurs*, nous savons que cette croyance n'était qu'un mensonge de connivence. Les boomers avaient trouvé une solution commode pour se débarrasser des vieux… sans même penser qu'un jour, à leur tour, ils finiraient en Ehpad.

Aujourd'hui même, 3,2 millions de Français âgés, vivant à domicile, estiment être limités dans leurs activités « instrumentales » et 1,28 million dans des activités « essentielles ». Pour mettre fin à la pénurie de personnel, les effectifs des Ehpad devraient être augmentés d'un quart ; pour l'accompagnement à domicile, trois personnes seraient nécessaires dans chaque cas. Et encore, cela serait loin de répondre aux besoins et aux revendications. Si l'on devait payer le prix des services et des prestations pour satisfaire dans les meilleures conditions les désirs de chaque personne âgée, on arriverait à un chiffre très élevé et qui devient vertigineux quand on le multiplie par le nombre des plus de 70 ans. Pour les Français, pas de doute (ils sont 68 % à le penser), ces dépenses doivent être prises en charge par les pouvoirs publics. C'est-à-dire par eux, mais ils ne font pas le lien.

La France a beau s'accommoder des déficits, elle ne saurait financer la transformation de chaque domicile en une clinique gériatrique, de chaque Ehpad en un palace ; pourtant, même pour créer des conditions de vie décentes aux plus âgés, la facture s'annonce salée. Telle est donc la dernière surprise que la génération des boomers réservait à ses descendants. Aux 3 000 milliards de dettes, à l'économie exsangue, il faut ajouter le prix, hors de prix, d'une dépendance qui n'a pas plus été provisionnée que le reste.

Mais, une fois de plus, la seule vision comptable masque la réalité. Elle nous indique que, en continuant dans la voie qu'elle a choisie, la France devra dépenser beaucoup plus d'argent sans apporter beaucoup de satisfaction. C'est alors qu'il faut radicalement remettre en question le problème plutôt que s'obstiner dans les fausses solutions. Toute notre démarche qui commence par le caractère irrémédiable du vieillissement et finit dans les Ehpad, qui laisse chaque individu se débrouiller avec son grand âge et chercher seul à ne pas s'en sortir, cette démarche dictée par l'idéologie boomer est-elle la seule possible ? Certainement pas ; et, Dieu merci, on peut aussi faire de la vieillesse un enjeu de société, avec des personnes âgées plus heureuses et qui, pourtant, ne mettent pas en péril les finances du pays.

CHAPITRE 13

Une longévité solidaire

La France aura donc attendu 2022 pour prendre conscience de son vieillissement. Cela fait pourtant plus d'un demi-siècle que le processus est en cours. En 1945, l'âge moyen des Français était de 35,7 ans, il est aujourd'hui de 42,2 ans. Les plus de 60 ans représentaient 16 % de la population en 1946, ils atteignent aujourd'hui 26 %. Pour les plus de 75 ans, nous passons de 3,4 % en 1946 à 4,7 % en 1980 et 9,5 % en 2020. Un doublement en quarante ans ! Et ce n'est encore qu'une étape : en 2070, ils seront 18 %. Plus vieux, plus nombreux, la règle se vérifie toujours. À ce jeu, les plus de 85 ans passeront de 3,4 % aujourd'hui à 7,8 % en 2070.

Cette accélération est un phénomène relativement récent. Si l'on prend les centenaires, leur nombre était stable jusqu'en 1975, autour de 1 100. Depuis lors, il a été multiplié par 20 pour dépasser 22 000. Continuant sur sa lancée, il devrait atteindre 270 000 en 2070. À supposer que les recherches sur les médicaments anti-âge ne fassent pas des progrès décisifs d'ici là. Des grands-parents aux petits-enfants, le centenaire, qui était un personnage tout à fait extraordinaire, tend à se banaliser. Voici concrètement ce que signifie notre « transition démographique ».

Mais les boomers ne vivent pas dans la statistique. Du vieillissement, ils ont surtout retenu les difficultés récurrentes pour le paiement des retraites. Quant aux personnes très âgées, notamment celles qui se trouvaient en Ehpad, ils savaient que leur sort n'était pas enviable. Mais ils préféraient les oublier. Nous avons donc vécu sur ce vieillissement réduit aux pensions jusqu'à ce que le livre *Les Fossoyeurs* oblige la France à regarder ce qu'elle ne voulait pas voir : si le business du vieillissement se porte à merveille, les principaux concernés, eux, se portent mal.

Le choc des *Fossoyeurs*

L'incroyable retentissement que connut ce livre tient au sérieux de l'enquête menée par Victor Castanet sur la société Orpéa et le système des Ehpad, mais, plus encore, au fait que cet ouvrage brisait un tabou. Car tout le monde savait, au travers d'expériences vécues ou par le témoignage de proches, que la situation favorable des seniors servait à masquer le sort misérable des vieillards. Entre l'abandon de ceux qui restaient chez eux et la tristesse de ceux qui finissaient en Ehpad, nos aînés survivaient dans des conditions indignes. Avec *Les Fossoyeurs*, l'ignorance devint impossible. Le livre gagna d'emblée la crédibilité d'un rapport officiel et mit en branle la machine institutionnelle. Le Parlement, les ministères, tous les organismes habilités lancèrent des missions d'inspection et des groupes de propositions. En outre, le retentissement médiatique libéra la parole par une sorte d'effet « MeToo » de la vieillesse. Les témoignages se multiplièrent dans les médias, des actions furent déclenchées en justice, ministres et députés se virent sommés de s'exprimer et d'agir. On découvrit que la maltraitance s'étendait d'Orpéa à Korian, des Ehpad aux Clinéa, du secteur privé au secteur public, des établissements commerciaux aux établissements confessionnels. Elle se manifestait partout dans l'archipel du grand âge, elle nous oblige, et c'est fort heureux, à remettre en cause l'ensemble de notre sociabilité du grand âge. Il existe un avant *Les Fossoyeurs*. Nous sommes ici dans l'après.

La France a esquivé jusqu'à présent ce problème de la vieillesse. Avec ce tour de passe-passe entre public et privé, nous nous étions débarrassés de nos aînés au risque de la maltraitance. Passé l'indignation, vint le temps de la réflexion. Elle se fit sur le mode : « L'État n'a qu'à... » L'injonction visait d'abord à corriger les dérives du système. Comment ne pas être d'accord ? Mais on débouchait aussitôt sur le problème des moyens. Les budgets et les effectifs semblaient notoirement insuffisants. Les pays germano-scandinaves, qui traitent mieux leurs aînés, consentent des efforts supérieurs. Sans doute, mais est-ce la bonne explication ? La France qui prélève et dépense plus qu'aucun autre pays sur le plan social peut-elle faire plus ? En poursuivant dans cette voie, l'État devrait augmenter massivement les crédits et engager de nombreux professionnels. Mais où pourrait-il trouver les ressources supplémentaires en effectifs et en budget, des ressources qui s'annoncent gigantesques ? Une telle inflation permettrait-elle d'améliorer la fin de vie de nos aînés ? Rien n'est moins assuré.

Toutes ces réflexions se faisaient à structure constante, en jouant sur le « plus » sans chercher le « mieux ». On touchait aux paramètres sans remettre en cause le système. Ce genre d'analyse est doublement irréaliste. D'une part, l'État ne trouvera jamais les moyens nécessaires, car les vieillards n'ont pas un pouvoir de nuisance suffisant pour imposer en leur faveur une redistribution des aides de l'État. D'autre part, nul ne sait si une telle inflation améliorerait véritablement le sort de nos aînés, qui, pour être mieux assistés, ne seraient pas nécessairement plus heureux. Bref, à ne jouer que sur les moyens, on risque de se ruiner sans atteindre les fins. La cause est entendue : la réforme à venir ne doit pas être paramétrique, mais systémique. Elle devra se fonder sur une société solidaire à l'opposé de la société individualiste que porte l'idéologie boomer. Ce constat ne résulte pas de considérations théoriques, mais de l'examen très concret des expériences menées dans les pays en pointe sur le sujet, des pays qui parviennent tout à la fois à améliorer la situation des plus âgés et à maîtriser les dépenses affectées à la dépendance. L'exemple nous est donné, à nous de le suivre et, pour cela, de remettre en cause notre modèle social. Faut-il s'en étonner ?

La naissance de notre État-providence remonte à 1945. Elle s'est faite dans une France riche de bébés et pauvre en vieux, où l'on vivait une soixantaine d'années. Comment imaginer que les mêmes structures puissent rester opérationnelles quand nous caracolons à plus de 90 ans ? Admettons-le : la société du vieillissement sera toute différente ou ne sera pas. Les chercheurs qui ont le plus étudié la question en arrivent tous à cette conclusion. Voici pourquoi et voici comment.

Repartons des bouleversements démographiques : la longévité démultiplie le vécu de chaque homme en une série d'existences successives et réduit le temps de travail à 10 % du temps de vie ; comment concilier cette réalité avec notre trinité simpliste : éducation, travail, repos ? Ces bouleversements se sont opérés progressivement, insensiblement. Quelques corrections à la marge ont pu donner le sentiment que la France épousait son temps. En réalité, les boomers ne sont pas allés voir au-delà d'une retraite à 60 ans payée par leurs enfants. Pour la suite : qui vivra verra. Or la maîtrise du grand âge n'a rien à voir avec celle de la période 60-75 ans, elle ne peut se résoudre en faisant payer la génération suivante. C'est un peu plus compliqué.

Il est illusoire d'imaginer que les actifs, jeunes et moins jeunes, se précipiteront pour soulager une population dépendante qui ne cesse d'augmenter. La solution est à chercher dans de nouvelles solidarités. C'est le prix à payer pour que cet incroyable cadeau de vingt années supplémentaires ne débouche pas sur une malédiction terminale.

L'aide des aidants

Historiquement, le grand âge a d'abord été considéré comme une affaire familiale. À chacun de s'occuper de ses parents et malheur à qui n'a plus d'enfants pour l'assister. Une conception qui, nous l'avons vu, reste prédominante dans le monde méditerranéen, mais qui ne convient pas à la mentalité boomer. Pour celle-ci, les vieux, surtout s'ils sont dépendants, doivent être pris en charge par la société. De préférence dans les Ehpad. En pratique, ce sont encore les familiers et les proches qui, en un premier temps, assistent les naufragés du grand âge.

Les parents comptent pour la majorité des quelque 10 millions de bénévoles – on dit dans ce cas des « aidants » –

qui, dans la France de 2021, assurent l'aide à la dépendance. Un service qu'ils apportent gratuitement et qui coûterait des milliards s'il devait être rétribué à son juste prix. S'étant longuement penché sur cette population des aidants, le sociologue Serge Guérin estime qu'il ne faudrait pas moins d'un million de professionnels pour les remplacer. Sans avoir le même résultat sur le ressenti des patients. Ces chiffres exorbitants prouvent qu'il est absurde de chercher une solution sans inventer de nouveaux dispositifs.

La question n'est pas seulement financière. En effet, il ne suffit plus aujourd'hui de payer un salaire pour avoir le travailleur que l'on recherche. Il faut encore proposer un métier qui attire ou, à tout le moins, qui ne rebute pas. Sinon, l'employeur ne trouvera pas l'employé recherché. Or le soin des personnes âgées ne suscite guère de vocations pour les jeunes et il existe peu de personnes d'expérience et de qualité. C'est un métier très éprouvant dont on a même pu constater qu'il réduisait la longévité des soignants. L'insuffisance de personnel dans les Ehpad tient autant à l'impossibilité de trouver des gens qu'à l'insuffisance des ressources budgétaires.

Ainsi, à supposer même que l'on s'en donne les moyens, il est fort peu probable que l'on puisse disposer de la main-d'œuvre nécessaire. Car il ne faut pas seulement de la présence. Les personnes dépendantes ont besoin de chaleur et d'affection, de communication et de prévenance, de dévouement et de compétence. À eux seuls, les gestes professionnels ne suffisent pas. La vieillesse peut s'accompagner de différentes pathologies, mais elle n'est pas, en soi, une maladie ; elle crée le besoin d'une autre sociabilité, d'un autre mode de vie, d'insertion ou d'exclusion dans la société. Au fil des ans, les parents, les proches, les amis disparaissent ; les centres d'intérêt, les occupations, se raréfient. L'individu est peu à peu aspiré par ce trou noir du vide et de la solitude. La vie se retire et ce retrait est un piège mortel. Dont on trouve peut-être le secret dans les « zones bleues ».

Cette expression désigne des régions qui se distinguent par une longévité exceptionnelle. Des voyageurs ont observé depuis longtemps que le pourcentage des personnes âgées semble particulièrement élevé dans certaines populations qui ont conservé un mode de vie traditionnel. Cette prolongation de la vie ne doit rien à la médecine, aux techniques modernes – quelle peut en être la raison ? Ces « vallées des centenaires » qui se retrouvent sur un peu tous les continents ne correspondent manifestement pas à une particularité génétique, il faut donc chercher dans l'environnement et le mode de vie. Reste à trouver ce commun dénominateur des populations très dissemblables qui habitent les villages de Vilcabamba dans l'Équateur, l'île grecque d'Ikaria, la vallée de Bama en Chine du Sud, la péninsule de Nicoya au Costa-Rica ou l'île japonaise d'Okinawa. Les chercheurs ont étudié le climat, la nourriture, l'exercice physique, les structures sociales, sans trouver l'élixir de longue vie. Rien de probant, conclut Michèle Delaunay, sinon que « le facteur dominant était, dans tous les cas, l'existence de liens familiaux et sociaux très intenses[1] ». Retenons donc cet enseignement des centenaires : c'est la richesse des relations humaines qui aide à affronter la vieillesse. Toutes les observations vont dans le même sens : ces vieillards sont bien acceptés, ont des relations harmonieuses avec leur entourage, bref, semblent

1. Michèle Delaunay, *Le Fabuleux Destin des boomers*, *op. cit.*

heureux tout en menant une vie très simple, très frugale, selon nos critères.

Tirons les leçons de ces « zones bleues » : ce sont d'abord les relations sociales qui entretiennent le « bien-vieillir ». D'où l'on peut déduire que la médecine et le confort modernes sont nécessaires mais insuffisants, ils n'apportent pas le bonheur à nos aînés, car ils viennent en contrepartie d'un appauvrissement des relations sociales. À ne plus voir personne, à n'avoir plus rien à faire, à ne plus servir à rien, les capacités s'atrophient et la sénescence s'autoaccélère. Aujourd'hui en France, 900 000 personnes âgées vivent dans la solitude. Et ce n'est qu'un début. Des millions de Françaises et de Français vont déraper ainsi vers une décrépitude finale, faute d'avoir pu s'insérer dans un environnement social riche de relations et d'interactions. Le grand âge nous pose un problème social et pas seulement financier. Les vieux ont d'abord besoin des autres. Mais où les trouver ?

Il ne s'agit pas seulement d'une question morale, d'une obligation que nous aurions d'apporter du bonheur à nos aînés. Il s'agit d'un problème médical. Nous avons désormais des observations qui vont toutes dans le même sens : la dépendance n'est pas une fatalité, c'est un état pathologique contre lequel on peut lutter, mais qui ne se soigne pas avec des pilules. Il faut apporter de la chaleur, de la présence, de l'animation, assurer un environnement stimulant, valorisant, riche en relations humaines. Toutes choses qui ne s'improvisent pas. Il s'agit aussi d'un problème économique. Comment faire pour que, dans l'avenir, le coût de la dépendance ne dépasse pas les 2 % du PIB ?

Nous savons aujourd'hui que l'on peut faire mieux sans dépenser beaucoup plus. Et l'on trouve un écho de cette nouvelle approche jusque dans les milieux officiels. Tout part d'une évidence oubliée : la maladie est pénible pour l'intéressé et coûteuse pour la société. C'est elle qu'il faut d'abord combattre pour satisfaire tout à la fois les vieux et les comptables. Cela ne peut s'obtenir avec une approche purement curative. Il faut agir en amont au niveau de la prévention. Ainsi pourrons-nous réduire le nombre des personnes dépendantes et les budgets qui leur sont affectés. Mais il ne suffit pas d'assister ceux qui sombrent dans la dépendance, il faut les en sortir et c'est possible. Bref, pour ne pas se laisser embarquer dans un vieillissement sans espoir, il faut mener toute une politique de gériatrisme.

C'est ce que la Commission européenne a recommandé récemment aux États, lorsqu'elle leur a demandé de « centrer leurs actions sur l'augmentation du nombre d'années de vie en bonne santé des personnes âgées ». Elle va plus loin dans son *Livre vert sur le vieillissement* : « Le vieillissement actif et en bonne santé est un choix et une responsabilité personnels, mais il est fortement tributaire de l'environnement dans lequel les gens vivent, travaillent et socialisent. Les politiques publiques peuvent jouer un rôle de soutien important. » Voilà donc la nouvelle feuille de route pour les États : maintenir les personnes vieillissantes en bonne santé et pas seulement en survie, ne pas les assister dans leur déclin, mais les aider à ne pas y entrer. Superbe programme, mais comment le mettre en œuvre ?

En vérité, « nous sommes tous dépendants les uns des autres », comme le souligne le sociologue Serge Guérin, mais nos systèmes sont souvent dépersonnalisants. D'où l'idée de retrouver le soin de son prochain, dans une relation singulière, idée qui nous vient d'Amérique avec le « care ».

« Le lien social, c'est cette nécessité qui me semble consubstantielle à l'être humain d'être en relation avec l'autre et de cultiver cette relation[1]. » Une relation qui s'exprime mal dans un rapport marchand de concurrence et d'enrichissement propre à la mentalité boomer, laquelle s'attache à l'individu plus qu'à la relation.

La société se trouve donc contrainte par cette vie prolongée de dépasser l'individualisme égoïste du marché libéral pour retrouver un mode de fonctionnement plus solidaire. Il faut nous occuper les uns des autres – faute de quoi nous ne nous en sortirons pas – et, pour commencer, aider ceux qui aident les autres, car il n'est pas facile de prendre sur son temps pour soulager ses semblables.

Cette prise de conscience s'est traduite par ce premier statut de l'aidant créé par la loi de 2015. Désormais, ceux qui s'engagent dans l'aide aux personnes dépendantes ont droit à un dédommagement ou même à une rémunération lorsqu'ils prennent en charge une personne sans être membres de la famille ; ils peuvent obtenir des aménagements dans leur travail, continuer à cotiser pour leur retraite, bénéficier d'avantages fiscaux, avoir des droits de repos, disons de « répit », pouvoir accéder à des formations, etc. Bref, la France commence à reconnaître que, sans les aidants, elle ne peut s'en sortir et que cette cohorte bénévole est l'avant-garde d'une transition générationnelle qu'il nous faut assumer.

Si l'on pose correctement la question en distinguant « seniors » et « dépendants », si l'on rappelle que la génération boomers est malvenue de demander des efforts en sa faveur après avoir autant maltraité le pays, la solution

1. Serge Guérin, « Éloge du lien social », *The Conversation*, 30 août 2016.

coule de source. Ce sont, en toute priorité, les « seniors » qui doivent se porter au-devant des « dépendants ». Mais les initiatives individuelles, totalement bénévoles, que l'on observe aujourd'hui sont absolument insuffisantes. C'est une véritable mobilisation qu'il faudra mettre sur pied pour que la prise en charge des plus âgés dépasse le cadre familial et se fasse à l'échelle de la société tout entière.

Aujourd'hui le rôle des grands-parents est essentiel dans la vie des familles lorsque le père et la mère travaillent. On estime que les grands-parents apportent 23 millions d'heures par semaine. Les seniors sont également très actifs dans les associations, dans la vie sociale, dans les communautés territoriales, etc. Mais, en dépit de cet engagement, la plupart se donnent aussi du « bon temps » qui pourrait être mieux utilisé.

La mobilisation des seniors

Le « Manifeste pour une révolution de la longévité » publié par *Le Monde* le 27 mai 2020 en appelait à un changement profond de notre société pour répondre aux besoins de ce « cinquième âge » qui va déferler sur la France dans les années à venir. Le diagnostic était exact, l'intention généreuse. Oui, une mobilisation générale est indispensable. Encore faut-il apurer le passé avant de mettre à contribution les plus jeunes. Une génération qui a vécu aux crochets de ses enfants, qui a hypothéqué leur avenir sous une montagne de dettes, qui s'est prétendue épuisée à 60 ans pour toucher sa pension et fringante à 75 pour refuser toute forme d'obsolescence, une telle génération n'est en état de rien exiger.

Pour avoir publiquement exprimé ce genre d'opinions, je n'ignore pas les réactions outrées qu'elles peuvent susciter. La génération des boomers, qui est un peu aussi la mienne, ne se reconnaît toujours pas la moindre responsabilité vis-à-vis de celles qui prennent la relève. Toujours dans la logique clientélaire du droit à prestation, elle présente ses besoins – en fait, des exigences – et réclame son dû. Les plus jeunes ne doivent pas seulement payer les pensions des seniors, ils doivent également assurer l'accompagnement des plus âgés.

Si longtemps que perdure chez les sexagénaires ce contentement de soi et ce droit au repos, aucune solution n'est possible. À la seconde où l'on rétablit la vérité du récit intergénérationnel, alors on ouvre l'avenir sur des perspectives raisonnables et apaisées.

Pour leur part, les chercheurs n'en sont plus là. Confrontés à l'évidence du vieillissement, à la charge qu'il fait peser sur nos sociétés, aux dangers pour notre cohésion sociale, ils posent un regard lucide sur nos aberrations démographiques et n'hésitent plus à envisager des remèdes qui, il y a encore quelques années, auraient fait s'étrangler d'indignation les chœurs de la bien-pensance. Le temps est venu pour les boomers d'adapter leurs demandes à leur contribution, de penser aux autres générations et pas seulement à la leur.

S'obstiner à croire que les jeunes générations ont le devoir de prendre en charge les vieux à partir de 60 ans et jusqu'à la toute fin de vie, c'est préparer une véritable guerre des générations quand la charge deviendra trop lourde, lorsque l'oisiveté des seniors deviendra problématique. Il apparaîtra alors évident que cette charge doit être assumée en priorité par les seniors.

Une France générationnelle

Posons le principe de base : le contrôle des dépenses n'est pas à rechercher dans une restriction, mais, au contraire, une amélioration des conditions de vie offertes aux vieillards. Quand bien même cela semblerait utopique, on sait aujourd'hui que c'est possible. Thomas Rapp, étudiant les politiques suivies par les États, constate qu'ils ont suivi trois voies. La première, celle de la réduction autoritaire des dépenses, se traduit clairement par une détérioration des services rendus. La deuxième, celle de l'appel au privé, qui a été tentée par des pays comme la Grande-Bretagne ou la Suède, peut permettre des économies, mais, en ce domaine, il se crée des oligopoles qui privilégient les résultats financiers. Retour à nos *Fossoyeurs*. Reste la troisième voie : « Une stratégie pour contenir les dépenses de soins de longue durée qui consiste à financer en priorité des mesures de prévention de la perte d'autonomie. Cette piste est celle du "bien-vieillir". » Reposant sur l'idée que la perte d'autonomie n'est pas forcément inéluctable, ces politiques se conduisent dans quatre directions : la prévention de la perte d'autonomie par un suivi précoce et attentif, le traitement de la perte d'autonomie dans le but de rendre des aptitudes perdues, l'utilisation de technologies modernes pour suivre et assister la personne, et enfin une lutte obstinée contre l'isolement. Les expériences conduites dans les pays les plus en pointe montrent que l'on peut ainsi avoir des aînés plus heureux et moins coûteux. Encore faut-il qu'une véritable mobilisation apporte aux personnes les plus fragiles cette aide dynamique.

La simple bienveillance du voisinage ne suffit pas. Pour l'accompagnement du grand âge, il faut rigueur et chaleur, compétence et attention, patience et intégrité. Ce dernier point est essentiel, car les personnes âgées sont vulnérables et peuvent se laisser circonvenir par des aigrefins. Seule une organisation dédiée peut choisir, former et surveiller des personnes dignes de confiance pour de telles tâches. Les rendez-vous ne doivent pas être des visites de courtoisie, ils doivent être assurés, quelles que soient les circonstances ; les soins doivent dépasser la seule amabilité, la seule serviabilité. Relever une personne tombée, aider à faire la toilette, suivre une pensée défaillante, répondre à un besoin de présence, rien de tout cela n'est évident et l'empathie ne peut suppléer l'absence de connaissances et d'expériences. Une formation minimale est nécessaire.

Il ne s'agit plus seulement de vœux pieux, mais de réflexions qui sont conduites dans des centres de recherche spécialisés, comme la chaire « Transitions démographiques, transitions économiques », TDTE, créée à l'initiative de Jean-Hervé Lorenzi dans le cadre de la fondation Louis-Bachelier. Ces chercheurs partis de la notion de risque sont tout naturellement arrivés à ce risque qu'on ne veut pas voir : celui de dépendance. Et cette simple volonté d'étudier les choses comme elles sont, sans tabou, a changé le regard et fait apparaître les réalités rejetées dans l'ombre. Ces chercheurs observent que nous avons des besoins évidents qui ne sont pas satisfaits, mais que nous avons aussi une population qui pourrait les prendre en charge. Ce manque d'effectifs ne se constate pas seulement dans la gériatrie, il n'est pas moins criant pour la santé, l'éducation, l'encadrement de la jeunesse, la gestion des petites communes, etc. S'il fallait y remédier par les méthodes classiques, les effectifs et les budgets, l'endettement, devraient être accrus dans des proportions déraisonnables. Les engagements de fonctionnaires supplémentaires, remède miracle des syndicats, n'apportent aucune solution viable. Il faut inventer de nouveaux types de rapports sociaux. De toutes parts jaillissent des propositions disruptives qui évoquent de profondes transformations sociales. Ainsi l'ancienne ministre Michèle Delaunay évoque un « volontariat civique senior », qui devait même figurer dans la loi ASV (adaptation de la société au vieillissement), puis a été retiré. Elle envisage la possibilité de réserves professionnelles enseignantes, juridiques, sociales, etc. Nous avons, face à face, des besoins et une population qui pourrait se mobiliser pour les satisfaire. Entre les deux, il ne manque que le courage politique.

S'en remettre au seul bénévolat, aux initiatives privées, pour assurer cette mobilisation au service de la population dépendante est bien insuffisant. Il s'agit d'une grande mission de service public qui doit être prise en main par l'État, ce qui ne veut pas dire administrée et fonctionnarisée. Il faudrait créer une véritable « réserve » semi-professionnelle qui viendrait compléter la capacité des institutions en charge de ces personnes. C'est un peu ce qui se passe à la satisfaction générale pour la lutte contre l'incendie. Le noyau des pompiers professionnels est renforcé en cas d'incendie par des pompiers volontaires. Ceux-là exercent une autre profession, mais ont été spécialement formés et se tiennent à disposition pour venir prêter main-forte aux professionnels. Il existe quelque 200 000 volontaires qui se joignent aux sapeurs-pompiers professionnels pour combattre le feu. Sans ce renfort, qu'on a de plus en plus de mal à renouveler, nous serions hors d'état de lutter efficacement contre les incendies. Pour le soin gériatrique, le renfort ne peut être fourni par les actifs, qui sont pris par leurs obligations familiales et professionnelles, il doit être assumé en priorité par les seniors, une population disponible et qui, par la suite, bénéficiera à son tour de tels services.

Notons que les tâches à accomplir ne sont pas bêtement répétitives, mais gratifiantes bien plus qu'aliénantes. Assister des vieillards pour qu'ils surmontent leur solitude, aider des enfants à rattraper leur retard scolaire, encadrer des adolescents incertains, venir en aide aux malades, offrir des services à des villageois isolés, etc., autant d'activités qui peuvent être éprouvantes, mais riches de relations humaines et apportant la satisfaction de se rendre utile, d'aider son prochain. Une gratification bienvenue face à une retraite qui crée souvent un sentiment de vacuité, d'inutilité.

Les bienfaits de l'activité

Les spécialistes se sont donc intéressés à ces « activités socialisées », « un peu contraignantes, d'intérêt général et pas forcément rémunérées », susceptibles tout à la fois de répondre à un besoin social et d'apporter un mieux-être à ceux qui les accomplissent comme à ceux qui en profitent. D'ores et déjà, de nombreux retraités s'investissent ainsi dans des activités d'intérêt général. En 2017, les activités socialisées correspondaient à près de 500 000 emplois à temps plein, chiffre en constante augmentation. Ce premier contingent constitue une excellente base expérimentale pour savoir ce qui est possible et ce qui ne l'est pas.

Question préalable : des personnes de 60 à 80 ans sont-elles en état d'assurer de telles fonctions ? Pour répondre, l'enquête Share (pour Survey on Health, Ageing and Retirement) a étudié l'activité et la santé de 120 000 Européens de 50 ans et plus. Il apparaît que « la pratique d'activités socialisées intensive, quotidienne, reste possible à des âges élevés entre 75 et 84 ans ». Conclusion : « C'est donc chez les 60 à 84 ans qu'il faut encourager cette pratique[1]. » La réponse est claire : le réservoir de main-d'œuvre est quasi illimité.

Non seulement une telle activité n'altère pas la santé, mais elle accroît le bien-être et la bonne santé. L'enquête Share montre que : « Les Français qui pratiquent les activités socialisées se verront en moyenne entrer en état de dépendance 3,2 ans plus tard que ceux qui n'en pratiquent pas. » Ce genre d'activité peut donc retarder l'apparition de la sénilité. D'où la conclusion des chercheurs : « Au lieu de se mettre "en retrait" de la société, les personnes âgées pourraient au contraire rester actives et mobiliser leurs compétences et savoirs pour lutter contre des défis clefs dans la société actuelle[2]. » De la gériatrie préventive, en quelque sorte. Sur quelle base pourrait s'organiser cette mobilisation des retraités ?

À terme, pense l'équipe de TDTE, il faudrait intégrer ce genre d'activités dans un parcours normal de vie. Dès 55 ans, les salariés pourraient effectuer des stages obligatoires avec bilans de compétences, pour découvrir les différentes opportunités qui s'offrent au-delà de leurs activités professionnelles. Ils se verraient offrir des formations pour acquérir les savoirs et les savoir-faire qui peuvent leur manquer. Une telle « réserve sociale » ne saurait remplacer le corps des

1. Jean-Hervé Lorenzi, Alain Villemeur, François-Xavier Albouy, *La Question intergénérationnelle*, Cent Mille Milliards, 2021.
2. *Ibid.*

soignants et aides-soignants professionnels. En effet, la toilette, l'administration de certains soins, nécessitent tout à la fois une haute technicité et une force physique que l'on ne possède pas toujours à 70 ans. Mais on sait que cette seule assistance technique, quelles que soient les qualités humaines des soignants, ne suffit pas pour répondre au besoin de présence, d'attention, d'échange, d'empathie, nécessaire pour surmonter le syndrome de la solitude. C'est à ce second niveau que les membres de la réserve sociale pourraient intervenir. Ils apporteraient cette chaleur, cette attention, cette stimulation qui retardent la perte d'autonomie.

L'engagement des seniors

Reste la question de la rémunération. D'une façon ou d'une autre, il faut que les intéressés y trouvent un avantage matériel. Mais on ne saurait renchérir la charge des pensions, déjà plus lourde en France que dans les autres pays. La prise en charge de ce « cinquième âge » dans une France ébranlée par la gestion financière des boomers ne pourra être laissée à la charge des générations d'après.

Osons franchir la ligne rouge. Sans doute faudra-t-il poser en principe qu'un senior qui cesse son activité professionnelle autour de la soixantaine sans avoir exercé un métier pénible, sans avoir sa santé altérée, doit exercer des activités d'utilité sociale, notamment vis-à-vis des personnes âgées. S'il refuse ce service civique, il verra sa pension amputée, à moins de procéder à l'inverse et d'affecter une prime à cette activité. Mais la contrepartie financière ne peut suffire. En effet, cela reviendrait à en dispenser les personnes disposant de revenus élevés, qui seraient indifférentes à la prime de service ou à l'amputation de pension. Il doit exister une obligation pour tous. Le senior ne doit pas se mettre en retraite à 60 ans sans effectuer une activité sociale. Le bénévolat ne peut suffire. Ce service social doit s'effectuer au sein d'une organisation, qui fixe les règles, décide des affectations et vérifie la bonne exécution des tâches. Avec, évidemment, la possibilité d'une radiation avec réduction de pension au cas où la personne ne donnerait pas satisfaction.

Voilà le genre de voies qu'il faut désormais explorer. Pour cela, il ne faut pas hésiter à sortir de l'épure et s'aventurer sur des terres nouvelles. Lorenzi, Albouy et Villemeur lancent l'avertissement : « Toute personne au long de sa vie de retraité, en fonction de son état de santé, de sa qualification et de son âge de départ à la retraite, doit conserver une activité socialisée dont le champ ne se limite pas exclusivement à un aspect associatif, mais qui suppose de pouvoir demeurer dans la vie active[1]. »

Les retraités ont du temps libre dont manquent cruellement les adultes, ils n'ont en tête ni les soucis professionnels ni la précarité qui assaillent leurs descendants, ils sont, enfin, par la proximité de l'âge, mieux à même de comprendre les attentes et les besoins des personnes dépendantes. S'ils ne sont pas les premiers mobilisés, je ne vois pas qui voudra suivre. En revanche, j'imagine fort bien ce que des personnes âgées peuvent apporter aux plus vieux et transmettre aux jeunes, une transmission sans laquelle la société perd son liant dans la durée. Encore faut-il que l'âge assure la transition avec le grand âge.

---

1. Cf. *L'Erreur de Faust*, *op. cit.*

La cité multiâge

Pour la société, le choc démographique n'est pas occasionnel, mais définitif. La nouvelle cohabitation intergénérationnelle doit être réorganisée de façon permanente. C'est ainsi qu'il faudra vivre désormais. Ce changement devra s'inscrire dans le domaine de l'habitat et de l'urbanisme. Nos villes, métropoles ou villages, sont faites pour des vies solitaires plus que solidaires. À ce jeu, les plus vieux sont évidemment les grands perdants. C'est tout ce soubassement socio-urbanistique qu'il faudra remettre en cause pour que chaque génération trouve sa place dans la cité.

Cette nécessité de repenser l'aménagement de l'espace dans une perspective intergénérationnelle s'est manifestée en juin 2005 lors du Congrès mondial de gérontologie et de gériatrie à Rio de Janeiro au Brésil. Elle a donné naissance au programme « Villes amies des aînées », des cités qui entendent mener une politique active pour réinsérer les personnes âgées dans le tissu urbain. Le désir de rester « chez soi » devient vite ingérable avec des personnes dépendantes qui se trouvent éparpillées sur un large territoire et très éloignées des assistances possibles. Le « chez-soi » se gère mieux dans un environnement aménagé qui permet de concilier cette soif de domiciliation et ce besoin d'assistance. C'est l'esprit de ce programme, qui a reçu le soutien de l'OMS et mis quelques réussites significatives à son actif. Une centaine de villes françaises, des plus petites aux plus grandes, y participent et présentent déjà un bel éventail de réalisations. J'en prendrai un exemple : Rennes.

La capitale bretonne gardait depuis des décennies un immense bâtiment désaffecté, la caserne Mac-Mahon. La municipalité en a fait une véritable unité de vie intergénérationnelle. Cet « espace Simone-de-Beauvoir », pensé pour la mixité sociale, comprend, outre la rénovation des bâtiments anciens, la construction de six nouveaux immeubles livrés en 2010. Les 300 habitants ont été délibérément choisis pour mélanger jeunes et vieux, étudiants et familles, personnes valides et personnes handicapées, propriétaires et locataires. Une mixité qui évite la logique de ghettoïsation propre à l'urbanisme contemporain et offre un cadre varié à l'image de ses occupants.

La nécessité de vivre ensemble est d'abord inscrite dans l'architecture en offrant à chacun un « chez-soi » adapté à des besoins particuliers, les logements étudiants sous les toits, ceux destinés aux familles en dessous et les appartements des personnes âgées ou à mobilité réduite aux étages inférieurs, etc. Cette mixité contribue à lutter contre l'isolement des personnes âgées. Il existe une charte commune à laquelle adhèrent tous les habitants, et une structure associative avec un restaurant coopératif, un local commun et une facilitatrice pour que les résidents se connaissent, se parlent, se donnent des coups de main, etc. Bref, il s'agit de faire vivre non pas des occupants, mais une collectivité.

Le projet retient l'attention des municipalités comme des hommes politiques, qui veulent en évaluer dans le temps la viabilité tant sociologique que financière. D'ores et déjà, la Ville de Rennes s'est lancée dans un projet encore plus innovant avec le Cours des arts prévu à Beauregard. Non seulement les 119 logements à construire, plus des ateliers d'artistes, sont destinés à des populations très variées, mais c'est un « vivre-ensemble » qui est programmé dans l'architecture. Avec des « parties communes », des jardins partagés, des buanderies, des rangements, des espaces de convivialité, etc. Des logements peuvent même fonctionner en binômes : ici l'appartement familial, là l'appartement pour personnes âgées et, entre les deux, une petite pièce commune où l'on peut se rencontrer.

Les habitants occupent leurs logements depuis 2019, autant dire que l'expérience – car la dimension expérimentale est essentielle – ne fait que commencer. Comment ces gens si divers vont-ils s'approprier ce lieu ? Cette proximité dynamique va-t-elle favoriser les relations ou bien, au contraire, générer des frictions ? Impossible d'anticiper la réponse. Mais l'idée est séduisante.

Saint-Étienne s'est également lancé dans l'urbanisme du grand âge avec sa Cité des aînés qui accueille, depuis septembre 2019, un Ehpad de 159 lits, une résidence autonome de 35 logements et 12 logements adaptés. Ce lieu entend répondre à tous les besoins de la personne âgée en termes de logement, déplacement, lien social, soins, bien-être, restauration. Tout a été réfléchi pour créer un lieu de vie agréable pour les résidents, ainsi que pour les familles et amis leur rendant visite. Là encore la dimension expérimentale est évidente. Il faudra collationner les enseignements dans la diversité et sur la durée pour dessiner les contours d'une France qui intégrerait le vieillissement dans son avenir.

Le choix du maintien à domicile est incompatible avec notre parc de logements, qui n'a évidemment pas été conçu pour cela. Ni les appartements des grands ensembles, ni les maisons clairsemées de la France périphérique, ni les « Sam'suffit » des banlieues pavillonnaires ne sont adaptés à des occupants qui ne se déplacent plus et ont un besoin constant d'assistance. Le choix de rester chez soi suppose un « chez-soi » adapté à ce nouvel usage. Il existe ainsi dans les pays scandinaves des cités de petits logements dans lesquelles des personnes âgées vivent en copropriété. S'il est quasiment impossible de convaincre un futur vieillard de quitter son logement pour aller vivre en Ehpad, le logement mieux adapté est en revanche tout à fait acceptable.

Qui va payer ?

La dépendance nécessite une mobilisation sociale sur le plan humain, mais elle pose un problème financier dont nous savons qu'il ne peut être contenu qu'à condition que l'on s'engage résolument dans la voie du « bien-vieillir ». Si l'on se contente de considérer les factures actuelles et d'imaginer leur croissance dans les années à venir, alors on découvre qu'il faudra envisager « un doublement du coût réel de la dépendance qui pourrait atteindre 70 milliards et qui changerait totalement l'organisation financière de notre pays[1] ». Il est impossible d'avoir un chiffrage précis, puisque le total dépend des prestations offertes, mais on sait que cela se soldera par des dizaines de milliards si l'on veut répondre aux attentes des boomers en fin de parcours. Les payeurs sont donc des Français qui d'ores et déjà supportent le plus haut niveau de prélèvements obligatoires, avec un tiers en dépenses sociales. Pourcentage sans équivalent au monde. Or le simple vieillissement de la population fera augmenter les budgets sociaux, notamment en matière de santé. Comment ajouter à ce fardeau de telles revendications de la fin de vie ? Comment les accepter en sachant qu'il

1. *Ibid.*

existe des solutions moins onéreuses et plus satisfaisantes pour les premiers concernés ?

Un peuple ne peut pas avoir pour seul objectif d'assurer le bien-être de ses aînés. Il est vrai que, avec des électeurs qui vieillissent et des jeunes qui s'abstiennent, la France pourrait devenir une gérontocratie démocratique dans laquelle la volonté générale, telle qu'issue du suffrage universel, donnerait la priorité aux revendications des personnes âgées. Les seniors, tout à la fois, posséderaient l'essentiel du patrimoine privé, contrôleraient la majorité des bulletins de vote, auraient la disposition de l'argent public et exerceraient le pouvoir politique. La population active, celle qui produit les richesses et élève les enfants, deviendrait politiquement minoritaire et perdrait la gouvernance au profit des aînés. Les conditions seraient bien réunies pour déclencher la guerre des générations.

La République est donc une fois de plus figée entre les effets d'annonce – « Il faut créer une cinquième branche de la Sécurité sociale » – et la procrastination – « On verra plus tard pour le financement ». C'est le moment de poser la question qui fâche : qui va payer ? Va-t-on, une fois de plus, augmenter les cotisations des actifs qui pèsent sur le travail ? C'est la solution à laquelle se rallient ordinairement les partenaires sociaux sur proposition de la CGT avec les récriminations du Medef. C'est la solution que préconise la grande gériatre Françoise Forette. Elle propose de financer cette cinquième branche de la Sécurité sociale en créant « une cotisation obligatoire, universelle, payée par tous, comparable aux cotisations maladie ou retraite[1] ». Une coti-

1. Françoise Forette, « Une indispensable solidarité nationale », *Le Monde*, 7 juin 2021.

sation qui s'ajouterait aux autres, lesquelles sont déjà les plus lourdes du monde. On pourrait également donner un coup de pouce fiscal qui se perdrait dans une loi de finances… Que l'on joue sur les cotisations ou sur les impôts, dans les deux cas, les retraités ne seront sollicités qu'en seconde main. L'essentiel de l'effort reposera sur les actifs, les plus jeunes. Est-ce normal ? Ne pourrait-on demander aux personnes âgées de se prendre en charge ? Bien des spécialistes penchent en ce sens, sans être entendus.

Ainsi de Dominique Libault, dont les rapports font autorité. À la question : « Une hausse de la CSG des salariés. Bonne ou mauvaise idée ? » il répond : « Cela aurait pu être une bonne idée si, d'entrée de jeu, le gouvernement avait fait de la pédagogie autour du financement de la dépendance par une augmentation ciblée de la CSG des retraités[1]. » Mais l'opinion des spécialistes évolue à mesure qu'on s'approche des échéances et l'opinion s'indigne toujours à l'idée de faire contribuer les personnes âgées.

Que cela puisse choquer prouve simplement que les Français n'ont pas une juste vision de leur société et de leur histoire, qu'ils se laissent intoxiquer par les représentations fallacieuses et les impostures morales. Un esprit libre comme Hakim El Karoui n'hésite pas à souligner la tendance gérontocratique de la France contemporaine. Il rappelle que l'épidémie a provoqué un « incroyable mouvement de solidarité des actifs et des jeunes envers les personnes âgées ». Or cet effort a été consenti dans des circonstances bien particulières. « Fait totalement inédit dans l'histoire

1. Dominique Libault, « La dépendance coûtera bien plus cher demain », *L'Opinion*, 8 juillet 2021.

humaine, [...] plus on est vieux, plus on est riche, et ceux qui travaillent vivent moins bien que ceux qui ne travaillent plus [...]. Les actifs, notamment les jeunes, sont perdants sur tous les tableaux[1]. »

L'opinion est entretenue dans l'image des vieux désargentés et opprimés, mais les chercheurs voient désormais la réalité telle qu'elle est et en tirent les conséquences. C'est notamment le cas de l'économiste et directeur de recherche au CNRS André Masson. D'emblée, il pose le principe : « La solution consiste à éviter de faire cotiser des actifs déjà pressurisés et à mutualiser le risque de perte d'autonomie entre les seniors[2]. » Il rejoint sur ce point André Renaudin, directeur général de La Mondiale, qui résume la proposition de façon très illustrative : « Actif, je cotise pour ma retraite. Retraité, je me prépare au risque de dépendance[3]. »

La formule a de quoi faire bondir tous ceux qui ont retenu du débat biaisé sur les retraites que, en France, les vieux vivent avec des pensions inférieures à 900 euros par mois. Mais nous savons qu'il n'en est rien et que, en dépit de ces faibles pensions, le niveau de vie des plus de 60 ans est nettement supérieur à celui des générations plus jeunes, en revenu et, surtout, en patrimoine. Chiffres en main, André Renaudin tranche : « La mutualité des retraités a globalement les moyens de financer le coût de la perte d'auto-

1. Hakim El Karoui, « Les actifs sont sacrifiés pour les retraités », *L'Opinion*, 10 avril 2021.
2. André Masson, « Comment réduire les inégalités entre générations ? », *Futuribles*, n° 442, mai-juin 2021.
3. André Renaudin, « La dépendance, le risque démographique du XXIe siècle », *Risques*, n° 123, septembre 2020.

nomie. » « Le troisième âge paierait pour le quatrième[1] », résume André Masson. Je traduirai pour ma part : « Le quatrième âge paiera pour le cinquième. »

Comment pourrait fonctionner un tel système ? André Masson propose une assurance obligatoire des seniors. « L'allongement de l'espérance de vie et la remontée des risques liés à la longévité militent pour l'instauration d'une assurance obligatoire et inclusive du risque de perte d'autonomie... Or ce risque est actuellement mal couvert par le marché : taille limitée, couverture imparfaite et partielle ; taux de refus d'assurer élevé, etc. [...] Comment faire pour que ce financement complémentaire ne creuse pas davantage encore les inégalités entre générations et ne pèse pas sur un coût du travail déjà élevé ? La solution consiste [...] à mutualiser. »

Tous les seniors seraient donc tenus de prendre une assurance dépendance qui subviendrait à leurs besoins en cas de perte d'autonomie. La prime serait évidemment proportionnée aux revenus, au patrimoine, ou aux deux. L'idée semble très judicieuse, car la situation est exactement celle qui appelle une mutualisation assurantielle. En effet, elle représente un risque faible pour un grand danger puisque, en pratique, seulement 8 % des plus de 60 ans sont dans cet état, mais les conséquences peuvent être très graves. Ce risque se prête donc idéalement à la mutualisation.

1. André Masson, *Nos sociétés du vieillissement entre guerre et paix*, Éditions L'autreface, 2020.

Le patrimoine des boomers

Mais il ne suffit pas de mobiliser les seniors, il faut aussi mobiliser leur patrimoine et, là encore, sans fausse pudeur. Ils possèdent en moyenne entre 150 et 200 000 euros chacun, soit un patrimoine net quatre fois supérieur à celui des trentenaires. Ce que les statisticiens traduisent sur le plan national par la « règle des trois soixante ». Les 60 ans et plus représentent le quart de la population, mais possèdent 60 % du patrimoine immobilier et 60 % du patrimoine financier. Cette possession est essentiellement crispée sous l'effet d'une double peur. Celle de la catastrophe collective, crise économique qui fait perdre aux avoirs leur valeur, celle de la catastrophe individuelle qui fait perdre au retraité son autonomie. C'est dire que les seniors adoptent des placements sans risques : livret A, pierre, assurance-vie, et qu'ils font peu de donations. En pratique, les jeunes générations doivent attendre la soixantaine pour toucher leur héritage. Quant aux retraités, ils n'ont pas les revenus suffisants pour subvenir à leurs besoins lorsqu'ils sont atteints par les malheurs du grand âge et doivent être à la charge de la collectivité. Il faudrait donc faire en sorte que les 6 500 milliards net que possèdent les retraités soient utilisés plus intelligemment, pour eux, pour leurs enfants et pour le pays.

Les spécialistes connaissent les formules qui permettent d'atteindre un tel résultat. André Masson en propose une panoplie dont on perçoit aisément le mode de fonctionnement, même si les mécanismes sont à discuter avec le conseiller fiscal. Il faudrait tout d'abord « liquéfier » le patrimoine immobilier, c'est-à-dire permettre au senior de disposer de l'argent correspondant tout en conservant son logement. Il existe des formes diverses et variées de vente en viager, de prises d'hypothèques, grâce auxquelles les propriétaires peuvent tout à la fois rester chez eux et disposer de l'argent pour payer l'assistance dont ils ont besoin. Il n'est que de choisir la formule la mieux adaptée dans chaque cas. Il en va de même pour les donations plus précoces. Techniquement, les solutions sont connues, mais c'est le politique qui les applique.

Reste enfin la question économique. Pour l'économie française, ces milliards qui dorment dans les placements « de père de famille », c'est de l'argent perdu, de l'investissement en moins. Mais comment transformer des seniors en « start-uppers », comment leur donner le goût de l'épargne à risque qui est aussi, ne l'oublions pas, l'épargne à hauts rendements ? Là encore, André Masson et les autres experts des placements boursiers, sans compter les agents de Bercy et les services bancaires, peuvent proposer de nombreux « produits », comme ils disent, susceptibles de « dynamiser » une épargne sans plonger dans la spéculation pure et simple. La France n'est donc pas condamnée à laisser dormir ces milliards qui, aujourd'hui, servent en priorité à financer le déficit de l'État.

Les solutions techniques existent, le problème est essentiellement politique. Quel chef de l'État, quelle majorité aura le courage de prendre clairement le parti des jeunes et des actifs plutôt que celui d'inactifs en passe de parfaire la mise en coupe du pays à leur profit ? Comment faire comprendre aux jeunes qu'ils sont maltraités et qu'il existe des corrections possibles, mais que la réforme passe par le suffrage universel et non par les débordements populistes ? La société du vieillissement ne doit pas dériver vers une gérontocratie élective, véritable cocotte-minute qui laissera monter les tensions intergénérationnelles, jusqu'à la rupture sociale. Au terme d'un tel laisser-aller, il n'y aura que des perdants.

Or les experts qui vivent en permanence au cœur de cette réalité nous préviennent que la crispation des seniors sur leurs droits acquis et privilèges, et la fermeture face à la montée des plus jeunes pourraient conduire à l'effondrement de nos sociétés modernes. André Masson souligne justement que ce qui est en cause, c'est le prix que nous accordons à la vie humaine, un prix qui n'est plus celui de la survie, mais du bien-être, réduit le plus souvent au bien-avoir. Peut-on encore se l'offrir ? En effet, ce qui caractérise la vie « à la française », ce n'est pas telle ou telle caractéristique géographique, historique ou culturelle, mais bien plutôt, comme le souligne Jacques Attali[1], la satisfaction des exigences individuelles. Aucune nation ne l'a poussée aussi loin, jusqu'à en faire des droits acquis, autant dire des privilèges. Nous les avons accumulés en présupposant que la collectivité pourra toujours les financer, que les différentes catégories accepteront de supporter le fardeau, de recevoir leur part des avantages ou des inconvénients. Nous constatons tous les jours que ce consensus est de plus en plus fragile, que la répartition des efforts est de moins en moins bien supportée. On ne peut éternellement renforcer la place de l'individu et restreindre celle de la collectivité, refuser également l'Ehpad et les contraintes du vieillissement à domicile.

Il nous faut donc inventer une société du vieillissement faisant cohabiter harmonieusement cinq générations : les

1. Jacques Attali, « Les Privilèges français », *Les Échos*, 12 juin 2020.

enfants, les adolescents, les actifs, les seniors et les vieux. « Jamais l'histoire humaine n'a été confrontée à une telle situation[1]. » En outre, nous suivons depuis un demi-siècle la voie d'une hyperindividualisation égoïste, alors qu'une solidarité dynamique seule peut éviter que la lutte des classes se double d'une lutte des générations. Dans son étude, André Masson ne cache pas son pessimisme : « Mon analyse suggère plutôt que, en l'état des choses, les intérêts des différentes générations divergent trop fortement pour qu'une société du vieillissement harmonieuse s'avère envisageable[2]. » Les économistes, en explicitant le titre de leur livre, nous mettent en garde : « L'erreur de Faust est d'avoir cru soigner le mal en guérissant le symptôme, éviter la mort par la jeunesse éternelle. [...] Faust est avant tout un individualiste, il faut au contraire penser le bien-être comme la condition nécessaire à l'équilibre d'une société dans sa globalité[3]. »

C'est donc bien ce « privilège français » de l'individualisme triomphant qui se trouve mis en cause par le vieillissement. Et l'on peut déjà voir dans l'Hexagone même certaines expériences qui ouvrent la voie vers une société du vieillissement. Mais il est bien difficile d'imaginer un projet d'ensemble à partir de ces quelques pistes. Fort heureusement, cette vieillesse heureuse n'existe pas seulement dans les « zones bleues » du monde traditionnel, elle existe également, à plus grande échelle, dans le monde industriel. Oui, il y a des pays dont le développement égale et dépasse le nôtre, dans lesquels les nonagénaires ne se cachent pas

1. Jean-Hervé Lorenzi, François-Xavier Albouy, Alain Villemeur, *L'Erreur de Faust*, *op. cit.*

2. Cf. *Nos sociétés du vieillissement*, *op. cit.*

3. Cf. *L'Erreur de Faust*, *op. cit.*

chez eux ou dans des Ehpad, mais s'insèrent dans la société parmi les autres tranches d'âge. Exemple type de cette socialisation des aînés : le Danemark.

Le bien-vieillir danois

Tandis que la presse, dans le sillage des *Fossoyeurs*, lançait enquêtes et reportages sur le triste état de nos Ehpad, multipliait les éditoriaux et les chroniques sur notre incapacité à construire une société du vieillissement, *L'Express* prenait le parti inverse en faisant découvrir à ses lecteurs le paradis danois des anciens, l'exemple unanimement reconnu pour la prise en charge du vieillissement. Son reporter Axel Gyldén a donc découvert à Copenhague des vieux, pas des seniors, heureux[1]. C'est le premier constat, si surprenant pour nous autres Français : « La présence de personnes âgées dans l'espace public est visible à l'œil nu. Au guidon de leur *rullator* (les déambulateurs à la mode danoise) elles sont beaucoup plus nombreuses et autonomes qu'en France. [...] La vieillesse s'affiche sans complexe. Les municipalités et l'association Aeldre Sagen organisent des réunions, des activités, du réseautage pour les seniors afin d'entretenir une vie sociale. »

Cette association est une des clés du succès danois. Elle agit en faveur des personnes âgées, mais, en outre, fait entendre leur voix et défend leurs intérêts. Elle a pour elle le temps et le nombre. Fondée en 1986, elle compte aujourd'hui 900 000 adhérents – quasiment un sixième

1. Axel Gyldén, « Le Danemark, ce pays où les seniors sont rois », *L'Express*, 10 février 2022.

de la population ! Ainsi ces vieillards, qui sont les oubliés de la démocratie française, sont bien présents dans son homologue danoise. Cela explique que cet unanime désir de vieillir à domicile soit traduit dans les faits. On compte trois fois plus de vieilles personnes qui vivent chez elles que de résidents en établissements spécialisés. Vieillissent-elles dans la solitude ? Absolument pas. Elles sont insérées dans un réseau d'aidants, professionnels ou bénévoles, organisé à l'échelle municipale. Bien que les soignants soient mieux formés et mieux payés qu'en France, ce système est beaucoup moins onéreux que le placement en maison de retraite. Clé du succès, la collectivité n'attend pas que la personne soit accablée par toutes les misères du grand âge pour s'en occuper, elle sait prévenir la dépendance pour en retarder les effets. Au Danemark, la vieillesse, ça s'apprend. Tout est mis en œuvre, dès la cinquantaine, pour préserver la bonne santé, pour retarder autant que possible l'apparition des handicaps qui finissent par rendre nécessaire le recours à la maison de retraite.

Qui plus est, la vieillesse, ça se soigne. Les Danois ont mis au point le système « Fréderica » qui vise à « réautonomiser » les personnes âgées qui perdent certaines capacités. Plutôt que se contenter de faire les choses à leur place, les assistants entreprennent de leur faire retrouver les capacités perdues. Et l'expérience prouve que c'est possible, notamment dans la préparation des repas. Ce qui réduit tout à la fois le mal-vivre du vieillard et le coût de sa prise en charge. Encore faut-il assurer un suivi permanent pour intervenir précocement. Les municipalités qui ont en charge les personnes âgées ont l'obligation d'assurer des visites. Ainsi, le senior vieillissant n'est pas laissé seul dans son logement et l'aide qui lui est apportée est ajustée à ses capacités. Il se trouve, en outre, inséré dans un réseau d'animation qui entretient les facultés intellectuelles. Bref, on recrée, dans le monde moderne, cet environnement humain dont bénéficient les centenaires dans les « zones bleues » du monde traditionnel.

Devant ce paradis des cheveux gris, nos technocrates auraient vite fait leurs calculs : impayable. Or le système danois des retraites, impliquant l'assistance au grand âge, est strictement équilibré sur le plan financier. Le premier secret se trouve dans l'âge de la retraite. Les Danois attendent 67 ans pour faire valoir leur droit à pension. Et l'on sait que, dans les années à venir, ils passeront à 68 ans et pousseront jusqu'à 70 ans. Pendant ce temps, nos candidats présidentiels prétendent toujours restaurer la retraite à 60 ans. On voudrait croire à de la banale démagogie. Hélas ! ils ne font que refléter l'opinion des Français, qui, aux deux tiers ou aux trois quarts, souhaitent cesser leur travail avant 61 ans. Le départ plus tardif n'est pas la seule source d'économies, toutes les mesures visant à améliorer les conditions de vie sont économiques. Car les vieux coûtent beaucoup moins cher lorsqu'ils sont heureux : ils se portent mieux, ont moins d'accidents, sont moins dépendants et ne perdent leurs facultés que beaucoup plus tard.

La France n'est pas le Danemark et l'on ne saurait transposer tel quel ce modèle ; en revanche, il est bien des leçons à en tirer. La plus évidente, c'est que le vieillissement n'est pas une affaire individuelle mais collective. On vieillit tous ensemble et c'est tous ensemble que l'on doit organiser ce vieillissement. Les Danois ont maintenu une sociabilité qui se déploie aisément dans le secteur public comme dans le secteur privé. Est-ce l'influence du rude climat scandinave ou la si longue pratique de la social-démocratie ? Le fait est que la vie collective est d'une grande richesse et permet d'organiser des solidarités sans devoir tout inscrire dans le règlement.

La société française est partie en sens contraire. Récusant l'esprit civique que professaient les instituteurs de la IIIe République, les boomers ont dénigré toute transcendance sociale pour exalter l'individualisme triomphant. Le « chacun pour soi » conduit au vieillissement dans la solitude de son logement ou à l'encasernement dans un Ehpad. La longévité ne peut qu'être solidaire, à l'opposé de l'esprit boomer. Telle est la révolution que nous impose notre évolution démographique. Avant ou après les affrontements générationnels que nos experts voient poindre à l'horizon. C'est toute la question qui nous est désormais posée.

Proposition

Le Conseil de prévision

Pour mesurer les possibilités d'une véritable société du vieillissement et ce qui nous en sépare, je vous propose, à titre d'« expérience de pensée », comme disait Albert Einstein, d'imaginer concrètement ce à quoi pourrait ressembler une fin de vie qui, l'âge venant, trouverait son équilibre entre le devoir de solidarité de tous vis-à-vis de chacun et les droits à la dignité et à l'indépendance de chacun vis-à-vis de tous. Dans le respect des équilibres financiers. Voici comment on pourrait imaginer une existence qui donnerait à tous des années en mieux et pas seulement des années en plus.

La maîtrise du vieillissement ne peut aller sans une organisation sociale qui mobilise la société tout entière et permette à chacun de choisir son quatrième et cinquième âge. Il faut donc imaginer que chaque individu, homme ou femme, la cinquantaine venue, se voie inviter à un Conseil de prévision, le pendant de nos anciens conseils de révision – ceux que passaient tous les jeunes garçons sommés de se présenter à l'armée pour préparer leur service militaire. Ce conseil servirait, comme son nom l'indique, à prévoir et préparer sa vieillesse, avec la perspective d'un service non pas militaire, mais social.

La première fonction de ce rendez-vous serait médicale ; il s'agirait tout simplement d'apprendre le vieillissement. Nous trouvons normal que l'âge adulte s'apprenne dans l'enfance, mais que la vieillesse ne s'apprenne pas dans l'âge adulte. De ce fait, celle-ci nous prend par surprise, une surprise attendue, mais une surprise tout de même, à laquelle chacun s'adapte comme il peut. Il s'agit d'un manque dans notre sociabilité. L'âge ne doit pas nous tomber dessus, nous devons le voir venir et même aller à sa rencontre.

Cet apprentissage du vieillissement doit d'abord se faire sur le plan général, le même pour tous. L'évolution de l'organisme, de la physiologie, de l'environnement, des relations sociales, du milieu familial... autant de transformations inéluctables qui se vivent mieux quand elles sont connues, attendues et comprises. Il faut posséder les repères qui permettent de se situer tout au long de ces années, les étapes à franchir, les habitudes à prendre, les pièges à éviter, les règles d'hygiène, les alertes significatives, etc. Avec tous les conseils pratiques et les adresses à la clé. Il existe, certes, toute une littérature sur le sujet ; toute une presse en fait un thème central ; il n'empêche qu'une telle présentation générale ne serait pas inutile. À chacun d'en faire son profit.

Cette présentation générale doit évidemment se doubler d'un conseil individualisé. Pour chacun, il sera tenu compte de l'état physique, du passé sanitaire, de l'hérédité aussi, du mode de vie particulier, du milieu familial, de l'implication professionnelle, des aspirations, etc. Un tel examen permettrait d'établir une sorte de feuille de route personnalisée pour bien vieillir, pour repousser le plus possible les atteintes du grand âge.

Il ne s'agit pas d'obéir à une quelconque lubie technocratique, mais de corriger de très mauvaises habitudes inscrites dans le mode de vivre à la française. Nous avons à rattraper l'avance en termes d'années d'espérance de vie en bonne santé que les Scandinaves ont sur nous. L'enjeu est majeur et concilie parfaitement l'intérêt individuel et l'intérêt collectif. L'expérience des sociétés modernes comme des sociétés traditionnelles le prouve, il existe un « bien-vieillir » qui se vit au niveau collectif comme au niveau individuel et qu'il nous faut apprendre ou retrouver.

La deuxième étape de ce Conseil de prévision serait assurantielle. Le ou la quinquagénaire aurait à faire le choix d'une « assurance dépendance ». La souscription serait obligatoire, mais, comme pour les mutuelles, chacun aurait le choix de se porter sur telle ou telle offre. Des experts, indépendants des compagnies d'assurances, seraient à disposition pour informer le public, éclairer les choix en fonction des situations et des préférences individuelles. Les primes d'assurance seraient évidemment modulées selon les revenus et le patrimoine – l'État prenant à sa charge tout ou partie du paiement pour les plus démunis.

Le troisième temps serait professionnel, permettant à chacun de choisir son mode de vie pour ses dernières décennies. Cette partie ne concernerait pas les travailleurs ayant exercé des métiers pénibles qui raccourcissent l'espérance de vie. Ceux-là continueraient à prendre une retraite bien méritée, la soixantaine venue. Ils pourraient, s'ils le souhaitent, s'investir dans des activités sociales leur faisant gagner un complément de retraite, mais la pension pleine serait acquise dès lors que l'activité professionnelle réduit fortement la longévité.

La grande majorité des quinquagénaires qui n'entrent pas dans cette catégorie auront à faire un choix de vie pour leurs décennies à venir. Première possibilité : la poursuite d'une activité professionnelle jusqu'à 68 ans pour toucher ensuite une pension complète, calculée sur un nombre élevé de cotisations, et libre de toute obligation. L'activité devrait évidemment être adaptée à l'âge et à la condition physique. Seconde possibilité : partir autour de la soixantaine. En ce cas, il faudrait choisir entre un départ sans obligation, mais avec une pension amputée, et un départ avec une obligation de service social donnant droit à une pension complète. Cela supposerait de faire un bilan de compétences pour connaître les aptitudes et les désirs de chacun. Dans quel secteur a-t-on des besoins, dans quel secteur souhaite-t-on s'engager ? L'affectation impliquerait un cycle de formation dans les années suivantes pour préparer cette activité qui doit dépasser le simple bénévolat dans lequel chacun reste maître de la contribution qu'il apporte. Il s'agit ici de remplir des tâches bien déterminées avec une rigueur professionnelle. Les volontaires engagés dans cette réserve sociale dépendraient d'une organisation chargée de répartir les membres disponibles selon les besoins constatés. Leur travail serait évalué et ceux qui ne donneraient pas satisfaction se retrouveraient simples retraités avec une pension amputée.

Il faudrait donc créer, à partir d'institutions existantes, en liaison avec les associations et les syndicats, ces structures chargées d'encadrer et de faire travailler une réserve sociale. Il faudrait aussi déterminer le montant de l'amputation de pension en cas de retraite sans obligation. Le calcul devrait être fait sur la base d'un système équilibré qui, comme dans les pays germaniques ou scandinaves, impose aux régimes sociaux de rester à l'équilibre.

Le quatrième rendez-vous de ce Conseil de prévision serait patrimonial. Chacun aurait à disposition un conseiller financier pour l'éclairer sur la gestion de son patrimoine. Ceux qui n'en ont pas ne seraient pas, bien au contraire, les moins intéressés pour savoir comment faire face à une situation de détresse quand on ne dispose d'aucune réserve personnelle. Mais l'on sait que les trois quarts des retraités sont propriétaires de leur logement et qu'ils disposent généralement d'une épargne financière, il s'agirait donc de les informer des dispositifs possibles pour atteindre un double objectif : rester le plus longtemps chez soi, avoir les ressources disponibles pour vivre selon ses besoins et selon ses envies. Des experts en placements pour retraités pourraient indiquer les solutions de type « viager » les plus adaptées à chaque situation pour « liquéfier » son patrimoine immobilier. Ils pourraient aussi conseiller des déménagements, afin de se trouver un « chez-soi » qui facilite une assistance à domicile. Chacun saurait à quoi s'en tenir pour organiser sa seconde partie de vie en fonction de ses possibilités financières. En bénéficiant de toutes les aides disponibles, sans se mettre à la charge de ses descendants.

Il ne s'agit pas là d'un programme de gouvernement, rien que d'un exercice, afin de visualiser des situations qui permettraient de prendre en charge nos aînés sans accabler nos descendants. On voit à la fois que le chemin est long et que les solutions existent, qui permettraient de transformer les années que nous offre la médecine en années utiles pour soi et pour les autres. Aujourd'hui, la bataille de la longévité perd son sens quand elle n'offre plus que des années d'une survie à l'abandon dans la solitude d'un « chez-soi » devenu une résidence contrainte ou un Ehpad devenu un enfermement à vie, à mort. La vieillesse heureuse pour tous n'est pas donnée, elle ne peut être qu'une construction sociale, difficile assurément, mais réconfortante par l'avenir qu'elle permet d'éviter, exaltante par celui qu'elle permet de s'offrir.

Conclusion

Libres tous ensemble

La révolution des boomers fut, en définitive, celle d'une liberté ombilicocentrée et coupée de toute référence. Le « moi d'abord », avec ma liberté en sautoir, repoussait comme simple élément de décor la nation, la nature, l'avenir, les valeurs de la République. Les droits de l'homme, après avoir été ceux du citoyen, devenaient ceux de l'individu. Voilà ce qui n'est plus possible avec le vieillissement. La révolution de la longévité sera celle d'une liberté collective et d'un ordre social exigeant. Passer de l'une à l'autre nous impose un changement dans nos façons de vivre et pas seulement de penser. L'atomisation de la société en une multitude d'égoïsmes nous a fait perdre ce métabolisme social qui conduit les générations à s'enchaîner les unes derrière les autres. En harmonie de préférence. L'exemple des pays scandinaves, du Danemark en particulier, montre que cette régénération n'a rien d'utopique, qu'il n'y a pas d'incompatibilité entre notre modernité et cette solidarité, entre la démocratie et la discipline intergénérationnelle. Mais la crise sanitaire aura été une bien mauvaise entrée en matière pour cette transition démographique.

Le coronavirus nous a d'abord saisis par surprise. En l'absence de toute réponse médicale, le pouvoir dut, comme au Moyen Âge, mettre en place un ordre social qui s'opposait à la diffusion du Covid. Le confinement, cette assignation générale à résidence, était assurément la plus sévère atteinte à nos libertés depuis 1945. Les réactions auraient dû être violentes, elles furent quasiment inexistantes. Les Français, de la classe politique aux simples citoyens, firent preuve d'une discipline qui suscita la surprise. Ils entendirent l'ordre : « Restez chez vous », et ils restèrent chez eux. Auraient-ils perdu le goût de la fronde, le coq dressé sur ses ergots se serait-il fait mouton ? Certainement pas. Mais le commandement ne venait pas du pouvoir politique, dépassé par l'événement, il portait la marque du pouvoir médical. Majorité comme opposition n'avaient rien à proposer. Face aux injonctions des épidémiologistes, elles ne faisaient que suivre. Il n'y eut aucune rébellion. Ni à la base ni au sommet. Il fallait obéir, car une ordonnance médicale ne se discute pas. Fin de l'histoire. Elle fut bien courte, trop courte ; ce n'était que partie remise.

Le vaccin pour soi ou pour tous

Le village gaulois a retrouvé son tempérament querelleur en découvrant la potion magique vaccinale. Réaction surprenante, car nous connaissions la vaccination obligatoire alors que nous ignorions le confinement général. Sans doute ce retour à la normalité sur le plan sanitaire a-t-il facilité ce retour à la normalité sur le plan contestataire. Nous avons accepté sans moufter ce que nous ne connaissions pas, mais nous avons renâclé face à ce que nous connaissions parfaitement. Avec le recul, nous pouvons voir cette bataille du vaccin comme une fable dont la moralité illustre la fin d'une époque, celle des boomers.

Lorsque, à la surprise générale, l'industrie pharmaceutique met au point des vaccins en moins d'une année, l'épidémie revient dans un cadre connu. Il est désormais possible de confronter le présent au passé, car le vaccin a une très longue histoire, sur le plan médical, mais aussi sur le plan politique. Dès 1902, la France rendit obligatoire la vaccination contre la variole. Remarquons que cette obligation fut supprimée en 1984 pour la raison simple que la variole avait disparu. Vaincue par le vaccin. Depuis lors, les vaccinations obligatoires se sont succédé : en 1938 pour la diphtérie, en 1940 pour le tétanos, en 1950 pour la tuberculose, en 1964 pour la poliomyélite, etc. En 2017, la ministre de la Santé, Agnès Buzyn, a porté de trois à onze le nombre des vaccinations obligatoires pour les enfants.

La vaccination est donc une institution républicaine centenaire qui comporte un double aspect : individuel et collectif. Chaque injection protège à la fois le vacciné et la société. Il s'agit d'une médecine socialisée très particulière. Pour le public qui connaît mal les subtilités de notre système immunologique, tout repose sur un pacte de confiance entre le peuple et les autorités sanitaires. Et comme l'on sait, la confiance n'est pas la première qualité des boomers. Elle vient bien après le libre arbitre de chacun.

Au pays de Pasteur, cette république vaccinale a longtemps bénéficié d'une adhésion quasi unanime. Mais cette institution, comme toutes les autres, a perdu de sa superbe au cours des dernières décennies. Cette remise en cause tient d'abord à la méfiance générale qui a gangrené nos sociétés, une méfiance qui s'est amplifiée avec la contestation ouverte et permanente sur les réseaux sociaux. De ce fait, le pourcentage des Français défavorables aux vaccins est passé de 9 % en 2000 à 21 % en 2017, un des taux les plus élevés du monde. Les antivaccins restent marginaux, mais le vaccin apparaît plus comme un acte individuel que comme une action collective, il est devenu discutable, sinon condamnable. L'idée d'imposer la vaccination n'est plus dans l'air du temps et l'extension décidée par madame Buzyn en 2018 a suscité une grogne certaine.

Face à une telle épidémie, notre stratégie médicale aurait dû consister à décréter la vaccination obligatoire, afin que toute la population soit immunisée. Chaque Français s'y serait soumis. Par simple discipline civique. Tel était le statut de la vaccination, un statut contesté par une infime minorité. En effet, il existe une poignée d'irréductibles vaccinophobes qui, en dépit des preuves les plus indiscutables, s'entretiennent dans la frayeur d'une médecine assurément déroutante, puisqu'elle ne s'exerce pas sur des malades, mais sur des bien-portants, et qu'elle ne trouve rien de mieux à faire que de leur injecter des germes pathogènes. Inutile d'expliquer les secrets du système immunitaire, l'esprit sectaire puise sa certitude de sa marginalité. La même démonstration qui convainc 99 % de la population apporte au 1 % restant la satisfaction grisante d'être seul à détenir la vérité.

C'est dans ces conditions que la France du Covid accueille les nouveaux vaccins. En un premier temps, les Français sont éberlués par une mise au point si rapide, mais la méfiance reprend le dessus. Il est de bon ton de dénoncer la précipitation de l'opération. A-t-on pris le temps de procéder à toutes les vérifications ? Ne faut-il pas attendre, pour s'assurer de l'innocuité et de l'efficacité ? Autant d'arguments qui plaident contre toute procédure autoritaire. Les beaux esprits dissertent à longueur de tribune pour savoir si la vaccination ne comporte pas un risque liberticide. Une majorité de Français déclarent qu'ils ne se feront pas vacciner dans l'immédiat. Le chef de l'État, soucieux de penser dans le sens du vent, annonce, dans un premier temps, qu'il ne retiendra pas l'obligation vaccinale.

Lorsque commence la campagne, nos bureaucrates n'ont qu'une idée en tête : s'assurer du consentement de chaque personne vaccinée. Ils prévoient pour cela des procédures insensées qui retardent considérablement les opérations et qui seront bien vite abandonnées. Quant aux Français, poussés par les vagues successives de l'épidémie, ils constatent que les effets secondaires désastreux ne se produisent pas et prennent en masse le chemin des vaccinodromes.

La rage des antivax

Dans le pur esprit boomer, le débat s'est centré sur l'individu. L'efficacité médicale, le recul de la maladie ne viennent que bien après. La vaccination est plus discutée sur le plan juridique que médical. Pour certains, elle devrait être déclarée inconstitutionnelle. L'intérêt d'une vaccination générale pour la France est relégué au second plan. Une pratique collective explose en cinquante millions de décisions personnelles.

Les Français se vaccinent de plus en plus, mais il reste une minorité réfractaire. Que faire ? Passer en force avec une vaccination obligatoire ? Les deux tiers des Français y sont favorables. Mais le président redoute encore cette minorité hostile, comprise, sinon soutenue par une partie de l'intelligentsia. Pour pousser les récalcitrants, il choisit la formule moins radicale du pass. Peine perdue ! Les antivax reportent sur le pass toute leur rage contre la vaccination obligatoire.

En soi, la secte des vaccinophobes est très peu nombreuse. Pour se faire entendre, il lui faut des renforts. Ceux-ci ne manquèrent pas. Toute une caste intellectuelle boboïsée prétendait expliquer, et finissait par excuser, cette révolte contre la vaccination. Ainsi cautionnés et renforcés, les contestataires reprirent aux Gilets jaunes le cycle des samedis manifestifs. Des imprécations, qui avant l'épidémie semblaient folkloriques, purent rassembler des foules impressionnantes. Par bonheur, le mouvement finit par être victime de sa propre stupidité. Faut-il s'en réjouir ? Oui, sans doute, mais pas trop.

Le faible soutien populaire ne doit pas faire illusion. Que l'opposition vaccinale ait pu réunir un tiers de partisans quand l'épidémie battait son plein en dit long sur la méfiance et la colère que véhicule la culture boomer. Le premier réflexe doit toujours être de se prononcer contre. La question vient après. Or, si l'unanimité ne peut se faire sur un tel sujet dans de telles circonstances, qu'en sera-t-il quand il faudra sortir du « quoi qu'il en coûte » pour revenir à l'économie véritable ou changer notre mode de vie pour réduire drastiquement nos émissions carbonées ?

Ce vaccinodrame s'est joué à trois : les autorités, les Français et les antivaccins. Et ces derniers ne sont pas les moins intéressants du trio. La Grande Armée de l'antivax était faite de bric et de broc. Le contraire même de la « manif » communiste des années 1960, où le parti définissait les mots d'ordre et les slogans, préparait les banderoles et les mégaphones. Ici, chacun venait avec sa colère sous le bras, parfois avec sa pancarte ou sa famille.

L'incertitude vaccinale et la détestation de Macron ne suffisaient pas à cimenter cette protestation. Il fallait une valeur commune, qui puisse servir d'emblème et de slogan. Pour tenir ce rôle, le mouvement antivaccin trouva une valeur fédératrice et mobilisatrice : la liberté. Elle devint le commun dénominateur des manifestants. Elle revenait sans cesse dans les déclarations des réfractaires : « C'est une question de liberté ! », « Le gouvernement n'a rien à imposer, c'est une décision personnelle », « Le pass sanitaire est une atteinte à ma liberté », « Le pass n'est pas démocratique », etc. À force d'entendre ces appels à la liberté, Marine Le Pen en fit même un temps son slogan de campagne.

Ces croisés de la liberté seraient-ils anarchistes, libertariens ? Certainement pas. Beaucoup d'entre eux appellent à une très forte action publique. Cette croisade sous la bannière de la liberté relève à l'évidence de l'imposture et pourtant elle comporte sans doute plus de vérité que ne pensent ses protagonistes. Car la culture des boomers repose d'abord sur une certaine conception de la liberté, c'est d'elle que tout est parti et c'est bien elle qui est en cause lorsque se referme la parenthèse boomers.

La vaccination générale contre le Covid s'imposait sitôt que les laboratoires livraient les doses nécessaires. Face à ce geste médical de la plus grande banalité, les haut gradés de l'intelligentsia en tenaient obstinément pour les droits de l'homme. Sont-ils menacés par la vaccination ? Pour approuver, faites 1, pour refuser, faites 0.

La vaccination ne devait plus relever d'une décision collective, mais de choix individuels. La France contestataire fit du refus de la vaccination le plus sacré des droits de l'homme. L'imposer nous faisait entrer en servitude. Liberté ! Liberté ! que de frimes se commettent en ton nom !

Les rois des esclaves

Les nouveaux protestataires ont justement remarqué que l'obligation vaccinale et le pass sanitaire rompaient avec cette politique du « laisser-faire » propre aux boomers. L'appréciation était juste et plus qu'ils ne pensaient, l'imposition du pass était le marqueur d'un retournement général. Dans tous les domaines, pour faire face aux crises qui s'annoncent, les libertés excessives de l'ère boomers devront être réduites. Qu'il s'agisse d'arrêter la machine infernale climatique, de remettre nos finances en ordre ou de construire la société du vieillissement, il faudra reconsidérer cette primauté de l'individu, revenir au collectif. C'est cela précisément qu'annonce l'épisode vaccinal de l'épidémie.

Les cinquante dernières années n'ont pas seulement été marquées par un enrichissement général sur fond d'endettement, elles ont surtout correspondu à une accélération du progrès scientifique, qui a bouleversé nos existences. Des milliers d'esclaves techniques se sont mis à notre service en nous dotant de pouvoirs nouveaux. Ils nous ont permis de voyager, de communiquer, de nous informer, de nous cultiver, de nous distraire. Nous ne concevons plus la vie sans les excursions périodiques dans les supermarchés du progrès où nous exerçons notre liberté de consommateurs en parcourant des kilomètres de rayons.

Nos capacités ont été multipliées au-delà de tout ce qui était imaginé. Autant de possibilités mises à la disposition des entreprises et des individus dans la logique du marché, autant de libertés créées sans trop se soucier du mode d'emploi. À la société de se débrouiller. La rentabilité devenait l'arbitre de l'utilité sociale. Or toutes ces innovations consomment de l'espace, de la nature, du temps, de l'énergie, de l'attention, perturbent notre organisation sociale et peuvent créer des désagréments à autrui. Autant de déséconomies qui ont été rejetées à l'extérieur. Oubliées. Dès lors que l'individu y trouvait son compte, tout était parfait. Et chacun découvrait le bonheur de choisir sa nourriture, ses voyages, ses distractions, son logement, etc. Le système commercial alimenté par le progrès scientifique renouvelait sans cesse les options, mais au prix de dégradations jamais comptabilisées, jamais compensées, toujours « externalisées ». Ce sont elles qui, en s'accumulant, finissent par tout bloquer. Le Prix Nobel d'économie Joseph Stiglitz nous prévient : « Chaque fois qu'existent des externalités de ce type, le bien-être de la société exige une action collective : des réglementations visant à restreindre les comportements socialement nuisibles et à promouvoir des comportements socialement bénéfiques[1]. »

Le mécanisme est désormais bien connu pour l'écologie, mais il est tout aussi valable pour l'économie. À ne connaître que l'*Homo œconomicus*, nous avons créé des systèmes fous qui accumulent les dysfonctionnements, les frustrations, et reportent sur une poignée de milliardaires les fruits de la croissance. Jusqu'à l'étouffement économique et l'explosion sociale.

---

1. Joseph Stiglitz, « Antivax : une bien fausse idée de la liberté », *Les Échos*, 15 septembre 2021.

Vers la liberté collective

Nous ne sortirons de cette impasse mortifère qu'en adoptant partout des modes d'emploi adaptés aux exigences collectives et plus seulement aux désirs individuels, qui prennent en considération les déséconomies créées et réduisent d'autant les économies produites. Cela n'ira pas sans un changement complet dans notre art de vivre, un changement qui se traduira par une réduction drastique des facilités que nous nous sommes octroyées au beau temps des boomers, et qui nous feront basculer de la liberté individuelle à la liberté collective. Celle qui prend en compte les besoins de tous et pas seulement les désirs de chacun. Faut-il donc limiter la liberté pour créer les nouvelles conditions du bonheur ? Oui, certainement, et nous l'avons déjà expérimenté.

Pour le comprendre, il suffit de prendre un exemple connu de tous, celui de la voiture. Il y a cinquante ans, l'automobiliste jouissait d'une totale liberté. Il roulait comme il voulait sans contrôle d'alcoolémie, sans ceinture, sans airbag, en écrasant l'accélérateur. Cette douce liberté se payait d'un prix élevé : environ 15 000 morts chaque année sur les routes. Des victimes qui ne pesaient pas lourd face à la liberté du conducteur, sacralisée.

Depuis lors, celle-ci a été très sérieusement réduite. L'automobiliste doit faire contrôler son véhicule, mettre sa ceinture, respecter les limitations de vitesse, et vit dans l'angoisse des points perdus. Le résultat est spectaculaire, nous ne comptons plus que 3 500 morts par an. Soit quatre fois moins. Qui peut sérieusement regretter la liberté perdue de l'automobiliste modèle 1970 ? Mais, à chaque mesure prise pour améliorer la sécurité routière, le lobby de la bagnole se fit entendre comme les antivax aujourd'hui. Lorsqu'il fut question de rendre la ceinture de sécurité obligatoire, des prophètes de malheur vinrent ameuter les foules sur les dangers de cette innovation. Ils expliquaient que, en cas d'accident, les passagers seraient prisonniers de leur ceinture et brûleraient vifs dans le véhicule. Des décennies plus tard, la ceinture a sauvé de nombreuses vies et l'on ne parle plus de malheureuses victimes carbonisées faute d'avoir pu se détacher. Ainsi en va-t-il de cette terreur du vaccin que voudraient insuffler les antivax. Si l'on devait renoncer à tous les traitements qui comportent des risques, on pourrait fermer les pharmacies.

Nous arrivons donc à un curieux paradoxe qu'a bien souligné le sociologue Jean-Claude Kaufmann[1]. D'une part, « nous décidons de plus en plus par nous-mêmes et pour nous-mêmes, dans les domaines les plus divers, inventant notre morale et notre vérité », disposant d'une liberté inouïe, sans précédent dans le monde et dans l'histoire ; d'autre part et dans le même temps, « dans aucune société auparavant, des limitations administratives de la société individuelle n'ont été aussi nombreuses qu'aujourd'hui ». Chacun constate autour de soi que les mêmes personnes peuvent, dans le même temps, pester contre l'excès des règlements qu'elles subissent et contre l'insuffisante réglementation que subissent les autres.

Enfermés dans la société close de leur village, nos ancêtres ne disposaient que de choix limités. Le faible

1. Jean-Claude Kaufmann, « Covid-19 : Sur la question des libertés, nous confondons le principe et la réalité », *Le Monde*, 27 août 2021. Voir aussi, du même auteur, *C'est fatigant, la liberté... Une leçon de la crise*, Éditions de l'Observatoire, 2021.

niveau de développement technique imposait à tous les mêmes conditions d'existence, les mêmes comportements. Quelques règles très simples suffisaient à éviter de créer des gênes à autrui, des dommages à la nature. La liberté n'avait pas à être réglementée pour la raison simple qu'elle n'existait pas. Elle est née de l'industrialisation, qui va multiplier à l'infini les possibilités de choix et les capacités d'action.

Le processus se fait toujours en deux temps. Tout d'abord, nous acquérons de nouveaux moyens pour nous déplacer, pour communiquer, pour nous soigner, pour nous distraire, pour nous cultiver, etc. Ils apportent de nouvelles libertés et, comme tels, sont adoptés. Puis nous constatons à l'usage les effets secondaires, non prévus et indésirables. C'est alors que l'innovation doit être brimée, enserrée, réglementée. Et chacun peut, à volonté, dire que nous n'avons jamais été aussi libres ou jamais été aussi contraints. Plus nous allons et plus nous découvrons le besoin de nouvelles réglementations qui seront autant de limitations dans notre champ des possibles.

Dans cette idéologie du « chacun pour soi », le besoin organisationnel a pris d'autant plus de retard que le progrès technique s'accompagnait d'une régression civique. Car la discipline collective peut refréner ce besoin de réglementation. Quand chacun respecte le bien commun, il n'est pas nécessaire de poser une règle et un gendarme à chaque carrefour. Toute liberté doit être limitée. Au mieux par la culture, au pire par la loi, le tout dans un cadre démocratique de préférence. La génération des boomers a oublié cette règle et donné la priorité au plaisir de l'instant, laissant à la suivante le soin d'organiser l'utilité collective dans la durée.

Une liberté écologique

Notre passage de la liberté abstraite, souveraine et inaltérable à la liberté en situation, relative et responsable, ne fait que commencer. Nous avons devant nous des échéances, dont le vieillissement et la dépendance ne sont qu'un exemple, le moins difficile à résoudre pour peu que nous voulions nous y attaquer – d'où ma démarche dans ce livre. Il en va tout autrement pour les autres rendez-vous, notamment écologiques.

Si nous reprenons l'exemple de la voiture, les automobilistes n'en sont pas quittes avec cette conduite sous contrôle. Ils vont subir à présent les restrictions dans l'usage même de l'auto comme moyen de transport. Si nous voulons réduire véritablement les embouteillages dans nos rues et les rejets dans l'atmosphère, nous ne pourrons pas en rester aux mirages de la voiture électrique et de l'hydrogène, il faudra limiter drastiquement l'utilisation de la voiture particulière. Que l'on joue sur les prix ou sur les règlements, peu importe, il sera de plus en plus difficile de prendre le volant. Il en ira de même dans tous les domaines. Pour les transports, la prise de conscience est déjà commencée. Pour l'alimentation aussi. Mais la remise en cause sera générale : dans l'habitat avec les résidences secondaires ou tertiaires, dans la santé avec la prévention obligatoire, dans l'utilisation des écrans, etc. Le pire du meilleur est devant nous.

Un peu partout, nous verrons se mettre en place un mode d'emploi qui s'efforce de concilier la commodité pour l'individu et la nécessité pour la collectivité. Dans la plupart des cas, cette propriété qui permet d'utiliser, de jouir, d'user et d'abuser se trouvera remise en cause. Ce sera particulièrement vrai pour la nature. Peut-on imaginer, en voyant les incendies qui ravagent la planète, que nous pourrons laisser la forêt en gestion privée ? Elle est appelée à devenir un bien collectif à usage individuel. Qu'il s'agisse d'un bois, d'un champ, d'un parc ou d'un bâtiment, le propriétaire ne sera plus qu'un occupant temporaire, toujours soumis aux impératifs sociaux. Comment ne pas voir dans les manifestations contre le vaccin un dernier sursaut du « n'importe quoi ! » d'une civilisation en train de mourir ?

La génération des boomers a été emportée dans une illusion collective qui a dominé l'humanité pendant ces décennies. Nous étions pris dans le vertige du scientisme libéral. Le progrès se voyait assigner comme objectif d'apporter toujours plus de liberté à l'individu. Toutes les découvertes, toutes les innovations n'avaient comme finalité que d'accroître le champ de nos possibilités. Nous savons désormais que ce progressisme anarchique est sans issue. La science, en dépit de tous ses succès, ne peut répondre à toutes nos aspirations, d'autant que les innovations ont bien souvent pour résultat de diminuer les facultés propres de l'homme. Il n'est que de voir la perte du calcul mental lié à la calculette ou l'incapacité de la génération GPS à s'orienter sur une carte. L'outil, en se perfectionnant, devient une prothèse compensant les incapacités qu'il a lui-même créées. Les solutions techniques sont toujours illusoires quand elles prétendent se substituer aux solutions politiques et culturelles. Il n'y aura pas toujours une invention pour nous tirer d'affaire. Et ce n'est pas attenter à la liberté que d'en restreindre les possibles nuisances.

Les limites que la nature assigne au progrès technique nous condamnent – heureuse condamnation – à remettre l'homme dans le système social, à chercher les réponses dans l'organisation collective, couplée aux ressources technologiques. Bref, à consacrer notre liberté au service du bien commun et pas seulement de l'égoïsme individuel, à croire au qualitatif et pas seulement au quantitatif, à rechercher le bonheur de chacun dans la coopération de tous et pas seulement dans la concurrence des uns contre les autres. La transition sera longue et difficile, car elle devra se faire dans une histoire sortie de son hibernation et redevenue tragique. Ce retour au réel transforme en expérience les erreurs des boomers. À voir ce que nous avons fait, nos enfants sauront ce qu'ils ne doivent pas faire. Ce n'est pas le moindre héritage qu'une génération perdue puisse transmettre à la suivante.

Cependant, dans le temps même où nous devrons accepter des restrictions graves de nos libertés, il ne nous faudra pas seulement défendre la liberté, il nous faudra aussi la gagner. La vraie liberté.

À la verticale et à l'horizontale

La liberté est menacée par le pouvoir, c'est bien connu. Tout au long de l'histoire, des « gens d'en bas » ont dû lutter contre des « gens d'en haut » qui voulaient les contraindre. Peu importe que les dépositaires de la force et de l'ordre soient l'État, le gouvernement, le seigneur, la police, l'Église ou l'armée, que la surveillance s'exerce sur l'ensemble de la population ou sur certains groupes particuliers, le schéma qui s'impose sitôt que l'on parle de liberté est toujours celui d'un ordre vertical entre « ceux du château » qui brandissent l'interdiction et « ceux des campagnes » qui la subissent.

Cette liberté toujours en question n'est jamais si bien défendue que lorsqu'elle n'est pas menacée. Quand la manifestation devient un rendez-vous hebdomadaire, quand le pouvoir est mis en accusation à longueur de tribunes, quand l'opposition dénonce tous les jours de nouvelles atteintes aux droits de l'homme, quand on se dispute le titre de meilleur opposant, on sait déjà que ce pays, la France en l'occurrence, n'a rien à craindre pour sa liberté. Le ridicule seul trouve son compte dans ces philippiques qui font d'Emmanuel Macron un autocrate tyrannique. Ni lui ni ses prédécesseurs n'ont attenté à nos libertés. Ils n'en avaient pas l'intention et n'en eurent pas les moyens : ils se sont contentés de courir derrière le progrès pour en limiter les plus graves débordements. Quant aux alertes liberticides, elles viennent, le plus souvent, de ceux qui en font profession. Si longtemps qu'elles peuvent se faire entendre, la démocratie n'est pas encore en danger.

Tous les prétextes sont bons pour proclamer son attachement à la liberté ou dénoncer les attaques qu'elle subit. Toutefois, dans ce mélodrame républicain, dont nous avons eu une si mauvaise version avec la querelle des vaccins, l'essentiel est bien souvent oublié. Il n'est pas affaire de règles et de règlements, de procédés et de procédures, de permis et d'interdits, bref, de tout l'encadrement de nos comportements – avant d'en arriver là, il faut avoir une pensée à défendre, une pensée qui nous soit propre, qui ne soit pas imposée par un pouvoir, quel qu'il soit. En un deuxième temps (un deuxième temps seulement) vient le droit d'expression et de communication. Car il ne sert à rien de pouvoir dire ce qu'on veut si on n'a rien à dire d'original.

Cette indépendance d'esprit n'est pas un éternel droit de l'homme, pas un don du ciel, et pas davantage un gros lot de la génétique. Elle est le fruit d'un travail propre à chacun d'entre nous. Un travail au résultat toujours incertain, mais dont on ne peut se dispenser. Avant de défendre sa liberté, il faut l'avoir construite. Non pas en « s'opposant à », mais en « se déterminant pour ». L'exercice est fort incertain et l'on a toutes les chances de se tromper. Peu importe, pourvu que les erreurs soient les siennes, qu'elles n'aient pas été imposées. Cette pensée contrainte évoque irrésistiblement les censeurs aux ordres du pouvoir. Ils peuvent exister, mais ils sont loin d'être la seule menace qui pèse sur un esprit libre.

J'en prendrai un exemple seulement. Dans les décennies qui ont suivi la Seconde Guerre mondiale, à la pire époque du stalinisme, des intellectuels français rejoignaient en grand nombre le Parti communiste ou, à tout le moins, se voulaient « compagnons de route » et s'interdisaient de « mal penser » à propos de l'URSS. Puis, le communisme étant passé de mode, ils changèrent de croyances et, à quelques décennies de distance, ne comprennent même plus l'aveuglement de ce militantisme juvénile. Avaient-ils perdu le jugement ? Craignaient-ils la police ? Évidemment pas. Ils avaient gardé leur liberté de parler, c'est leur liberté de penser qu'ils avaient perdue. Ils l'avaient laissée dépérir dans le grand bain du conformisme qui dictait le choix entre la bonne conscience de gauche ou la stigmatisation de la droite. La pression qui imposait à la classe intellectuelle ce soviéto-gauchisme ne s'exerçait pas à la verticale, mais à l'horizontale. Elle n'impliquait aucun appareil répressif. Chacun à sa façon, et sans même le savoir, participait au maintien de l'ordre. Le désir de s'identifier à un milieu de référence, un camp du bien, suffisait à imposer les dogmes comme les comportements. On ferait exactement la même démonstration en partant du monde catholique, qui suivait sans le moindre jugement critique les directives et les interdits de l'Église.

Les communistes et les catholiques qui pratiquaient ainsi l'autocensure de la pensée dénonçaient mille atteintes à leur liberté, qui pouvaient venir de l'administration, sans jamais remettre en cause celle dont ils subissaient les effets sans en condamner les causes.

Dans nos démocraties qui se structurent autour des réseaux sociaux et pas seulement autour des institutions, la liberté est beaucoup plus menacée par les pressions de tous les conformismes que par les injonctions du pouvoir. Une menace très difficile à déjouer, car elle utilise la séduction bien plus que la contrainte. L'oppression joue franc jeu, elle se reconnaît à ses attributs : appareil d'État, flics, uniformes, index et censures, décrets et ukases. Rien de tel avec le conditionnement par le milieu, qui utilise la flatterie comme moyen ordinaire et la terreur morale comme arme de dissuasion. Cette influence déterminante de l'environnement devient irrésistible à travers le miroir aux alouettes des réseaux sociaux.

En ce troisième millénaire, la liberté est à construire avant d'être à défendre. Car la pensée n'est facile que pour les esprits radicaux qui vivent sur des modèles simplistes du monde ou les esprits volatils qui suivent l'humeur du moment. Ceux qui veulent se confronter à la réalité découvrent une complexité déroutante qui récuse tous les jugements binaires et manichéens. Ce n'est pas tous les jours que l'Histoire nous offre un Vladimir Poutine en objet d'universelle exécration. Pas tous les jours non plus qu'elle ne propose que des interrogations sans enjeux. Le plus souvent, la liberté doit naître d'un choix individuel, choix de penser, choix d'agir à ses risques et périls. Avec pour seule obligation de ne faire d'erreurs que les siennes, et pas celles que l'on a décrochées au prêt-à-penser de sa paroisse.

La fin du « rien à foutre »

Ce n'est donc pas un hasard si l'épisode des boomers se termine sur la liberté. Car le péché originel de cette génération fut bien de dénaturer cette valeur fondatrice. Celle-ci oscille entre les deux pôles que j'ai définis : d'un côté, « les Français au service de la France », de l'autre, « la France au service des Français ». Dans le premier, le service du pays l'emporte sur les droits de l'individu. La liberté est en situation, c'est une construction historiquement datée, évolutive, qui s'insère dans un ensemble plus vaste, la collectivité, et reste seconde par rapport au bien commun. C'est la liberté du peuple avant la liberté de l'individu. Celle qui permet au pouvoir d'imposer les solutions, d'exiger des efforts, de miser sur la discipline, de se donner des ambitions.

Le général de Gaulle, qui se voulait le libérateur de la France, n'était pas un adorateur de la liberté individuelle. Le constitutionnaliste Frédéric Rouvillois insiste sur ce point : « Aux yeux du Général, les libertés constituent, au plus, une question secondaire. De là, ses silences, et ses réticences.

C'est ainsi que le terme "droits de l'homme" semble quasiment absent de ses interventions, écrites ou orales. [...] Comme si ces questions, individuelles, ne le concernaient pas en tant que chef de l'État[1]. » La liberté gaullienne est incluse dans le grand projet collectif qu'est la France, elle n'est qu'un rouage dans la machine et ne saurait être une fin en soi. Elle est celle du citoyen. Pas de l'individu.

Cette dernière explose donc en mai 1968. Ce n'est plus le droit ciselé dans la charte constitutionnelle, c'est le « Rien à foutre, moi d'abord ! ». Un tsunami dévastateur qui ne respecte aucune vache sacrée : « Élections, pièges à cons », « CRS, SS », « Enragez-vous », « Soyez réalistes, demandez l'impossible ! », etc. La liberté revendiquée s'érige en absolu, délégitimant du même coup toute forme d'autorité.

Il ne s'agit que d'une explosion, c'est-à-dire d'un phénomène localisé et instantané, mais qui s'insère dans une continuité. L'esprit 68 n'a pas pris le pouvoir, mais le pouvoir n'a pas pu l'ignorer. Il y a bien eu un avant et un après ; nous avons changé de liberté en passant de De Gaulle aux boomers. Du temps du Général, elle était seconde et le pouvoir en définissait le contenu et les contours. Désormais, elle est première, et le pouvoir ne s'en approche qu'avec la plus grande crainte.

Ce renversement était naturel, nécessaire. La France de l'an 2000 ne pouvait être celle du général de Gaulle. Les Français, plus riches, plus instruits, mieux équipés, ne supportaient plus les vieilles structures héritées de « la fille aînée de l'Église ». Ils voulaient une République moderne

1. Frédéric Rouvillois, « Les libertés *sous* de Gaulle », dans Xavier Bioy, Alain Laquièze et Thierry Rambaud (dir.), *Le Président de la Vᵉ République et les libertés. Analyses juridiques et bilans historiques*, CNRS Éditions, 2017.

et c'était fort bien ainsi. Le champ de la liberté individuelle se trouvait élargi et se couplait à celui de l'égalité. Chacun pourrait se créer sa propre existence : s'instruire, se cultiver, voyager, se distraire, à son gré, sans reproduire le modèle familial. Des groupes, à commencer par les handicapés et les femmes, émergeaient heureusement de l'ancestrale mise sous tutelle. Les autres suivraient. Cet enrichissement de la liberté, son élargissement aux groupes dominés, dessinaient une formidable voie du progrès.

Mais cet avenir ne pouvait se construire sur le seul refus des contraintes et des règles, il impliquait un renforcement du lien social, de la solidarité, osons le gros mot, du civisme. À ce prix, la France pouvait progresser tandis que les Français s'émancipaient. Telle était la feuille de route des boomers lorsqu'ils prirent les commandes. Quarante ans plus tard, où en est-on ? Inutile d'éplucher les statistiques de l'Insee, l'insatisfaction est générale, la République en panne, sans même prendre en compte le péril mortel de l'hyperendettement. Le refus des contraintes est tel que même la vie à crédit semble insupportable.

La liberté n'a pas été celle de l'engagement qui se met au service du bien commun et de ses valeurs, mais celle qui oppose le « moi d'abord » au « tous ensemble ». Or la démocratie ne peut se construire sur l'addition de refus, sur la juxtaposition d'égoïsmes. Nous le constatons depuis des décennies, à chaque échéance électorale. La liberté ombilicocentrée, vide de contenu, oscillant entre l'égoïsme individuel et le nihilisme collectif que nous ont légués les boomers, est délétère pour la France et, du même coup, pour les Français. Nous savons qu'elle s'est imposée à la faveur de cette incroyable parenthèse enchantée pendant laquelle l'histoire s'est mise en hibernation. Il faut n'avoir plus aucun défi à relever pour cultiver l'insatisfaction et se morfondre dans l'ennui quand on a reçu la France en partage.

Au sortir de la parenthèse, nous avons rendez-vous avec la condition humaine, la vraie, pas la version édulcorée qui nous a égarés. Dans ce monde impitoyable, une liberté ne saurait être vide de contenu. Elle ne peut miser sur l'égoïsme individuel et le nihilisme collectif. Il faut, tout au contraire, retrouver le civisme et le sens du bien commun. Les boomers les ont oubliés, leurs héritiers ne s'en souviennent plus. Mais avec des maîtres comme le réchauffement climatique, le vieillissement, l'endettement, les pandémies et, sait-on jamais, la guerre, nous ne pourrons plus ignorer que la liberté n'est pas un droit, qu'elle n'est pas donnée. Elle est en construction, elle a un coût. Elle se mérite.

Remerciements

Lorsque j'ai commencé cette étude, la parenthèse des boomers n'était pas refermée. Nous n'avions donc aucune conscience de sa singularité. Nous pensions que les catastrophes – guerres, épidémies, famines, crises économiques, etc. – qui ont marqué l'histoire avaient disparu à tout jamais. Mais, curieusement, cette conjoncture miraculeuse, qui ne s'était jamais produite en deux mille ans, ne faisait pas de nous des rentiers heureux. Nous nous comportions plutôt en clients acrimonieux. Je m'étais interrogé dans différents ouvrages sur ce masochisme qui nous faisait acheter la morosité à crédit. Les réponses que l'on pouvait trouver dans le politique, l'économique, le social, voire le culturel, étaient toujours insuffisantes. Il manquait une dimension. Plutôt qu'interroger les CSP, les partis, l'histoire et la géographie, ne fallait-il pas partir des générations ? J'ai donc repris cette histoire avec la démographie comme grille de lecture et j'ai découvert qu'elle me menait tout naturellement du passé au futur. Notre avenir est inscrit dans cette génération des boomers qui nous entraîne de la parenthèse enchantée, désormais refermée, au monde du grand âge qui est devant nous.

Elle fut longue, la route pour dénouer ce fil, éprouvante aussi ; je n'aurais pas pu la faire seul. J'ai eu l'immense chance d'avoir à mes côtés ma fille, Sophie de Closets, alors présidente-directrice générale des Éditions Fayard, une éditrice à la lucidité unanimement reconnue. En éliminant impitoyablement toutes les fausses pistes, en refusant le déjà-vu et en n'acceptant que l'original, elle ne m'a laissé de choix que la découverte, la nouveauté. Qu'elle en soit ici remerciée. Et comment oublier mon épouse, Janick, sans laquelle ce travail n'aurait tout simplement pas été possible, et les conseils avisés de mon fils, Régis ?

Il me fallait écouter les scientifiques qui se sont engagés sur cette thématique du vieillissement. Ils me furent précieux. Toute ma gratitude et mon amitié à Jean-Hervé Lorenzi, Alain Villemeur, François-Xavier Albouy et André Masson, dont les travaux et les conseils me furent indispensables. Mon amical souvenir aussi à Ali Benyahia, qui m'a apporté le regard de la jeunesse face au questionnement de la vieillesse.

Mais un auteur ne fait jamais qu'un manuscrit. Pour passer au livre, j'ai eu la chance d'être accompagné par Thomas Vonderscher, qui, pas à pas et ligne à ligne, a su imposer l'ordre et la clarté sur une route escarpée. Mes remerciements aussi aux équipes de Fayard, qui ont assuré la sortie de *La Parenthèse boomers* dans une période bien difficile. Ce livre, assurément, mérite un générique et ce générique, qui rend hommage à toute l'équipe, mérite d'être lu.

Table

DU MÊME AUTEUR *(Suite)*

Toujours plus !, Grasset, 1982 ; Le Livre de Poche, 1984.

Le Système E.P.M., Grasset, 1980.

Scénarios du futur. Le monde de l'an 2000, Denoël, 1979.

Scénarios du futur. Histoire de l'an 2000, Denoël, 1978.

La France et ses mensonges, Denoël, 1977 ; coll. « Médiations », 1978.

Le Bonheur en plus, Denoël, 1973 ; coll. « Médiations », 1975.

En danger de progrès, Denoël, 1970 ; coll. « Médiations », 1975.

La Lune est à vendre, Denoël, 1969.

L'Espace. Terre des hommes, Tchou, 1969.

Cet ouvrage a été imprimé en France par
CPI Brodard & Taupin
Avenue Rhin et Danube
72200 La Flèche (France)

pour le compte des Éditions Fayard
en mai 2022

Photocomposition Nord Compo à Villeneuve-d'Ascq

PAPIER À BASE DE FIBRES CERTIFIÉES

Fayard s'engage pour l'environnement en réduisant l'empreinte carbone de ses livres. Celle de cet exemplaire est de :
1,4 kg éq. CO_2
Rendez-vous sur www.fayard-durable.fr

N° d'édition : 27-3290-3/01 - N° d'impression : 3047127